面向移动社交媒体的顾客回避行为

李小东　龚本刚　　著

知识产权出版社
全国百佳图书出版单位
——北京——

图书在版编目（CIP）数据

面向移动社交媒体的顾客回避行为 / 李小东，龚本刚著 . —北京：知识产权出版社，2023.1

ISBN 978-7-5130-8648-6

Ⅰ . ①面… Ⅱ . ①李… ②龚… Ⅲ . ①电子商务—顾客—行为分析 Ⅳ . ① F713.36

中国国家版本馆 CIP 数据核字（2023）第 002769 号

内容提要

本书以移动社交媒体平台为对象，聚焦顾客针对平台营销的回避行为及其具体表现，探究了顾客回避行为的形成机理和企业应对策略。本书根据用户针对营销内容的回避行为表现，系统地对移动社交平台消费者回避行为进行分类，分别探究了基于理性决策视角和考虑情感决策作用的顾客回避行为，并探索了以拉票和捐款为情形的推广活动回避机制。本书有力推进了社交媒体广告和顾客回避行为相关研究的理论发展及应用推广，为平台、企业、管理者、营销人员等主体采取更具针对性的措施，提高营销绩效提供了实践指导。

责任编辑：郑涵语　　　　　　　　　**责任印制**：孙婷婷

面向移动社交媒体的顾客回避行为

MIANXIANG YIDONG SHEJIAO MEITI DE GUKE HUIBI XINGWEI

李小东　　龚本刚　著

出版发行：**知识产权出版社** 有限责任公司	网　　址：http://www.ipph.cn
电　　话：010-82004826	http://www.laichushu.com
社　　址：北京市海淀区气象路 50 号院	邮　　编：100081
责编电话：010-82000860 转 8569	责编邮箱：laichushu@cnipr.com
发行电话：010-82000860 转 8101	发行传真：010-82000893
印　　刷：北京中献拓方科技发展有限公司	经　　销：新华书店、各大网上书店及相关专业书店
开　　本：720mm×1000mm　1/16	印　　张：21
版　　次：2023 年 1 月第 1 版	印　　次：2023 年 1 月第 1 次印刷
字　　数：310 千字	定　　价：78.00 元

ISBN 978-7-5130-8648-6

前　言

随着智能手机的普及、5G 网络和新媒体技术的发展，移动社交媒体在世界范围内得到了广泛的应用，成为人们花费大量时间和精力的主要平台。人们越来越习惯于在社交媒体上进行各种各样的商业活动，如分享产品信息、售卖产品和服务等，这使得移动社交媒体平台逐渐成为重要的营销渠道。移动社交平台上同伴、朋友、顾客、商家等角色间的融合，带来社会化营销（社会化商务）的蔚然兴起；与此同时，移动社交平台上用户感知的角色冲突也相应出现，消费决策方式和行为倾向也出现了新的变化。其中，顾客对社交平台上营销活动的回避行为，即顾客以某种方式故意减少或最小化与营销活动接触的行为倾向，严重影响了社会化营销效率。

作为对社会化营销活动的一种负面反应行为，顾客回避行为除造成顾客内部控制失调外，也显著制约了企业社会化营销活动发挥应有的作用。较高比例的顾客回避行为使得众多中、小、微型企业的社会化营销活动并未取得预期的收益，甚至很多知名企业在社交媒体上的营销努力也被视为前景黯淡的实验。国家互联网信息中心的一项统计结果和较多的调查研究文献显示，较高比例的社交媒体用户不能忍受朋友圈营销活动而采取一定程度的回避行为，甚至这种回避会逐渐发展为拒绝购买朋友推荐的商品。运营商、企业主和学者们需要关注到用户对营销活动的回避选择，深度挖掘顾客回避社会现象背后的本质和机理，进而做好社会化营销风险防范，进一步提升数字化营销效果。

国内外营销实践者和学者对社会化营销展开了一定的研究，部分译著和著作也针对社会化营销这一主题做了较为深入的论述。然而，这些书籍主要针对社会化营销的具体营销方式和策略，主要依托顾客对社会化营销的正向反应，还未有图书涉及顾客对社会化营销的回避行为等此类负面反应的论述。事实上，与实践证据相比，理论界对移动社交媒体上顾客回避行为尚未给予足够的关注。笔者以顾客回避行为这一主题依托"社会化营销情景下顾客回避行为表征、机理及企业应对策略研究"项目（编号17YJC630068），针对我国社会化营销中回避行为的现状和问题开展了多项研究，此后在国家自然科学基金（编号：71701002，72071002）、安徽省高校优秀青年科研项目（编号：2022AH030096）、教育部人文社会科学项目（编号：22YJC630068）等项目资助下对项目研究内容做了一定的拓展。基于上述所进行的多项研究工作中所取得的研究成果形成本书的主体内容，期望基于理论研究所揭示的顾客回避行为机理，丰富消费者决策理论，扩展人们对社会化营销情景下顾客感知机制的认识。也希望所取得的研究结论可以有效地解决我国微信、QQ、微博、抖音等移动社交媒体平台上社会化营销效率问题，促进新形势下我国社会化商务高质量发展。同时，期望所取得的基本研究结果能促进深入认识社会化营销现象，为电子商务战略性新兴产业中的新型营销模式实施提供操作指南。

本书核心部分的六章（第3章到第8章）内容主要依托独立进行的实证调查研究结果整理而成，内容上遵循"提出问题—形成概念模型—提出假设—研究设计—结果讨论"这一基本逻辑，在形式上具有与实证研究相关期刊论文格式类似的特点。另外，本书在行文风格上较为晦涩，且有较多名词在中英文互译过程中较多采用主观理解的方式，存在不当之处请各位读者指正和包涵。考虑到本书具体内容构成和行文风格，主要读者对象建议为营销领域学者、商学院研究生、社会化营销运行者等。

本书得以顺利出版离不开研究团队的通力合作和积极支持。在成书过程中，龚本刚教授负责整体构思，李小东博士形成本书初稿，两位作者通力合作形成终稿。感谢张艳平、陈远、陈娟、张晨、金建辉等在资料收集和结果分析过程中所提供的数据、素材和核心参考文献。感谢刘自冰、刘志雯在校对和勘误方面所做的工作。

目　录

第 1 章
绪　论

1.1　社交媒体及其影响

随着智能手机的普及、5G 网络的出现和新媒体技术的发展，移动社交媒体在世界范围内得到了广泛的应用，并被视为最有影响力的应用之一。诸如国外的脸书（Facebook）、推特（Twitter）、照片墙（Instagram），以及国内的微信、QQ、抖音等移动社交媒体，更是成为人们花费时间和精力的主要平台。据统计，全球有超过 34.6 亿的社交媒体活跃用户，他们平均每天在社交媒体平台上的活跃时间达到了 136 分钟；这些用户在社交媒体平台上发布、交流和交换各种信息，同时又能够获得休闲娱乐所需要的各种服务（Statista，2019）。维奥思社（We Are Social）和互随（Hoot Suite）公司联合发布的 2021 年全球数字报告显示，截至 2021 年 1 月，全球共有 42 亿移动社交媒体用户，与 2020 年同期相比，新增了 4.9 亿人次，涨幅达到了 13%，相当于全球总人口的 53%。在中国，社交媒体平台的使用率也在不断攀升，截至 2020 年 6 月，微信的使用率达到了 85%，QQ 空间和微博的使用率分别达到了 41.6% 和 40.4%。作为基于互联网技术的应用，社交媒体使得用户生成内容（User-Generated Content）的创建和交换成为可能，同时促进了用户之间的互动和协作（Kaplan & Haenlein，2010）。因此，社交媒体作为虚拟的网络平台，已经成为人们日常生活的重要组成部分，并且融入商业生活、社会生活和政治生活等各个方面（Algharabat et al.，2017）。

正是人们对移动社交媒体的高度关注，其商业价值才不断增长。随着社交媒体的崛起，具备社交属性的商业活动带来了消费模式的新一轮变革，人们在社交平台上浏览社交信息的过程中可能被产品信息所吸引，从而在社交平台上做出购买决策。

事实上，人们越来越习惯在社交媒体上进行各种各样的商业活动（Liang et al.，2011），如分享产品信息、售卖产品和服务，这使得社交媒体平台逐渐成为重要的营销渠道（Han et al.，2018）。研究表明，消费者在购买过程中会使用社交媒体来收集信息、评估备选方案和选择最佳选项，甚至会在购买后在社交媒体上发布自己的购物体验（Drews & Schemer，2010）。例如，在 2018 年的一项调查中，48% 的消费者表示他们曾经购买过在社交媒体上发现的某个产品或服务，58% 的消费者表示在他们购买新产品的过程中，社交媒体会作为重要的信息来源，影响他们的购买决策（Statista，2019）。普华永道的 2016 年总体零售调查结果显示，全球 16% 的在线购物者表示他们曾直接通过社交媒体渠道进行产品购买，相比于 2014 年的 7% 有所增长；这一比例在亚洲（30%）更高，尤其是在泰国（51%）、印度（32%）和马来西亚（31%）。鉴于社交媒体能够为消费者提供搜索、评估、选择和购买商品或服务的新方式，现代企业越来越多地将社交媒体视为开展营销活动及与目标客户进行有效沟通的潜力平台（Popp & Woratschek，2016）。社交媒体营销，作为现代商业的重要组成部分，已经成为联系企业和消费者的一种有效方式。

随着用户的注意力逐渐转移到移动社交媒体上，管理者和广告商都将其视为主要的广告载体。移动广告营销洞察引擎（AD Insight）对中国社交平台的监测数据显示，截至 2018 年 5 月，共有 53 款移动社交应用存在广告投放行为，而信息流广告占移动社交广告投放量的 99%。信息流广告能够根据大数据锁定用户习惯进行精准的广告定向推送，因此取得了较好的投放效果。相比于传统的媒体广告，移动社交媒体平台上的广告形式多种多样，并具有显著的优势。一方面，移动社交平台拥有大量的用户，可以将广告快速渗透到目标用户面前。例如，社交软件色拉布（Snapchat）的全球日活跃用户数量达到了 2.93

亿人，其中 84% 的用户会在该平台浏览在线商店，而对年轻用户的渗透率达到了 90%，因此色拉布成了名副其实的引流工具。另一方面，移动社交媒体广告通过及时收到的点赞、评论和分享的数据来衡量广告的受欢迎程度，为用户和管理者提供了一个广告效果的参考指数。例如，统一"汤达人"依靠社交媒体整合了博主测评、原创视频、论坛事件等营销形式，实现了两个月内点击量超过 200 万次，达成超过 200 家网站与媒体自发转载的广告效果，提升了市场对其的关注度与认知度。因此，商家能够借助移动社交平台的优势，通过形式多样的广告让用户对他们的产品或服务有正面的印象；同时，商家可以了解用户对广告的态度，不断扩大品牌的社会影响力。据第 47 次中国互联网络信息中心（CNNIC）调查结果显示：2020 年中国网络广告市场规模达 4966 亿元，同比增长 14.4%；社交平台上广告收入保持稳定增长，越来越多的商家加大了社交平台上的广告投放。2020 年 7 月国际簿记师协会（IAB）发布的报告指出，在 2019 年美国播客的广告收入为 7.08 亿美元，同比增长 48%，预计 2020 年广告收入将增长 14.7%。据脸书发布的 2020 年第二季度收入报告显示，来自广告业务的营收为 183.21 亿美元，相比 2019 年同期的 166.24 亿美元增长 10%，不计入汇率变动的影响同比增长 12%。基于此，可以预见移动社交媒体将成为有助于组织从传统媒体广告向数字互动媒体广告转变的有效机制，从而进一步实现数字化营销目标和战略（Alalwan et al.，2017）。

此外，随着越来越多的企业将社交媒体用于品牌推广、市场研究、客户关系管理、提供服务和促销等各类营销活动，社交媒体逐渐成为企业间竞相争夺的新的商业渠道。班尼特（Bennett）的报告❶表明，全球大约 93% 的商业公司在其为客户提供沟通和服务的过程中采用了社交媒体平台。例如，公司可以在脸书上创建一个粉丝页面，可以让管理层直接地与客户进行互动，以改善和管理客户关系（Lin et al.，2017）。据统计，脸书上有超过 6500 万个小型企业主页；在全球范围内，已经有大量商家借助脸书的个人资料（profiles）、群组（groups）

---

❶　BENNETT S. 45 amazing social media facts, figures & statistics [EB/OL].（2013-09-20）[2022-06-08]. http：//www.mediabistro.com/alltwitter/45-social media-stats_b49582.

和市场（marketplaces）等功能进行销售活动。❶ 中国最大的移动社交媒体平台——微信上有超过 1500 万家个体商户（微商），2016 年总销售额达 3288 亿元人民币。个人或企业可以借助社交媒体平台，组织分享更多的营销信息，比如通过状态更新、移动广告、在线投票和接受捐赠等形式。在此背景下，以社交媒体平台为基础形成的社交电商，作为网络消费的新形式，借助移动设备不断发展，日益成为电子商务的重要组成部分（陶晓波等，2015）。鉴于在移动社交媒体中进行营销活动具有巨大的发展潜力，更是作为中国"互联网 +"国家战略的重要一环，其能否健康发展直接关系到电子商务战略性新兴产业布局的成败。

1.2　社会化商务

利用社交媒体，消费者可以分析产品信息、获取购买建议来提升购买决策等，商家或企业可以与消费者建立更紧密的联系来推广和销售产品，社交平台运营者也可以采取各种措施来促进新的服务和业态的产生，增强平台活力和服务边界。这些在社交媒体上新兴的并且以惊人速度增长的商业活动被称之为社会化商务（Social Commerce）或社会化营销（Liu et al.，2016）。黄和本·优素福（Huang & Benyoucef，2013）的报告显示，社会化商务普及率的增长速度达到了每年 43% 左右，而 88% 的公司预计在不久的将来会扩大对社会化商务的投资。目前，美国大型社会化商务网站（This Next）和产品百科（Product wiki）已经得到了成功的运营，而像高朋（Groupon）和生活社交（Living Social）这样的社会化商务平台成了价值超过 30 亿美元的新兴资产（Kim et al.，2013）。全球行业分析公司（Global Industry Analysts，Inc.）的研究数据预测，全球社会化商务市场规模将在 2026 年达到 2.9 万亿美元。因此，社会化商务为改变商业实践提供了一种创新方法，进一步了解社会化商务对于企业在当今的数字商业环境中实现其营销价值至关重要（Lin et al.，2017）。

---

❶ Facebook. Helping small businesses succeed in a mobile world [EB/OL].（2017-04-10）[2022-06-08]. https : //www.facebook.com/business/news/helping-small-businesses-succeed in-a-mobile-world.

　　"社会化商务"一词最早是由雅虎于 2005 年引入的，用来描述其购物平台上的一项新的购物功能，该功能允许消费者对产品列表进行创建、分享和评论（Wang & Zhang，2012）。在社会化商务的环境下，企业可以分享他们的视频、产品信息，甚至提出问题或进行民意调查，从而以有效和高效的方式对消费者做出回应；而消费者则有机会分享或创建自己的内容、评论或实时分享他们的观点（Boardman et al.，2019）。哈吉利（Hajli，2014）指出，社会化商务背后的理念是：社交媒体通过与客户建立更紧密的关系，强化关系质量，增加销售额及形成客户的忠诚度，从而使企业在商业交易中获益。事实上，随着技术的进步，人们对社会化商务的认识和理解一直在不断地变化着。

　　早期，社会化商务等同于社会化营销，甚至可以与社交媒体营销互称。斯蒂芬和图贝亚（Stephen & Toubia，2010）将社会化商务视作基于互联网的"社交媒体"，它允许人们在线上和社区积极地参与产品和服务的销售。张等人（Zhang et al.，2017）视社交媒体平台为用户获得期望产品信息的来源，也是消费者表达自我并进行互动和分享信息的地方。张等人（2017）的研究将社会化商务视为社交媒体营销，并从五个方面指出社交媒体营销会正向影响客户的购买意愿和公司的品牌资产。基于此含义的理解，说服、评论和口碑传播是形成社会化商务的基础条件。例如，刘新民等（2017）指出在警觉性消费的背景下，我国网络社交商业化为主的特点决定了当前的社会化商务更多表现为在线营销说服的过程。鲍伊等人（Bai et al.，2015）强调社会化商务注重分享产品或服务相关的评论，这些评论在社交媒体的朋友之间进行交流，被认为是社会化商务的关键。例如，2006 年 9 月上线的社会化商务网站人群风暴（Crowdstorm）允许用户在平台上推荐商品、说明理由或者对商品进行评论，以此来为其他用户提供参考和借鉴。尤瑟夫等人（Yusuf et al.，2018）认为，社会化商务是社交活动与商务活动结合，其主要部分是口碑传播。人们通过分享购买经验为他们的朋友提供产品和服务的相关信息，在进行口碑传播的同时进行了社会互动（郭媛媛等，2021；方文侃和周涛，2017）。林等人（Lin et al.，2017）对 2017 年之前的研究进行了综述后发现，用户生成内容和口碑传播是社会化商务的主要研究内容。

此后，社会化商务被理解成电子商务的分支，即指在社交媒体平台上进行的电子商务活动。沙玛和克罗斯勒（Sharma & Crossler，2014）将社会化商务定义为电子商务的一个子集，其牵涉使用社交媒体来支持在线购买产品或服务销售中的社交互动。在中国，很多学者以微信、微博等社交媒体作为场景研究了社会化商务的参与情况（方文侃和周涛，2017）。例如，林等人（Lin et al.，2018）从关系的视角研究了人们涉入微信社会化商务的驱动机制。李和库（Li & Ku，2018）则研究了人们从以产品为中心的电子商务平台转入以社交为中心的社会化商务平台的三种力量。高（Gao，2018）指出人们在社交媒体平台上存在社交需求和商务需求，这两者是人们参与社交媒体上商务活动的重要驱动变量。董和王（Dong & Wang，2018）指出微信上所提供的用于提升交互性的各项技术在增强关系质量的同时也有助于提升重购意愿。在实践中，微博微店、微信小程序商店及小红书商城就是该理念的具体应用。例如，当用户在小红书上浏览产品并产生购买需求时，只需要点击相关链接，就可以直接进入小红书商城进行购买。除此之外，抖音、快手等社交软件也在积极布局社会化商务，构建平台内部的电子商务功能。

如今社会化商务的概念被扩大化，所有存在社交功能的平台所进行的商务活动都可以称之为社会化商务。例如，宗等人（Chong et al.，2018）认为淘宝平台提供了线上评论和及时通信功能，能够构建、提升用户间的关系，进而增强了网络互动和关系呈现，故将具有社交功能的淘宝平台上的电子商务活动也视为社会化商务。国际商业机器公司（IBM）将社会化商务定义为被应用于电子商务的口碑营销，因为它结合了零售产品和在线互动。法瑞瓦等人（Farivar et al.，2017）视社会化商务网站是整合社交媒体特征和传统电子商务而增强用户购物体验的平台；其通过研究电商网站易集上的用户行为，指出信任和风险是驱动购买的主要因素。另外，电子商务网站和社会化网络的进一步合作更新了对社会化商务的理解。比如在亚马逊（Amazon）和脸书的战略合作中，用户可以通过脸书登录亚马逊平台，而亚马逊平台又能够获取该用户在脸书主页上的信息，从而为其推荐更为个性化的商品；这种强强联合的方式成了社会化商务的一种新形态。

　　此外，新技术的整合和融入也带来了更多形式和更大范围的社会化商务。直播销售作为一种新的社会化商务模式得到了快速发展（Sun et al., 2018），一些社会化商务网站已经启用了直播功能。例如，脸书通过提供直播服务开展最近流行的直播销售等活动（Wongkitrungrueng & Assarut, 2020）。除了如巴宝利（Burberry）和星巴克（Starbucks）等知名品牌会使用脸书来直播他们的营销活动外，不同国家或地区的一些个人卖家也突破了传统广告形式，通过社会化商务的直播模式实时地销售他们的产品（Wongkitrungrueng & Assarut, 2020）。中国的淘宝、京东、蘑菇街和新浪微博等平台上所开展的直播也成为研究社会化商务的重要内容（Sun et al., 2019）。根据中华人民共和国商务部的数据监测，仅在 2020 年的上半年，直播销售超过 1000 万场，上架商品超过 2000 万件，活跃主播超过 40 万人，观看人次超过 500 亿。直播销售为社会化商务增加了新的价值（Smith et al., 2013），它所带来的社交存在感和互动感可以增强购物体验，从而减少购物者的不确定性，并提高他们对社会化商务的信任程度（Hajli, 2015）。

　　事实上，无论是基于社交媒体的电商业务，还是电商平台上社交应用的延伸，社会化商务的核心本质体现在社交属性对商业价值的提升上。因此，对社会化商务的认识离不开三项基础内容：①社交活动；②电子商务；③新兴信息技术。具体来说，首先，社交活动可以是以社交媒体平台为载体，也可以是传统电子商务平台所赋予的社交功能。例如，微信作为社交媒体平台，其朋友圈能够让品牌方更好地与用户进行互动；而淘宝作为电子商务平台，通过布局专业的团队来优化客户服务，成了有效的沟通平台。其次，电子商务是为用户提供商务活动所需要的基本满足，其独立于社交生活，在日常生活中也占据重要地位。电子商务在数字经济中的演变导致社会化商务成为一种新的范式，企业对企业（B2B）、企业对消费者（B2C）、消费者对消费者（C2C）等商务形态是社会化商务发展的基础。最后，新兴信息技术如 5G、移动支付、直播等使得社会化商务不断发展，形式和内容更为丰富。例如，脸书和照片墙在 2018 年开始持续投资跨平台的交易功能，并改进内嵌的支付系统。直播销售通过实时性和面对面互动有效地减少了用户对于社会化商务的感知风险和不确定性，极大地提升了用户的购物体验。

尽管社会化商务在当前的内涵已十分丰富，但本研究只关注狭义上的社会化商务，即在社交媒体平台上进行电子商务活动，不考虑增加社交功能的传统电子商务平台的情形。当前，在社交媒体平台上开展的电子商务活动已经十分常见。例如，照片墙就是社交媒体向商业化平台稳步转变的典型例子之一。从早期的用户日常图片分享，到引入赞助商图片，再到通过短视频将静态的广告图片转变为更具体验感的视觉内容，企业主们越来越多地看到利用照片墙获利的价值。社会化商务凭借立体化、高速度、便捷性、广泛性等优势，为品牌商带来了更高的利润和更广的传播范围。例如，以脸书和推特为据点的戴尔电脑超过 30% 的销售额是利用社交媒体渠道实现的。中国香港的海港城通过在视频网站（YouTube）上建立自己的频道，以短视频的形式投放广告，实现了超过 60 万人次的观看。

1.3　社会化商务发展的挑战

尽管在新兴技术的普及和社交媒体深入发展的驱动下，社会化商务得到了广泛的应用，但其健康发展也将面临更多的问题、挑战和潜在风险。例如，保尔等人（Pour et al.，2022）基于焦点小组讨论发现，社会化商务面临顾客和组织两方面的挑战。该研究指出，与顾客相关的挑战主要包括信任、有用性、可及性、安全和交互，与组织相关的挑战主要包括人力资源、技术和财务。布萨林和胡塞因（Busalim & Hussin，2016）通过梳理已有文献和理论总结了社会化商务在未来几年可能会面临理论、设计和客户三个方面的挑战，具体包括新理论的提出、以用户为中心的页面设计及消费者的接受度等。在实际调查中，尽管全球有超过 1/3 的网民表示愿意使用社交媒体搜索商品，但只有 11% 的网民表示愿意通过社交平台直接完成交易。因此，社会化商务的进一步扩张和发展仍然存在许多困境。就本研究而言，社会化商务主要面临如下三点挑战。

第一，用户对社交媒体平台上的信息出现了很多的回避反应（巢乃鹏等，

2020）。尽管社交媒体营销能更有针对性的向目标顾客传播信息，但人们对这种针对性营销信息的积极反应不再持续。根据微信、抖音、快手等社交媒体平台的数据，有些用户对于频繁出现的各类广告产生反感等不良情绪，引发广告回避行为，降低广告效应，造成广告商经济的损失和社交媒体平台用户流失的风险（Li et al.，2020）。国家互联网信息中心的统计结果显示，超过 80% 以上的用户因为不能忍受朋友圈营销活动而采取一定程度的回避行为，且 67.7% 的社交媒体用户拒绝购买朋友圈推荐的商品。同样在脸书、推特和照片墙上也出现了普遍的广告回避行为。例如，卡芋寇查德和格雷戈里奥（Chinchanachokchai & de Gregorio，2020）通过调查 693 个美国的成人用户发现，同伴影响敏感性、社交媒体影响敏感性都带来对广告信息的回避。凯莉等人（Kelly et al.，2010）指出，社交媒体上的广告如果不能得到有效的投放，用户将产生比对传统广告更高的广告回避率。蔡和基姆（Choi & Kim，2021）对新兴的视频广告的回避行为也做了深入的研究。霍等人（Huo et al.，2021）通过文献综述总结了针对不同类型社交媒体平台广告用户的抗拒机制，并指出伴随着广告效果的研究，用户的抗拒反应也一直存在。

第二，人们在社交媒体平台上，商务需要仍然是低于社交需要的（Ko，2018），社会化商务的出现导致在社交媒体上进行社会交互所形成的彼此的信任关系发生了变化。这种变化造成实践者、学术界和用户都混淆了对信任的认识，造成对传统培养信任机制的误解（Zhang et al.，2017）。例如，人们对社会化商务中的隐私安全问题的担忧带来了对平台及平台活动信任构建的误解。美国咨询公司爱德曼（Edelman）的调查结果显示，60% 的受访者认为社交媒体公司忽视了对虚假信息的控制和对个人隐私的保护。正如保尔等人（Pour et al.，2022）所表示的，用户间信任和隐私安全问题是社会化商务持续发展的重要挑战。而社交平台上的很多活动突破了用户自我认为的隐私界限，他们所推送和定制的信息不断地被插入到了用户在社交媒体日常的非商务活动中，导致他们对平台安全感的降低（周涛等，2019）。例如，微信朋友圈中穿插的大量广告信息，不仅阻碍了用户的正常浏览，违背了其社交的需求，甚至出现过诈骗广告的链接，导致用户对其信任度和好感显著降低。此外，造成信任问题的另一原因是，在社会化商务的消费者对消费者的电子商务模式（C2C）下，个人可以成为广告发布和传播的主体，这使得广告投放没有了数量和费用方面的限制，大量营销广告野蛮生长。正如舒尔策等人（Schulze et al., 2015）所揭示的，社交平台上发布信息比关联信息的喜欢程度更高。例如，微信微商能够在一天之内发布数十条状态，这种暴利刷单的方式造成了用户的极大反感。技术的应用让用户能够了解产品功能，掌握产品信息（Wajid et al., 2020），因此，他们能够识别社交媒体上发布的虚假广告，更加难以被其内容所说服（Zenetti et al., 2014）。佛瑞斯特研究公司（Forrester）发布的市场报告显示，在北美和欧洲，信任社交媒体广告的消费者比例仅占 15% 和 10%。因此，社交媒体的广泛使用并没有增加消费者对其广告的信任度。

第三，除对平台信息、活动的回避之外，人们对平台的功能甚至平台本身不再持续使用甚至回避使用。例如，张等人（Zhang et al., 2019）揭示了人们不再关注微信公众号的行为，使得平台和企业运营者不再能够通过推送文章来传递信息和维护客户关系。林等人（Lin et al., 2021）通过对微信用户的研究发现，信息、交流和社交的过载感知使得人们不再持续使用社交媒体。开发商（ORIGIN）的研究报告称，64% 的 Z 时代（1994 年以后出生的人）都曾停止使用过一个或多个社交媒体平台，其中 34% 的人完全不再使用社交媒体；社交媒体内容上的隐私问题和商业化等因素是导致他们暂停使用社交媒体的原因之一。社会化商务加剧了社交平台本身的商业化，这使得平台在一定程度上成为一种商业产品；加之商家进入门槛低，导致了当下社交平台上充斥着营销广告。商业化内容过载造成了用户体验环境的恶化，从而降低了用户在平台上的活跃度。

综上所述，随着社会化商务的进一步普及与渗透，信息过载、隐私忧虑和倦怠情绪等因素均有可能导致人们对社交媒体及其广告的消极态度，并逐渐发展为大数据时代的一种社会新常态。因此，运营商、企业主和学者们需要及时关注到用户流失的信号预警，通过深度挖掘社会现象背后的本质，做好一定风险防范措施的同时，在当前的数字化环境中寻求更高效的数字营销策略。

1.4 聚焦顾客回避行为

基于以上背景，本书以移动社交媒体平台（简称"移动社交平台"）为研究对象，聚焦顾客（消费者）针对移动社交平台营销的回避行为，刻画回避行为的具体表现，探索其形成机制及企业应对策略。

首先，本书在第 2 章系统梳理用户针对营销内容回避行为的表现并进行新的分类，整理并构建出顾客在移动社交平台上的三维回避行为模型，较为系统地认识移动社会化营销情景下的顾客回避行为分类。其次，本书针对移动社交平台上多种形式的广告，从不同的理论视角构建模型，探讨用户对广告回避反应的作用机制。概括来说，第 3 章运用广告回避阐释的经典一般模型框架，通过理论迁移阐释用户面对同伴广告的驱动机制；第 4 章从信息论的视角整合已有广告回避的驱动因素，进而阐释对移动社交广告的回避。考虑到此两章都是基于理性决策的视角，而忽略情感决策的作用。作为补充，第 5 章和第 6 章主要从用户情感决策的视角来看待广告回避，其中第 5 章基于刺激—情感—行为的路径阐释移动社交媒体信息流广告回避行为，而第 6 章则从用户情感规制的角度来探索广告回避的情感分解路径。随后，本书关注移动社交媒体上以拉票和捐款为情形的推广活动，即第 7 章采用角色期望理论对移动社交媒体上的投票回避进行研究。第 8 章研究四个突出的过程相关因素与社交媒体捐赠回避的关系。最后，在第 9 章对消费者在移动社交媒体上的回避行为应对策略进行了探索和总结。

本书相关的结论与成果的价值主要体现在如下两个方面：

（1）理论认识推进。本书聚焦消费者回避这一负面行为反应，提出了回避行为测量量表丰富和发展回避行为的研究领域，推进了社交媒体广告相关研究的理论发展；阐释回避行为机制而构建的模型，将关系强度识别为一个与用户相关的变量，有助于理解和捕获移动社交网络中对同伴生成广告的回避行为的潜在机制和情境变量；通过对用户投票回避行为与其前因关系的适当构建，表明角色期望理论可以用来预测和影响用户投票回避行为，扩大了理论的应用范围；丰富了捐赠与慈善活动的相关文献，通过整合情绪调节和合理计算收益及成本的研究来解释 SNS 的捐赠回避机制，为回避行为研究提供了一些启示。

（2）实践应用价值。本书对用户回避行为的深入刻画及机制阐释，为平台管理者和个人卖家提供了关于移动社交商务的有益见解，对回避行为应对策略的探索将有助于企业和平台采取更具针对性的措施，进而提高营销绩效；为营销人员如何通过满足用户期望来减少投票回避提供了指导；能够帮助慈善管理者清晰地了解潜在捐赠者对于 SNS 捐赠回避的因素，从而制订并采取相应的措施以减少这些影响，对于慈善管理者制订传播策略、提升传播效果具有参考作用。

参考文献

ALALWAN A A, RANA N P, DWIVEDI Y K, et al., 2017. Social media in marketing: a review and analysis of the existing literature [J]. Telematics and Informatics, 34 (7): 1177-1190.

ALGHARABAT R, ABDALLAH A A, RANA N P, et al., 2017. Three dimensional product presentation quality antecedents and their consequences for online retailers: the moderating role of virtual product experience [J]. Journal of Retailing and Consumer Services, 36: 203-217.

BAI Y, YAO Z, CONG F Y, et al., 2015. Event-related potentials elicited by social commerce and electronic-commerce reviews [J]. Cognitive Neurodynamics, 9 (6): 639-648.

BENNETT S. 45 amazing social media facts, figures & statistics [EB/OL]. [2013-09-20]. http: // www.mediabistro.com/alltwitter/45-social media-stats_b49582.

BOARDMAN R, BLAZQUEZ M, HENNINGER C E, et al., 2019. Social commerce: consumer behaviour in online environments [M]. Cham: Palgrave Macmillan.

BUSALIM A H, HUSSIN A R C, 2016. Understanding social commerce: a systematic literature review and directions for further research [J]. International Journal of Information Management, 36 (6): 1075-1088.

CHINCHANACHOKCHAI S, DE GREGORIO F, 2020. A consumer socialization approach to understanding advertising avoidance on social media [J]. Journal of Business Research, 110: 474-483.

CHOI D, KIM J, 2021. The impacts of ad skip option and ad time display on viewer response to in-stream video ads: The role of perceived control and reactance [J/OL]. Internet Research, 32: 790-813.

CHONG A Y L, LACKA E, LI B Y, et al., 2018. The role of social media in enhancing guanxi and perceived effectiveness of e-commerce institutional mechanisms in online marketplace [J]. Information & Management, 55 (5): 621-632.

DREWS W, SCHEMER C, 2010. eTourism for all? Online travel planning of disabled people [J]. Information and Communication Technologies in Tourism 2010): 507-518.

DONG X Y, WANG T N, 2018. Social tie formation in chinese online social commerce: The role of it affordances [J]. International Journal of Information Management, 42: 49-64.

Facebook. Helping small businesses succeed in a mobile world [EB/OL]. (2017-04-10) [2022-06-13]. https: //www.facebook.com/business/news/helping-small-businesses-succeed in-a-mobile-world.

FARIVAR S, TUREL O, YUAN Y F, 2017. A trust-risk perspective on social commerce use: An examination of the biasing role of habit [J]. Internet Research, 27 (3): 586-607.

HAJLI M N, 2014. The role of social support on relationship quality and social commerce [J]. Technological Forecasting and Social Change, 87: 17-27.

HAJLI N, 2015. Social commerce constructs and consumer's intention to buy [J]. International Journal of Information Management, 35 (2): 183-191.

HAN H, XU H Y, CHEN H Q, 2018. Social commerce: A systematic review and data synthesis [J]. Electronic Commerce Research and Applications, 30: 38-50.

HUANG Z, BENYOUCEF M, 2013. From e-commerce to social commerce: a close look at design features [J]. Electronic Commerce Research and Applications, 12 (4): 1-6.

HUO H, LIU Z, MIN Q, 2021. Social media advertising reactance model: A theoretical review [J]. Internet Research, 31 (3): 822-845.

KAPLAN A M, HAENLEIN M, 2010. Users of the world, unite! The challenges and opportunities of social media [J]. Business Horizons, 53 (1): 59-68.

KELLY L, KERR G, DRENNAN J, 2010. Avoidance of advertising in social networking sites: the teenage perspective [J]. Journal of Interactive Advertising, 10 (2): 16-27.

KIM S B, SUN K A, KIM D Y, 2013. The influence of consumer value-based factors on attitude-behavioral intention in social commerce: the differences between high- and low-technology experience groups [J]. Journal of Travel & Tourism Marketing, 30 (1-2): 108-125.

KO H C, 2018. Social desire or commercial desire? The factors driving social sharing and shopping intentions on social commerce platforms [J]. Electronic Commerce Research and Applications, 28: 1-15.

LI C Y, KU Y C, 2018. The power of a thumbs-up: Will e-commerce switch to social commerce? [J]. Information & Management, 55 (3): 340-357.

LI X, WANG C, ZHANG Y, 2020. The dilemma of social commerce: Why customers avoid peer-generated advertisements in mobile social networks [J]. Internet Research, 30 (3): 1059-1080.

LIN X, LI Y, WANG X, 2017. Social commerce research: definition, research themes and the trends [J]. International Journal of Information Management, 37 (3): 190-201.

LIANG T P, HO Y T, LI Y W, 2011. What drives social commerce: The role of social support and relationship quality [J]. International Journal of Electronic Commerce, 16 (2): 69-90.

LIN J B, LI L, YAN Y M, 2018. Understanding Chinese consumer engagement in social commerce the roles of social support and swift guanxi [J]. Internet Research, 28 (1): 2-22.

LIN S, LIN J, LUO X, 2021. Juxtaposed effect of social media overload on discontinuous usage intention: The perspective of stress coping strategies [J]. Information Processing & Management, 58 (1): 102419.

LIN X L, LI Y B, WANG X Q, 2017. Social commerce research: Definition, research themes and the trends [J]. International Journal of Information Management, 37 (3): 190-201.

LIU L B, CHEUNG C M K, LEE M K O, 2016. An empirical investigation of information sharing behavior on social commerce sites [J]. International Journal of Information Management, 36 (5): 686-699.

POPP B, WORATSCHEK H, 2016. Introducing branded communities in sport for building strong brand relations in social media [J]. Sport Management Review, 16 (2): 183-197.

POUR M J, HOSSEINZADEH M, MANSOURI N S, 2022. Challenges of customer experience management in social commerce: An application of social network analysis [J]. Internet Research, 32 (1): 241-272.

SCHULZE C, SCHOLER L, SKIERA B, 2015. Customizing social media marketing [J]. Mit Sloan Management Review, 56 (2): 8-10.

SMITH T, OBRIST M, WRIGHT P, 2013. Live-streaming changes the (video) game [J]. The 11th European Conference on Interactive TV and Video, 10: 131-138.

SHARMA S, CROSSLER R E, 2014. Disclosing too much? Situational factors affecting information disclosure in social commerce environment [J]. Electronic Commerce Research and Applications, 13 (5): 305-319.

STATISTA, 2019. Daily time spent on social networking by internet users worldwide from 2012 to 2018 (in Minutes) [DB/OL].

STEPHEN A T, TOUBIA O, 2010. Deriving value from social commerce networks [J]. Journal of Marketing Research, 47 (2): 215-228.

SUN Y, SHAO X, NIE K, et al., 2018. Why do customers buy products on social commerce platform? A study from affordance theory [M]. pp:731-738.

SUN Y, SHAO X, LI X T, 2019. How live streaming influences purchase intentions in social commerce: An it affordance perspective [J]. Electronic Commerce Research and Applications, 37: 100886.

WANG C, ZHANG P, 2012. The evolution of social commerce: the people, management, technology, and information dimensions [J]. Communications of the Association for Information Systems, 31 (1): 105-127.

WAJID A, RAZIQ M M, AIIMED Q M, 2020. Observing viewers' self-reported and neurophysiological responses to message appeal in social media advertisements [J]. Journal of Retailing and Consumer Services, 59: 102373.

WONGKITRUNGRUENG A, ASSARUT N, 2020. The role of live streaming in building consumer trust and engagement with social commerce sellers [J]. Journal of Business Research, 117: 543-556.

YUSUF A S, HUSSIN A C, BUSALIM A H, 2018. Influence of e-WOM engagement on consumer purchase intention in social commerce [J]. Journal of Services Marketing, 32 (4): 493-504.

ZHANG B, YONG R H, LI M Z, 2017. A hybrid trust evaluation framework for e-commerce in online social network: A factor enrichment perspective [J]. Ieee Access, 5: 7080-7096.

ZHANG G, MA L, ZHANG X, 2019. Understanding social media users' unfollow intentions: Take wechat subscriptions as an example [J]. Online Information Review, 43 (7): 1081-1097.

ZENETTI G, BIJMOLT T H A, LEEFLANG P S H, 2014. Search engine advertising effectiveness in a multimedia campaign [J]. International Journal of Electronic Commerce, 18 (3): 7-38.

巢乃鹏，赵文琪，秦佳琪，2020. 行为定向广告回避的影响机制研究 [J]. 当代传播（6）：94-99.

方文侃，周涛，2017. 社会交互对社会化商务用户行为作用机理研究 [J]. 情报杂志，36（1）：167-172.

郭媛媛，陆珍珍，王朝友，2021. 社会化商务中同伴特征对用户社会化分享意愿的作用机理研究 [J]. 情报杂志，40（5）：201-207，170.

刘新民，李芳，王松，2017. 自我效能感、说服抵制对消费者社会化商务模式接受意愿的影响机理研究 [J]. 管理评论，29（6）：202-213.

陶晓波，杨学成，许研，2015. 社会化商务研究述评与展望 [J]. 管理评论，11：75-85.

周涛，曾环宇，邓胜利，2019. 社会化商务环境下信息隐私关注的作用机理研究 [J]. 现代情报，39（11）：38-45.

第 2 章
移动社交平台消费者回避行为分类 [*]

2.1 背 景

用户的社交媒体行为是指"在以计算机为媒介的社交环境中受个人的社会网络影响而形成的或在个人的社会网络中所发生的各类行为的总称"(Yadav et al., 2013)。随着人们在个人或企业所花费时间的增多,以及社交媒体及其平台上活动逐渐呈现多种多样的变化,人们对信息等的反应也出现了正向和负向的多重变化。事实上,社交媒体对人们生活的影响不再是持续的正向,这一趋势已早有苗头,而出现了不少负面的行为反应更是愈演愈烈。例如,社交平台上的过度社交、过度沟通等问题都会带来人们对社交媒体的疲劳体验,进而影响社交媒体的持续使用。此外,就社会化商务而言,企业在社交媒体平台上发布大量营销信息,以期达成活动推介、品牌和产品意识创建,甚至直接售卖产品的目的,反而造成了违背用户进行社交媒体行为的初衷。考虑到社交媒体平台所提供的服务模块已成为企业建立新的客户关系渠道的新基地,人们基于自我行为反应而对社交媒体平台这种新关系渠道的认识,会直接影响到社会化商务乃至社交媒体平台的健康发展,特别是顾客回避行为的出现更是如此。

顾客回避行为作为社会化商务的核心挑战之一正逐渐引起实践者和学术界的关注。顾客所表现出的回避行为显然会削弱平台的营销效果,特别是广告效

---

[*] 本章内容主要参考 LI Xiaodong, ZHANG Yanping, YAO Jingjing. Avoidance behavior toward social network advertising: Dimensions and measurement [C]. Wuhan: WHICEB 2020 Proceedings, 2020.

果（Li et al.，2020；Zhang et al.，2020）。例如，尽管人们逐渐熟悉和采用社交媒体平台进行营销，但消费者对其所发布的营销信息并不会持续关注，更不会总是打开所遇到的信息；相反，这些消费用户经常采用回避策略或行为来处理所遇到的各种信息。

对社交媒体平台顾客回避行为的已有研究往往基于广告回避的视角（巢乃鹏等，2020；代宝和杨泽国，2022），即将社交媒体作为新的广告载体来进行消费者反应的研究。例如，通过焦点小组讨论和深度访谈的方式，十多年前凯莉等人（Kelly et al.，2010）的研究发现：对广告媒体的怀疑、广告相关性、广告怀疑和预期的负面经历等驱使青少年回避社交媒体网站广告。彭锦和张明学（2015）将网络视频广告回避行为描述为用户受视频平台趋利性和获利模式盲目性影响而不同程度的减少接收广告的行为。布罗克等人（Van den Broeck et al.，2018）研究了用户关于脸书上的横幅广告和信息流广告的回避行为，发现脸书动机和产品参与可以显著调节广告投放对广告回避意图的影响。而后，其他人［如宥和茜恩（Youn & Shin，2019）、宥和基姆（Youn & Kim，2019）、米尔杰等（Miltgen et al.，2019）、卡芊寇查德和格雷戈里奥（Chinchanachokchai & de Gregorio，2020）及李等（Li et al.，2020）］，也针对社交媒体平台上顾客广告回避行为做了一定的研究，如以心理对抗理论（PRT）为理论框架，研究用户的感知自主性、广告侵入性和自由威胁对脸书广告回避的影响；又如验证了社交媒体平台（如脸书、推特和照片墙）使用体验、对社交媒体影响易感性和同伴影响易感性这三个因素对社交媒体广告态度的中介作用。

然而，伴随着社交媒体平台的不断发展，消费者对社交媒体信息和活动的反应仅仅用广告回避来研究略显片面，需要针对社交媒体用户特征而对回避行为进行更为细致的研究。同时，针对社交媒体平台广告的顾客回避行为研究总体上仍然较少，且有限的研究在理解顾客回避行为时也并未形成一致意见，十分不利于推进社交媒体平台回避行为的理论研究。故本章通过针对移动社交媒体平台信息、活动等的顾客回避行为进行重新解读，通过构建行为构想、分类及特征，从更具体的视角来认识社交媒体顾客回避行为。

2.2　面向移动社交媒体回避行为的对象分类与特征

2.2.1　回避行为对象分类

消费者在移动社交媒体上的活动并遭遇信息的情形可以概括为四种情形，形成针对四种情形的可能回避反应。第一种情形为与朋友和同伴主动互动。该情形最为普遍，是社交媒体平台聚集用户实现互通的核心服务。在网络快速发展的当下，又恰逢新冠肺炎疫情的特殊时期，线上的社交媒体交流已成为当下朋友间沟通的主要方式，社交媒体以用户个人为中心，拥有自发传播的特点，允许用户个人进行信息内容的生产、创造和交流，并且具有实时性、互动性、连通性、开放性和社区化等特征（王雪，2019）。社交媒体平台可以打破空间壁垒，使用户随时随地进行互动，当其想进行诉说或聊天时，利用社交媒体便可以进行沟通交流，脸书、QQ、微信等社交软件为我们与全球各地的朋友和伙伴搭建沟通互动的桥梁。尽管如此，当这种社交互动演变为即时通信而广泛存在于现实生活的各种场合下时，其带来的互动便捷性被信息的持续打扰性所替代。社交媒体的快速普及给用户带来了便利，但社交媒体互动所带来的负面影响也已经得到了证实（如社交媒体依赖、隐私侵犯等问题在很大程度上给用户带来了诸多的困扰），人们开始逐渐忽略移动社交媒体的互动信息而更关注移动社交媒体所带来的负面影响。

第二种情形为在移动社交媒体上发布、参与各种活动，包括朋友和伙伴发布的信息内容（如群公告、朋友圈、说说等），也包括生活中照片墙的限时故事（story）、微信的朋友圈发布、推特的发文分享，等等。朋友和伙伴进行互动，展示自己的生活状态；工作时利用群聊发布工作信息，员工快速了解工作内容，提高工作效率；学习上，朋友间在社交媒体上一起讨论学术问题，组织参加各种活动，丰富充实生活。由于发布活动及动态太多、信息过载、信息冗杂所带来的信息接收疲劳，人们往往收到很多重复性的信息而懒得去重复阅读，甚至回避乃至屏蔽相似的公众号。

第三种情形为对平台各种新功能使用的尝试。例如，抖音（TikTok）在 2021 年曾将"小黄车"推广到全球，推特也在 2021 年宣布测试个人主页添加"商店模块"，俱乐部（Clubhouse）引领了在各种社交媒体平台上进行音频直播等。这些新功能有的很快成为使用的热点，有的很快因消费者不买账而销声匿迹。

第四种情形为被动遭遇各种广告信息等。当消费者使用社交媒体时总会被动遭遇各种广告信息，例如，视频播放前的广告视频、浏览信息时的营销广告、打开应用时弹出的产品营销界面、抖音短视频中的嵌入型广告等。用户对广告信息的回避已经成为阻碍社会化商务发展的突出问题。

尽管现实中顾客回避行为的对象及存在情形不同，但他们所采取的回避行为反应具有一致的特征。在四种情形中，对广告这一对象的回避研究最多，其定义和内涵的阐释也较为完善。例如，在已有研究中，社交媒体平台消费者回避行为（Customer Avoidance）的定义依托已有研究中关于广告回避行为的定义，即斯派克和埃利奥特（Speck & Elliott，1997）所下的正式定义："人们为减少对广告内容的暴露而所采用的所有行动。"应用到社交媒体平台情景下，李等人（Li et al.，2020）对广告回避行为的定义进行了拓展，以消费者回避同伴广告的行为代替广告回避行为来细致描述消费者在社交媒体上应对信息和活动的行为策略，并将其定义为："人们在社交媒体上为减少对不欢迎信息的暴露而采取的所有行动。"本研究不考虑顾客回避对象的不同类别，仅仅从回避行为模式出发而对该概念进行定义。具体来说，遵从上述定义的基本内涵，以信息论受众为基本立足点，将顾客回避行为定义为："因遭遇所不欢迎的信息而采取的任何减少暴露的任何策略。"

2.2.2　移动社交平台顾客回避行为的一般特征

本章总结移动社交平台顾客回避行为的一般特征为：社会性、行为能动性、平台差异性和综合系统性。如图 2-1 所示。

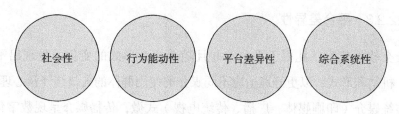

图 2-1　移动社交平台顾客回避行为的一般特征

2.2.2.1　社会性

过去平台信息的制作与推送，往往是从单独个体的特征和状态的角度出发，而忽略了消费者作为社会化的个体受社会关系——受众所处的"社交网络"的影响。这一网络既包括网络空间的社交媒体、社交价值等概念，也包括现实中受众的相关参照群体等影响。社交媒体受众的回避行为不仅仅是受众个体的心理结果及产物，也是社会关系网络影响下的一环，受众本身所处的文化圈、社群都会对其回避行为产生影响；同时根据与其社会关系的强弱，受众也会对其发布内容采取不同的重视程度和处理态度。故顾客回避行为会随社会活动及趋势的变化而变化，呈现出社会性特征。

2.2.2.2　行为能动性

消费者的地位及自主性决定了社交媒体上回避行为的能动性程度。在如今倡导消费者权益及媒介多样替代性下的用户主权的媒介时代，传统媒体中心化、一元化思维被逐渐摈弃，社交媒体上消费者处于中心地位。社交媒体的存在完全依赖于消费者生成内容，消费者的活跃度也决定了社交媒体的生存和发展，因此社交媒体平台需要考虑受众的感受，努力减少受众社交媒体平台的回避的同时，增加用户活跃度及忠诚度；同时，伴随着交互技术的蓬勃发展及社交媒体平台本身的交互属性，受众对于社交媒体的使用、回避及相关功能自主性已经大大提高，已不同于传统媒体的被动接受。已有移动社交媒体平台也增加了用户回避插件功能，更好地提升了用户的自主权。

2.2.2.3 平台差异性

社交软件依附、扎根于平台，并且随着媒介形式的变化而呈现出不同的特征、机制和形式，以更好地适应不同媒介的使用群体的人口统计及心理特征；如今传统媒介（印刷媒体、广播、传统电视）式微，传播媒介呈现数字化、去中心化、融合化、移动化、交互化及精准化的趋势，社交媒体平台上发布的内容功能及模式顺应媒介的变化趋势更新形式（如信息流、个性化、移动位置广告，与社交媒介背景主题相似内容、嵌入性原生广告）；基于经验学习理论，受众根据不同平台媒介上社交软件的最新趋势和差异，也会采取不同的回避态度和回避方式。例如，对于抖音、哔哩哔哩视频网（Bilibili）这种较多插入主题内容，并且与主题内容相似的嵌入性广告，人们会基于对博主或者 UP 主的喜爱更多地采取包容或快进、提前退出等回避方式；针对 QQ 空间这种由平台发布的较为生硬的、与空间内容主题背景不一致的内容、广告，人们往往会采取较为抵制的态度，采取滑走或者故意忽视不点开等回避方式；对于微信朋友圈出现的信息流广告，人们可能会因其侵扰程度的不同而选择跳过、忽视、屏蔽等回避方式；对于腾讯视频、爱奇艺（IQIYI）这种视频播放前出现的广告，部分人们会基于对电视剧、电影的喜爱采取容忍态度，部分人会选择购买平台贵宾（VIP）进行跳过广告的回避方式。

2.2.2.4 综合系统性

消费者社交媒体的回避及其效果是一个社交平台（内容、形式）依附于不同的传播媒介通过传播情景（投放时间顺序、情景位置、认知负荷等）作用于微观个体（先前经验、人口统计特质、思维特质），其间受社会因素（社会价值、社群影响、参考群体）及宏观的民族文化（个人集体主义、不确定性回避等）调节的综合系统的结果。为减少社交媒体平台的抵触性，提高社交媒体平台的活跃度、用户忠诚度等，营销者应从以上多个维度去策划内容、选择宣传媒介及找准目标市场。

2.3　顾客回避行为的识别

对顾客回避行为的认识主要源于对广告或营销负面反应的认识。例如，在对传统广告回避行为的刻画方面，消费者利用电视或者收音机的功能按钮来避免与广告的接触。此后斯派克和埃利奥特（1997）对广告回避给出了一般性定义，但对行为的描述仍然不够清晰。此后赵（Cho，2004）从认识行为的三维度出发引申出认知回避、情感回避和行为回避。事实上，梳理已有研究可以将营销回避行为归为三类，即认知性回避、身体性回避和机械性回避。其中，认知性回避强调注意力所导致认知机制加工后的反应，是指受众形成关于广告的负面信念和认知，进而主观上忽视或不注意广告。身体性回避一般是指通过身体行为进行广告回避，如电视广告播出时从事家务活动或离开房间，看到或听到广告后与别人交谈而转移注意力等。而机械回避不同于前两者，其所针对的对象载体需要具备技术功能。故机械性回避强调能利用一些技术手段进行广告回避，如广播广告时段进行频道切换、看到手机广告关闭屏幕等。就已有研究而言，根据斯派克和埃利奥特（1997）关于回避行为的研究发现，早期研究大多强调针对报纸、杂志、广播和电视中广告的认知回避反应。当然，一些研究包含了用户（观众、消费者）的身体回避行为，如离开房间、合上报纸等，或者利用遥控器进行机械回避；但很多研究对这些区分并未深入探讨（Fransen et al.，2015b）。随着信息系统的引入，人们和广告间的互动变得直接而快速，若仍然采用赵（2004）所提出的情感、认知和行为回避方式，既不能体现斯派克和埃利奥特（1997）对回避行为所阐述的内涵，也缺乏对具体场景（即社交媒体）信息系统特征的展示。

回到移动社交营销场景，我们可以认为，当用户在社交媒体平台日常交互遇到广告时，下意识地快速滑动或直接关闭被认为是身体回避；用户转移对广告信息的注意力被认为是认知回避；用户拉黑、屏蔽相关广告信息被认为是技术回避。本研究借鉴广告回避分类的思路，依照目前三类研究刻画的思路，对移动社交媒体营销的受众回避行为重新解读，如图 2-2 所示。

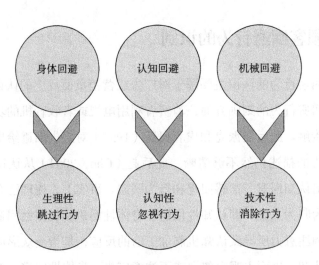

图 2-2　受众回避行为的识别分类

2.3.1　生理性跳过行为

身体回避是一种个人身体活动行为，强调通过体力行为模式来试图减少对广告或不喜欢信息的暴露（Fransen et al.，2015b）。关于身体回避行为模式，已有研究涉及较多但认识并不一致。例如，罗贾斯·门德斯等人（Rojas-Mendez et al.，2009）将在看到电视广告时同他人交谈视为行为回避，而斯派克和埃利奥特（1997）将之划分为身体回避。在移动社交媒体营销场景下，我们强调身体回避是个人通过身体努力来避开不喜欢的内容，进而形成了一种基于肢体活动的行为模式，将其视为依托身体活动的生理性回避。按照本研究对跳过行为的内涵总结，人们在应对传统媒体如报纸、杂志中的广告时，滑过和翻过广告是一种常见的身体行为操作（Huh et al.，2015；Speck & Elliott，1997）。当广告出现在用户日常交互的电脑屏幕上时，上下滚动网页、页面来回避横幅广告、弹出广告等也是身体回避的常规操作（Cho，2004）。凯莉等人（Kelly et al.，2010）指出，青少年应对社交媒体平台上的广告时，滑屏十分常见。当遇到信息流广告时，用户可以通过滚动屏幕、刷新状态来跳过广告页面（Bellman et al.，2010）。基于上述研究的相关论述，本研究提出以跳过行为（滑动屏幕）作为代表性策略形成对社交媒体广告信息的生理性回避，其代表了一种为了避免社交媒体上投放的广告而采取各种不假思索的跳过策略。

跳过行为在用户应对社交媒体广告时普遍存在。在浏览朋友们的更新动态碰到广告时，用户往往会自然地滑过屏幕，并没有为之付出明显的注意力（Kelly et al.，2010）。这一处理过程几乎不花费时间和精力，广告几乎没有引起用户任何兴趣就被滑过。跳过行为被认为是消费者不经过太多思考就跳过不受欢迎的内容的各种行为。跳过行为在一定程度上可以看作下意识或者习惯性的反应。当跳过行为发挥作用时，用户像看不见听不到那些信息一样，用户因生理性直接反应而不会对那些信息进行处理，广告信息显然也难以被用户处理到（Resnick and Albert，2014）。换句话说，生理性跳过成为常见的不过脑子处理信息的机制。事实上，用户的跳过行为给广告商带来了很大的挑战，如广告如何设计就十分头疼。提供迥异的广告形式也许能克服跳过而带来吸引力，但又有可能给用户造成更大反感的风险。

2.3.2　认知性忽视行为

根据认知的概念，认知回避涉及人们对所暴露内容给予的注意力分配和转换相关的策略（Cho，2004）。根据认知不协调理论（Cognitive Discoordination Theory），用户倾向于在认识中去寻求一致性，而回避那些与他们信念相矛盾的内容，其表现为以某种形式选择性暴露或者回避作为认知过程的结果（Ajzen & Driver，1991；Fransen et al.，2015a）。事实上，当人们碰到高相关或极端的广告时，自然而然会为之分配一定的注意力，而此时的应对策略就变成了选择性暴露或者注意力的转移。在移动社交营销场景下，消费者往往会被一些广告或者活动所吸引，但打开之后又没有兴趣从而采取远离策略。在互联网喜欢用标题来唤起人们注意的今天，营销活动也往往喜欢用一些引人注意的标题来传递信息。当顾客打开广告信息之后，可能不需要或者不感兴趣而主动忽视此内容，就形成了本研究所提出的认知性忽视行为。

消费者有意识地忽略广告或将注意力从广告上转移，忽视本身也被认为是一种认知下的策略选择，其在以往的广告回避研究中以认知回避的形式而广泛存在。斯派克和埃利奥特（1997）使用其来描述人们尽管暴露到广告中但仍把注意力放在其他事情上的现象。赵（Cho，2004）也使用忽视来表现人们有意识地对网站上不喜欢内容的回避反应。其他一些研究（如 Baek & Morimoto，2012；Kelly et al.，2010；Shin & Lin，2016）也采用认知性忽视来描述移动广告、个性化广告和社交网络广告的负面反应。事实上，用户往往免费使用社交媒体平台，故其难以完全逃脱对广告的暴露，所能做的是有选择或改变注意力的指向（Fransen et al.，2015b）。换句话说，用户不得不将注意力分配在一些广告上，或者从那些同他们信念相悖的内容上转移注意力。故本研究采用认知性忽视行为来描述人们针对移动社交媒体中已引起注意的部分营销内容，通过分配和转移注意力来进行认知性回避。

2.3.3　技术性消除行为

技术性回避涉及人们使用技术手段来减少对不喜欢信息的暴露（Speck & Elliott，1997）。在 20 世纪 90 年代以前，技术性回避往往指机械回避，其仅仅被用来描述人们针对电视、广播媒体广告的换台、快进或静音（Zapping，Zipping 和 Muting，简称"ZZM"）的应对情形。此三类行为成为研究上述两类媒体广告回避的代表性变量。

随着信息技术在人机交互界面的发展和广泛应用，ZZM 已经不能完全刻画传统媒体那么简单的技术性交互行为。技术丰富性所赋予的便利操作扩大了机械回避的具体范围，故本研究视机械回避为一种普遍的回避模式，指人们为减少不喜欢信息而采取的技术性回避反应，而在社交网络广告情景下，屏蔽是其典型的一种。屏蔽指用户采取的一切技术行为而使他们远离不喜欢的信息。事实上，已有研究较早就描述了用户会采用一些技术手段屏蔽商业广告、过滤广告邮件或构建不联系黑名单（Johnson，2013）。删除订阅或拉黑交流也被视为常见的回避反应（Baek & Morimoto，2012；Okazaki et al.，2012）。而在社交媒体平台上，拉黑、删除或取消订阅等是常见的远离、回避不喜欢信息的技术方式。

2.4　回避行为概念化及测度精练

基于上述三类顾客回避行为的概念性刻画，本部分将对三类回避行为进行概念化操作。基于上述讨论和已有研究，本研究提出三类行为模式来刻画身体回避、认知回避和机械回避，即分别命名为生理性跳过、认知性忽视和技术性消除，进而整合对应个体体力、注意力和信息交互系统三个方面的回避行为。

2.4.1　回避行为量表概念化过程

社交媒体平台回避行为这一概念用来解释用户采取的减少用户对广告信息暴露的行为反应。已有研究为认识这一构念概念化的过程提供了不少启示。如斯派克和埃利奥特（1997）提出将消除、忽略和翻过广告作为广告回避的主要行为。赵（Cho，2004）报告了一个广告回避的三维测量模型（即认知、情感和行为回避）。我们认为情感回避是一种情感反应，而不是一种行为，从而未采纳该研究的情感维度。其他研究中的一些测量题项（如 Huh et al.，2015，Shin & Lin，2016，Van der Goot et al.，2018）也被用作回避行为概念化测量的初始池。遵循一个概念化的标准过程，我们根据随后的量表开发工作规则构建了三个维度，即生理性跳过、认知性忽视和技术性消除。

2.4.2　量表的生成与精练

首先，本研究梳理了自 1997 年以来广告回避行为描述的 83 篇期刊论文，依据是否对回避行为进行刻画为判断标准而梳理出来 43 篇期刊论文。根据 43

篇研究中所包含的题项生成了44个操作化测量题项的关键词，作为三个维度的初始测量题项池。经过对初始测量题项的条目进行删除、移除、合并等操作后，得到了22个关键词，如表2-1所示。

表2-1　初始条目池的题项关键词

维度	跳过（5）	忽视（7）	屏蔽（10）
关键词	消除、翻过去、跳过、扔掉、弹出屏幕	忽略广告、认知回避、不阅读、停止阅读、搁置、关闭广告、不看广告	撕掉、丢弃、翻动、切换到其他事情、与某人交谈、换台、成批快进、删除广告、删除、黑名单

其次，本研究运用焦点小组讨论的方式对题项进行精练，提升和确认题项的内容效度。这一阶段包括两步关键程序：第一，邀请了7名本科生、3名硕士生和3名博士生来回忆和描述他们是如何应对移动社交媒体平台上的营销信息，并用关键事件法对他们的行为举例说明。所邀请人员包括6名男性和7名女性，所回忆和描述的移动社交平台主要是微信朋友圈、QQ的说说和新浪微博。第二，转录、拆解和分析了焦点小组讨论的内容，并利用上述理论研究中所形成的22条项目池对焦点小组讨论的内容进行解读。研究者和讨论组一起通过比较、删除、重新阐释和修改的方式重新整理了测量条目，最终形成包含13个关键词的潜在测量题项。

最后，选取移动社交媒体广告作为一般性回避对象形成具体化的题项。选取该情景主要基于两点。第一，移动社交媒体上广告信息是移动社交营销最常见的一种形式，具有代表性。第二，插入到状态更新等形式而形成的信息流广告是移动社交营销能充分利用的基本形式，消费者更为熟悉。基于移动社交媒体广告场景，一名营销学教授和两名博士研究生对所形成的量表进行了最后的语言凝练，具体测量题项如表2-2所示。

表 2-2　量表因子结构与信度

题项	跳过	忽视	屏蔽
X5：我快速瞥过移动社交网络上的广告	−0.026	0.100	0.797
X6：我向下滚动屏幕来避免社交网络上的广告	0.185	0.189	0.875
X7：我会跳过社交网络上的广告	0.217	0.301	0.833
X8：我在社交网络上快速跳过广告	0.301	0.217	0.793
X9：我故意不去注意社交网络上的广告	0.235	0.827	0.273
X10：我故意忽略社交网络上的广告	0.288	0.825	0.270
X11：我故意不看我的社交网络	0.291	0.876	0.168
X12：我不会在我的社交网络上看任何广告，即使有些广告引起了我的注意	0.263	0.843	0.165
X13：我会做点什么，而不是在我的社交网络上浏览广告	0.771	0.240	0.217
X14：我会注销我的社交网络账户，以避免任何广告	0.865	0.168	0.068
X15：如果可能的话，我想删除我的社交网络上的广告	0.876	0.239	0.167
X16：如果可能的话，我会屏蔽我的社交网络上的广告	0.833	0.217	0.213
X17：如果可能的话，我想把给我发广告的人列入黑名单	0.701	0.352	0.066
特征值	6.776	1.973	1.407
克朗巴哈系数	0.889	0.932	0.911

2.4.3　验证样本收集过程

本研究利用问卷星平台进行了在线调查收集数据，根据心理测量特性对量表属性进行检验。通过一个小型随机游戏，鼓励受访者积极参与调查。调查自 2018 年 2 月 9 日开始至 2018 年 2 月 23 日结束，共获得了 207 份完整的答复。在排除了那些没有答对甄别题项的回答后，将 195 个有效数据应用于分析。

具体来说，受访者中男性占 44.6%，女性占 55.4%。就年龄而言，低于 20 岁的比例为 0，20~29 岁的比例为 75.9%，30~39 岁的比例为 20.5%，高于 40 岁的比例为 3.6%。其中，有 69.7% 为本科及以上的学历或学生。就社交商务经验而言，有 62.1% 的人从未通过移动社交网络渠道购买过产品。另外，因为注意力对于在社交网络上投放广告至关重要，本研究增加了注意力作为控制变量以检查度量模型的有效性。注意力是由四个项目测量的，由戴维斯（Davis，

2004）所使用的题项改编而成［关于我的社交网络上的广告：我密切关注它（X1），我能够专注它（X2），它引起了我的注意（X3），我被它吸引（X4）］。

2.5 数据分析与结果

2.5.1 量表结构和可靠性分析

首先，分别对这三个维度进行项总相关性和项间相关性检查。结果表明，在 0.001 的水平上，所有项目间的相关性均高于 0.600，并且每个项目间的相关性均高于 0.400。其次，运用 KMO（Kaiser-Meyer-Olkin，0.882）和巴特利特（Bartlett）球形度检验（$\chi^2 = 2091.670$，$p < 0.001$），发现数据支持因子分析。最后，使用最大方差旋转进行了主因子分析，以评估因子结构。通过几次迭代过程，得到特征值大于 1 的因子负载。如表 2-2 所示，因子分析得出三个因子，它们解释了总方差的 78.121%。这三项指标达到的克朗巴哈（Cronbach's α）值分别为 0.889（生理性跳过）、0.932（认知性忽视）和 0.911（技术性消除），均超过了建议的 0.700 截止值。上述结果表明，所构建的操作化三维度效度和信度都较好。

2.5.2 基于单维度和三维度模型的验证性因子分析

为了进一步分析回避行为的三维度模型，通过引入注意力这一构念而对三维度的内在结构进行数据探索。首先使用 MPLUS 17.0 进行验证性因子分析来检验量表的有效性。四因素相关的测量模型与数据吻合良好（见图 2-1）。以组合信度（> 0.700）、平均方差提取（> 0.500）为标准，四个变量均具有足够的信度、聚敛效度和区分效度，且各因素平均提取方差值（AVE）平方根均大于因子之间的相关性（见表 2-3）。

表 2-3　信度与区分效度

维度	变量	组合信度	平均提取方差值	1	2	3	4
三维模型	注意	0.860	0.609	0.780			
	跳过	0.892	0.679	−0.387	0.824		
	忽视	0.934	0.779	−0.184	0.563	0.883	
	屏蔽	0.912	0.679	−0.263	0.476	0.604	0.824
一维模型	注意	0.860	0.609	0.780			
	回避行为	0.788	0.554	−0.354	0.744		

注：① AVE = 提取的平均方差；
　　② 对角线以下为相关系数（均 $p < 0.050$），对角线上粗体的数字表示 AVE 的平方根。

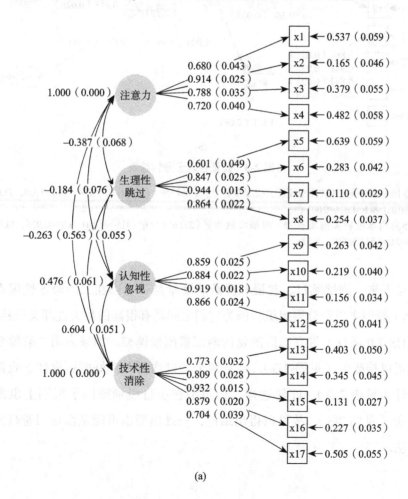

(a)

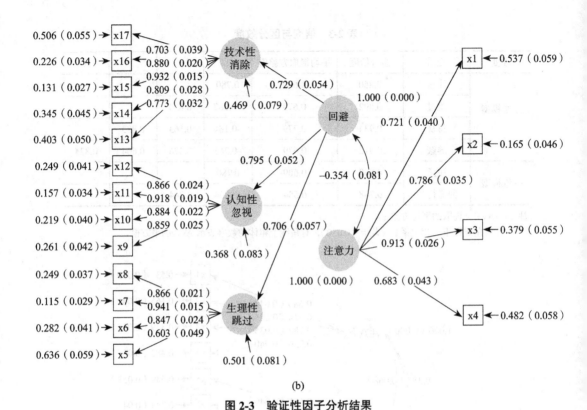

(b)

图 2-3 验证性因子分析结果

注：① 图 a 是四维度相关测量模型，模型参数为 $\chi^2 (264.959) / df (113) = 2.34$，CFI=0.939，TLI=0.927，SRMR=0.051 和 RMSEA=0.083；
② 图 b 是两维度相关测量模型，模型参数为 $\chi^2 (277.638) / df (115) = 2.41$，CFI=0.935，TLI=0.923，SRMR=0.060 和 RMSEA =0.085。

接下来，测试跳过、忽视和屏蔽的度量是否可以在二阶验证性因素分析（CFA）模型中进行分层组织，因为它们之间具有很高的相关性却又截然不同。MPLUS 7.0 运行了带有二阶测量的两因素测量模型。结果表明二阶模型与数据是可以接受的（见图 2-3），并且两个变量均具有良好的可靠性、收敛性和判别性（见表 2-3）。即使这样，该模型在项目级别或因子级别上也没有显著改善（见图 2-3）。故可以得出结论，一维模型也可能是衡量回避行为的替代方法。

2.5.3 基于人口统计变量的 T 检验

基于上述形成的顾客回避行为分类,检验性别、购买经历和样本来源(即学生样本与否)是否对三维回避行为产生了影响。考虑到样本量及样本分布的均衡,为简化起见,只在两组间进行性别、样本来源和购买经验的 t 检验。结果如表 2-4 所示:①男性用户比女性用户更有可能采取技术性消除行为($t = 2.598$,$p < 0.050$),此结果说明男性更容易利用技术来达到回避的目的,这也证实了性别在技术利用上的不同。②在社交网络上没有购买经历的用户比那些曾经有过在社交网络上购买产品的用户更容易产生生理性跳过($t = 3.063$,$p < 0.010$),此结果说明用户的社交营销经历对培养移动社交的营销效果至关重要。

同时,性别在跳过和忽视上没有差异;样本来源在三个维度上都没有差异;社交购买经验在忽视和屏蔽方面的影响也没有差异(所有 p 值均大于 0.050)。此类相关结果说明,大体而言,消费者均采用较为相似的回避行为来应对移动社交营销。

表 2-4 独立样本 t 检验结果

人口变量	维度	分类	个数	均值	标准差	t 值	显著性
性别	跳过	男	87	5.037	1.290	1.234	0.219
		女	108	4.822	1.147		
	忽视	男	87	4.302	1.435	1.516	0.131
		女	108	4.019	1.173		
	屏蔽	男	87	4.386	1.380	2.598	0.010
		女	108	3.906	1.202		
样本来源	跳过	学生	136	4.998	1.150	1.404	0.162
		不是学生	59	4.733	1.342		
	忽视	学生	136	4.261	1.214	1.906	0.058
		不是学生	59	3.877	1.458		
	屏蔽	学生	136	4.141	1.226	0.344	0.731
		不是学生	59	4.071	1.475		

续表

人口变量	维度	分类	个数	均值	标准差	t 值	显著性
购买经历	跳过	零次	121	5.122	1.150	3.063	0.003
		一次或多次	74	4.585	1.250		
	忽视	零次	121	4.198	1.295	0.733	0.464
		一次或多次	74	4.057	1.313		
	屏蔽	零次	121	4.195	1.297	1.028	0.305
		一次或多次	74	3.997	1.312		

2.6 结 论

本研究开发了一种具有良好可靠性和有效性的三维量表来刻画移动社交媒体平台上顾客回避行为分类。该量表可以被社交网络上的广告商用来系统了解用户对社交平台广告的反应。该量表推进了人们对社交营销回避行为的理解。首先，该量表模型提供了一种新的工具来识别社交平台上的客户回避行为，从而弥补了不同研究取向对回避行为的理解差距。其次，本章提出了量表并考察一维模型和三维模型间的差异，这将丰富和发展回避行为的研究领域，推进了社交媒体广告相关理论研究的发展。同时，本章针对男女性别之间在三个维度（跳过、忽视和屏蔽）方面的表现进行了 t 检验，发现仅在屏蔽方面有不同的影响。这一发现为性别对回避行为的具体影响提供了新的证据，也许能部分解释性别在以往的研究中结论不一致的状况。例如，罗贾斯·门德斯等（2009）发现性别对跨文化回避行为有不同的影响，而布罗克等（Van den Broeck et al.，2018）发现性别对广告回避行为没有显著影响。本章研究的发现可能为不一致的影响提供了另一种解释：即由于回避行为可能具有三个维度，因此在他们的研究中，全局性回避行为的测量可能掩盖了某些影响。最后，结果表明在社交媒体上没有购买经历的用户更有可能选择跳过行为，此为克服回避行为而采取有效措施并利用相关激励措施促使用户尝试在社交网络上进行购买提供了现实证据。

尽管如此，本研究至少有三点局限。第一，仅以移动社交媒体广告作为回避对象来测量所提出回避行为的概念模型仍显单一，未来要对不同的社交营销场景进行深入的验证。第二，本研究仅仅用问卷法测量了行为回避的倾向或者信念，现实中顾客具体行为的真实发生情况仍值得深入研究。如可以采用实验法、具体场景视频分析法来细致地观察顾客回避行为的现实发生情况。第三，顾客回避行为是否可以扩展到其他非社交平台应用方面在未来可以进一步探索。

参考文献

AJZEN I, DRIVER B L, 1991. Prediction of leisure participation from behavioral, normative, and control beliefs: An application of the theory of planned behavior [J]. Leisure Sciences, 13 (3): 185-204.

BAEK T H, MORIMOTO M, 2012. Stay away from me examining the determinants of consumer avoidance of personalized advertising [J]. Journal of Advertising, 41 (1): 59-76.

BELLMAN S, SCHWEDA A, VARAN D, 2010. The residual impact of avoided television advertising [J]. Journal of Advertising, 39 (1): 67-82.

CHINCHANACHOKCHAI S, DE GREGORIO F, 2020. A consumer socialization approach to understanding advertising avoidance on social media [J]. Journal of Business Research, 110: 474-483.

CHO C, 2004. Why do people avoid advertising on the internet [J]. Journal of Advertising, 33 (4): 89-97.

DAVIS F, 2004. Improving computer skill training: Behavior modeling, symbolic mental rehearsal, and the role of knowledge structures [J]. Journal of Applied Psychology, 89 (3): 509-523.

FRANSEN M L, SMIT E G, VERLEGH P W J, 2015a. Strategies and motives for resistance to persuasion: An integrative framework [J]. Frontiers in Psychology, 6: 1201.

FRANSEN M L, VERLEGH P W J, KIRMANI A, et al., 2015b. A typology of consumer strategies for resisting advertising, and a review of mechanisms for countering them [J]. International Journal of Advertising, 34 (1): 6-16.

HUH J, DELORME D E, REID L N, 2015. Do consumers avoid watching over-the-counter drug advertisements?: An analysis of cognitive and affective factors that prompt advertising avoidance [J]. Journal of Advertising Research, 55 (4): 401-415.

JOHNSON J P, 2013. Targeted advertising and advertising avoidance [J]. Rand Journal of Economics, 44 (1): 128-144.

KELLY L, KERR G, DRENNAN J, 2010. Avoidance of advertising in social networking sites: The teenage perspective [J]. Journal of Interactive Advertising, 10 (2): 16-27.

LI X, WANG C, ZHANG Y, 2020. The dilemma of social commerce: Why customers avoid peer-generated advertisements in mobile social networks [J]. Internet Research, 30 (3): 1059-1080.

MILTGEN C L, CASES A S, RUSSELL C A, 2019. Consumers' responses to facebook advertising across pcs and mobile phones: A model for assessing the drivers of approach and avoidance of facebook ads [J]. Journal of Advertising Research, 59 (4): 414-432.

OKAZAKI S, MOLINA F J, HIROSE M, 2012. Mobile advertising avoidance: Exploring the role of ubiquity [J]. Electronic Markets, 22 (3): 169-183.

RESNICK M, ALBERT W, 2014. The impact of advertising location and user task on the emergence of banner ad blindness: An eye-tracking study [J]. International Journal of Human-Computer Interaction, 30 (3): 206-219.

ROJAS-MENDEZ J I, DAVIES G, MADRAN C, 2009. Universal differences in advertising avoidance behavior: A cross-cultural study [J]. Journal of Business Research, 62 (10): 947-954.

SHIN W S, LIN T T C, 2016. Who avoids location-based advertising and why? Investigating the relationship between user perceptions and advertising avoidance [J]. Computers in Human Behavior, 63: 444-452.

SPECK P S, ELLIOTT M T, 1997. Predictors of advertising avoidance in print and broadcast media [J]. Journal of Advertising, 26 (3): 61-76.

VAN DEN BROECK E, POELS K, WALRAVE M, 2018. An experimental study on the effect of ad placement, product involvement and motives on facebook ad avoidance [J]. Telematics and Informatics, 35 (2): 470-479.

VAN DER GOOT M J, ROZENDAAL E, OPREE S J, et al., 2018. Media generations and their advertising attitudes and avoidance: A six-country comparison [J]. International Journal of Advertising, 37 (2): 289-308.

YADAV M S, VALCK K, HENNIG-THURAU DE T, et al., 2013. Social commerce: a contingency framework for assessing marketing potential [J]. Journal of Interactive Marketing, 27: 311-323.

YOUN S, KIM S, 2019. Understanding ad avoidance on facebook: Antecedents and outcomes of psychological reactance [J]. Computers in Human Behavior, 98: 232-244.

YOUN S, SHIN W, 2019. Teens' responses to facebook newsfeed advertising: The effects of cognitive appraisal and social influence on privacy concerns and coping strategies [J]. Telematics and Informatics, 38: 30-45.

ZHANG S, CHEN Y, LI X, et al., 2020. Determinants of voting avoidance on mobile social media: Evidence from wechat in china [J]. Kybernetes, 49 (5): 1445-1464.

巢乃鹏，赵文琪，秦佳琪，2020. 行为定向广告回避的影响机制研究 [J]. 当代传播（6）：94-99.

代宝，杨泽国，2022. 社交媒体用户信息回避行为的影响因素分析 [J]. 信息资源管理学报，12（2）：13-24.

彭锦，张明学，2015. 网络视频广告的受众逃避及有效传播 [J]. 编辑之友（3）：72-75.

王雪，2019. 社交媒体的负面评价及对策研究 [J]. 新闻爱好者（8）：39-42.

第 3 章
面向同伴广告的消费者
回避行为一般模型 *

3.1 背 景

随着社会化商务的飞速发展，移动社交网络不断延伸其对用户个体带来影响力的广度和深度，并因此成为众多中小企业更加重要的营销传播渠道（Kumar et al.，2018）。很多公司将社交网络视为商业助推器，并在社交广告上投入大量资金（Zhu & Chen，2015），一些 C2C（Consumer to Consumer，消费者对消费者的电子商务模式）企业经营者甚至将社交媒体作为唯一的营销渠道。特别是随着移动智能终端设备的不断普及，社交媒体承载连接 C 端（customer）和 B 端（business）的桥梁作用更加不容忽视。依靠社交媒体所带来的大量机会，很多个体户、小商家、小企业等市场主体进入社交零售领域，并希望通过将私域流量转化为营业额以增加自身营收。例如，中国最大的移动社交媒体平台——微信上有超过 1500 万家的个体商户（微商），2016 年微商群体总销售额达 3288 亿元人民币（Kim et al.，2014）。自 2016 年脸书在应用中推出脸书市场（Facebook Marketplace）功能后（该功能使用户能够在平台上购买和销售物品），截至 2020 年，约 3000 万家

---

* 本章内容主要参考 LI Xiaodong, WANG Chuang, ZHANG Yanping. The dilemma of social commerce: Why customers avoid peer-generated advertisements in mobile social networks [J]. Internet Research, 2020, 30(3): 1059-1080.

小规模企业使用脸书进行市场营销。❶ 2017 年中国社交电商交易规模达 1844.8 亿元，同比增长 692.6%，2020 年更是达到 20673.6 亿元。❷ 根据研究公司电子营销家（eMarketer）于 2020 年 6 月进行的意向调查显示，美国 18.3% 的成年人在过去一年里有在脸书购物的经历。报告还显示，2021 年美国社交电商规模将达到 360 亿美元。❸

社交网络已成为获取信息、展现自我、营销推广的重要渠道，社交平台竞相抢占新赛道。移动社交网络使市场主体能够利用自身已建立的社交资本来促成消费者购买行为，从而达到销售目的。然而，由于社交媒体用户个体存在着广泛的回避行为，移动社交商务（即通过移动社交媒体环境交付的电子商务活动和交易）可能无法达到预期收益（Gibreel et al.，2018）。此外，随着媒介形态从传统媒介到 Web 2.0 再到 Web 3.0 的演进，影响广告回避的因素也在不断发生改变。在以纸媒广告和电视广告为主的时代，受众因广告内容的重复和无趣产生回避动机，并引起回避行为（杨文霞和苏永，1995）。在互联网早期，广告干扰受众行为进程是引起用户回避的核心因素（如弹窗广告）。而在依托于大数据技术的当下，广告具有场景化和定制化的特征，研究者也开始将广告互动性、情境要素、隐私要素等因素纳入关于影响广告回避因素的相关研究范围内（杨嫚和温秀妍，2020）。如今，信息化时代下，海量信息与人们有限注意力之间存在着严重失衡，信息以排山倒海、无限量递增的速度把用户淹没，一个信息严重超载的不可承受之重的时代正在开启，它给人们造成的困扰相较信息困乏有过之而无不及。超量信息可能给用户带来普遍焦虑。在超量信息涌入的情况下，人们有限的认知资源被过量地消耗和占用，从而负面影响了其他应完成的任务和操作，导致人们社会适应功能严重下降。另外，海量而无结构、无逻辑的信

---

❶　海外营销 . 如何在海外主流社交平台上打广告 [EB/OL].（2020-02-20）[2022-06-20]. https：//www.cifnews.com/article/60911.

❷　艾媒网 . 社交电商行为数据分析：2021 年中国社交电商行为交易规模将达 23785.7 亿元 [EB/OL].（2021-05-17）[2022-06-20]. https：//www.iimedia.cn/c460/78642.html.

❸　电商报 .Facebook 加速电商，元宇宙还没来，卖货先来了？[EB/OL].（2021-12-10）[2022-06-20]. https：//baijiahao.baidu.com/s?id=1718723239499714983&wfr=spider&for=pc.

息呈现模糊不清、难以把握的"碎片化"的特点，令人陷入不确定性和丧失掌控感的状态，造成了人们紧张不安和困扰。当人们以有限的精力不断地"超支"处理无限的信息时，注意力难免会被分散。注意力的稀缺是信息过剩时代的必然产物。在此情况下，接受者也就是社交媒体用户因此对广告内容与自身期望所要达到的标准之间的契合度和广告优质水平产生了更高要求。广告行业于是在利益驱使下或主动或被动地越来越重视广告优质内容的产出。例如，社交媒体内容博主会主动将产品推介融入恰当的视频或者图文之中，使其具有自身风格，并以此使广告达到从形式到内容均具有"原生性"的特点，这种舒适度较高的广告不仅能够传达产品相关信息，还能"理所应当"地刺激消费者形成购买决策。

移动社交网络允许用户通过发布产品信息和分享相关交易链接来建立个体店铺，关注个体卖家的用户也能通过查看状态更新功能获得销售信息。因此这种以用户生成内容（User created Content，简称"UCG"）形式，并以社交网络好友的身份发布的广告成为商家在社交网络中推广产品和服务的重要工具。这类广告内容原创，广告发布方凭借在社交网络中与信息接收者类似朋友般的"亲密"身份在社交网络进行广告展示，并按照信息接收方地域、性别年龄、手机相关（品牌型号、手机系统及联网环境）、婚恋情况、学历、兴趣标签等属性有针对性地显著提高对目标客户的曝光量。

随着此类广告的增加，用户的角色也已从以社交行为为主的社会人转变为广告信息的主要消费者（Kelly et al.，2010）。当广告流超过了个人用户的容忍度时，就会不可避免地引起其强烈的回避行为（如快速滑走、忽略和消除广告）（Jones et al.，2004；Van den Broeck et al.，2018）。中国最近的一项全国性调查显示，70.2% 的社交购物者从不分享购物信息，60.6% 的社交网民拒绝购买推荐的产品（CNNIC，2017）。更严重的是，极光大数据发布的《2019年中国社交网络行业研究报告》显示，22.4% 的用户不喜欢社交网络被用来为社交商务推送商品信息，近 70% 的用户认为自己太暴露于社交商务（JG，2019）。

消费者讨厌社交网络广告实际上并不是因为这种行为真的有害或者不道德，而是因为大部分广告等营销行为容易激起人们一种典型的厌恶感受——"心理抗拒"。心理抗拒是指一个人感觉到自己的控制权、选择权被不合理地剥夺时内心产生的抵触抗拒心理。当控制感被侵犯时，人们会变得警觉，保护意识就会被唤醒。人们之所以使用社交媒体，是因为他们的家人和朋友等现实社交圈内的人在社交媒体上。在当前社会环境下，与其他人保持联系也比以往任何时候更加重要。在彼杨奈斯（Beyondnext）提供的一项研究发现，人们在社交媒体上花费时间的四大原因是：与朋友保持联系（41%）、浏览世界和本地新闻（40%）、打发无聊时间（39%）、娱乐（37%），而"购买商品"仅排在第 8 位。❶

此外，广告内容存在夸张信息。商家在通过广告宣传商品时往往倾向于将产品的优势夸大，故意隐瞒劣势。表 3-1 是一些虚假广告的案例。❷

表 3-1　虚假广告案例

内容	违反条例	处罚
当事人在京东平台尚孕兰多旗舰店发布广告，宣称"尚孕兰多孕妇面膜贴天然蚕丝保湿补水焕肤""尚孕兰多孕妇专用身体乳使用了乳木果成分"	经查明，该产品并未含蚕丝、乳木果成分，广告宣传与事实不符，其行为违反了《中华人民共和国广告法》第二十八条第二款（二）项的规定	根据《中华人民共和国广告法》第五十五条第一款的规定，2019 年 1 月，重庆市江北区市场监督管理局作出行政处罚，责令当事人停止发布广告，并处罚款 10 000 元整
当事人在"云阳两江未来城"微信公众号发布的"云阳两江未来城"车位销售广告，其内容含有"只赚不赔""车位只会越来越增值，一次性投入、长期安心使用"等用语	经查明，当事人发布的上述内容属于房地产广告中含有升值或者投资回报的承诺，其行为违反了《中华人民共和国广告法》第二十六条第（一）项的规定	根据《中华人民共和国广告法》第五十八条第一款第（八）项的规定，2019 年 1 月，重庆市云阳县市场监督管理局作出行政处罚，责令当事人立即停止发布该广告，在相应范围内消除影响，并处罚款 28 000 元

❶ 造新 . 在海外社交媒体上做广告值得吗？[EB/OL]. （2020-08-14）[2022-06-21]. https：//baijiahao. baidu.com/s?id=1674988826115118524&wfr=spider&for=pc.

❷ 重庆市场监管局 . 十大虚假广告案例涉多起保健产品夸大功效 [EB/OL]. （2019-11-27）[2022-06-20]. http：//www.chndsnews.com/guancha/2019/1127/104020.html.

内容	违反条例	处罚
当事人在"奥园金澜湾"微信公众号发布"奥园金澜湾"房地产广告，其内容含有"……项目占据最核心地段，人气最旺盛的生活中心，藏风纳气、家族传承大宅为堪舆学中最宜居住之所。坐享山环水抱、藏风聚气的顶级风水格局，是为大富大贵家庭传承门风绝佳旺地，首创全生命周期住宅，全球智富阶层首选半山豪宅，鼎藏级生活终现，如果没有半山，全球90%以上富人区将消失"等用语	经查明，当事人发布的上述广告含有迷信内容，其行为违反了《中华人民共和国广告法》第九条第（八）项之规定	根据《中华人民共和国广告法》第五十七条的规定，2019年3月，重庆市綦江区市场监督管理局作出处罚，责令当事人改正违法行为，并处罚款50 000元
当事人通过"正里元"微信公众号发布食品广告，内容使用"正里元葛根粉，由某军医大学营养与保健品研究中心研制，食效显著：解酒护肝当天有效，便秘痔疮3~7天见效，防治痘痘7~10天见效；更有排毒养颜、丰胸美白，促进儿童体格智力发育，防治前列腺问题、防治三高、延年益寿等功效，是您不可错过的养生佳品"等用语	经查明，上述内容均是当事人为了宣传效果自己编造的，其行为违反了《中华人民共和国广告法》第四条第一款	根据《中华人民共和国广告法》第五十五条规定，2019年4月，重庆市涪陵区市场监督管理局作出行政处罚，责令当事人停止发布违法广告，在相应范围内消除影响，并处罚款200 000元
当事人在重庆某百货有限公司"欧莱雅"专柜发布印刷品广告，其内容含有："法国碧欧泉8天，肌肤犹如新生，愈颜、弹润、透亮，源自活源精粹的愈颜力、奇迹水肌底精华露，无论年龄，无论肌肤状态，8天肌肤犹如新生，明星达人挚爱之选，众人见证8天奇迹，肌肤问题一并解决，68 800人已经见证奇迹水带来的肌肤新生……"用语	经查明，当事人属虚构使用商品的效果，其行为违反了《中华人民共和国广告法》第二十八条第二款第（四）项之规定	根据《中华人民共和国广告法》第五十五条第一款之规定，2019年6月，重庆市江北区市场监督管理局作出行政处罚，责令当事人停止违法行为，并处罚款200 000元
当事人在天猫店铺"海之氧旗舰店"发布广告，内容含有"海之氧眼部按摩器改善眼部组织，提高睫状肌肉的调节能力，激活眼部细胞组织，增氧通络，放松眼睛""海之氧眼部按摩器热，敷眼睛；按摩美眼仪、近视恢复仪，缓解疲劳，护眼神器"等用语	经查明，当事人将眼部按摩器名称虚构成近视恢复仪，且夸大功能作用，其行为违反了《中华人民共和国广告法》第二十八条第二款第（二）项之规定	根据《中华人民共和国广告法》第五十五条之规定，2019年7月，重庆两江新区市场和质量监督管理局作出行政处罚，责令当事人停止发布广告，在相应范围内消除影响，并处罚款5940元

如果消费者知道这一规律，对于各种产品营销也就会产生"夸张预期"，从而对待广告自然而然会产生不信任感，并出现广告回避行为。但是，这些仍然不能系统全面地解释广告回避行为产生的潜在机理。因此，无论是学者还是商业经营者，理解社交网络中广告回避产生的机制并捕捉其情景变量都是当务之急。

目前学术界存在一些社交媒体用户广告回避行为的相关研究。例如，凯莉等人（Kelly et al.，2010）使用焦点小组和深度访谈法探究青少年在在线社交网站上回避销售信息的原因。万德布罗克等人（Van den Broeck et al.，2018）通过实验法研究了脸书上的广告回避意向，发现用户对新闻订阅中掺杂的广告回避意向高于对侧边栏广告的回避意向。此外，以往研究都只考察了对企业组织本身生成的广告（例如，侧边栏或个性化广告）的回避行为（Tran，2017；Van den Broeck et al.，2018），而对移动社交媒体上以用户生产内容（UGC）形式存在，以好友用户身份发布的广告（即由一个二元成员生成的广告，通常出现在社交网络的状态更新中）并未给予足够的重视。公司生成的广告通常将注意力集中在整个网络上，旨在利用一些关键节点与众多用户进行交互。相比之下，同伴生成的广告，本地网络——特别是客户和卖家之间现有的本地二元互惠关系——可能在用户决策中发挥出相对更重要的作用（Ng，2013；Thompson & Malaviya，2013）。由于用户对公司生成的广告和同伴生成的广告的反应存在差异，将以公司为导向的营销方式直接应用于同伴相关的营销的决策需要更加谨慎（Chiou et al.，2014；Thompson & Malaviya，2013），故需要对消费者面向同伴广告的回避行为机理进行探讨。

斯派克和埃利奥特（1997）研究了四种媒体（杂志、报纸、广播和电视）中预测广告回避的影响因素，提出了被学界广泛接受的广告回避行为的一般框架。该框架认为，人口统计特征、媒体相关变量、媒体对广告的态度及与广告相关的沟通问题是广告回避行为的前因。广告感知是回避广告的最强预测因素，也是区分印刷媒体和广播媒体的最佳选择。媒体使用的广度是重要的广播媒体预测因素。沟通问题可能会直接影响（因为它们直接引起刺激）和间接影响（通过它们对一般认知和习惯形成的累积影响）广告回避。三种不同的沟通问题（搜索障碍、分心和干扰）都正向影响广告回避，并且这些影响在不同的媒体中都是普遍存在的，影响程度因媒介而异。研究也显示，搜索障碍对广告回避的影响最大。根据斯派克和埃利奥特（1997）提出的广告回避行为的一般框架，本章探索了移动社交网络中对同伴生成的广告的回避行为的影响因素。具体而言，本章认为影响顾客回避行为的因素有：违反共享语言（作为媒体相关变量）、广告相关性（作为广告感知变量）、信息过载（作为沟通问题变量）及性别、年龄、教育程度和职业（作为人口统计变量）。本章将关系强度识别作为移动社交网络中的用户相关变量，假设关系强度对用户回避行为不仅有直接影响，而且有调节作用，并以此扩展回避行为的一般框架。因此，本章研究有助于理解和捕捉移动社交网络中对同伴生成广告的回避行为的潜在机制和情境变量。通过识别关系强度在决定消费者广告回避行为中的关键作用，本章丰富了消费者对移动社交商务所产生的负面反应的理解。此外，本章还为平台管理者和卖家提供了关于移动社交商务的有益见解。具体来说，它能够帮助社交网络中的平台管理者、微商和广告从业者确立有效的策略。

3.2 文献回顾与理论模型

3.2.1 移动社交网络中的广告

2000 年以来，互联网媒体逐渐从边缘走向前沿，各种形式的广告信息也紧密跟进，与用户如影随形。国内外社交网络广告研究融合了社交网络和双边市场两个理论范畴。社交网络从用户行为层面强化了社交网络广告的渗透效率，而双边市场则从用户和广告商相互依赖关系的不对称上强调了社交网络广告的福利效应。《中国互联网络发展状况统计报告》显示，截至 2021 年 12 月，我国网民规模达 10.32 亿人，互联网普及率达 73%，我国网民人均每周上网时长达到 28.5 个小时，互联网已经深度融入人们的日常生活，我国网络广告行业和移动社交行业迎来了新的发展契机。美国的一项消费心理测试显示，消费者在网上看到硬广告和朋友推荐的广告两者之间的影响推动力相差 12 倍。这表明，社交网络的市场价值在于降低陌生人市场信息的不对称程度，提升彼此间的信任度和消费者交易效率。2015 年第二季度，微信朋友圈等移动端社交网络广告直接带动的生活消费规模达到了 110 亿元。这表明，注重增强社交网络用户体验及其行为扩散的社交网络广告对于推动社交购物的影响是十分显著的。

社交网络是指建立在真实社会中人际交往关系基础之上的线上关系网络，是用户自己的线上社交圈。社交网络所缔造的虚拟空间改变了社交用户的行为模式，同时强化了用户和广告商之间的不对称性和卖家间的竞争强度（李小玲等，2014）。图 3-1 显示的是 2013 年的社交网络格局。❶

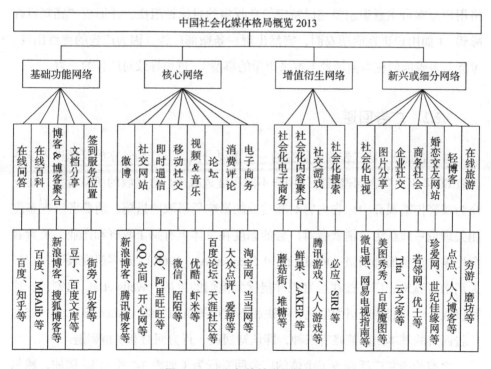

图 3-1 2013 年的社交网络格局

❶ 社交网络 . 中国社交网络的格局演变 [EB/OL].（2014-02-13）[2022-06-20]. https：//baike.baidu.com/item/%E7%A4%BE%E4%BA%A4%E7%BD%91%E7%BB%9C/420?fr=aladdin.

相对于传统广告，社交网络中具有定向性的广告能够实现产品与用户之间的精准匹配。目前学术界对网络广告回避影响因素的研究主要围绕网络广告媒体性质、网络广告环境和受众等方面。其中最具代表性的是赵和郑（Cho & Cheon，2004）对网络广告回避反应的研究，其围绕网络广告回避研究的重点，论证了感知目标障碍、感知广告杂乱和既往的消极经验对认知、情感和行为三种回避方式的影响，并在此基础上构建了网络广告回避的理论模型。

同伴生成的广告基于事先建立的潜在的社会关系，能够减轻消费者对广告传达的信息所产生的疑虑，因此更容易被消费者认为是一个有价值的信息来源。此外，社交网络被认为是一种任务导向性更明确的媒体，受众的媒体使用也具有明确的目标。因而社交网络广告对受众的干扰性相较传统媒介更强，社交网络用户原本自主意识想要完成特定信息收集的目标被阻挠，并形成"感知目标障碍"（如用户正在刷朋友圈，突然出现一条微商广告，因为广告的突然出现，可能会阻碍他们在当前场景下本来想做的事情），进而导致对广告的回避。

3.2.2　广告回避

"广告回避"是广告效果研究的一个重要分支，其作为独立的议题进入学界已有 60 多年。广告回避指媒体用户不同程度地减少广告接收的所有行为，是受众为减轻传播媒介中广告内容对其造成的影响所采取的措施。消费者广告态度相关理论一致认为，消费者对广告的态度在总体上有别于政府和产业，消费者会更偏向于负面和消极（Raymond & Stephen A.，1969）。众多研究表明，在广大消费者看来，广告往往会冒犯并侵扰到他们的生活（Wells et al.，1971），这种侵扰会给他们造成诸如生气、不快和不耐烦等负面情绪（Aaker et al.，1985）。广告回避的基本回应策略有三种，即认知回避、行为回避和机械回避。

之前的研究广泛调查了个体的广告回避行为（如表 3-2 所示）。例如，威尔伯（Wilbur，2016）应用比例风险模型来研究广告内容和广告不同时段的不同特征是如何影响观众对电视广告的被动／主动回避。对于互联网广告，赵和郑

（2004）将回避行为视为一种三维结构（即认知回避、情感回避和行为回避），并提出其主要预测因子是感知目标障碍、感知广告杂乱和先前的负面体验经历。在处理脸书新闻推送广告上，宥和茜恩（2019）探讨了认知（利益—风险评估）和社会因素（父母和同伴交流）如何与青少年的隐私问题以及个人和社会应对策略相关联。冈崎等人（Okazaki et al.，2012）发现个人会采用删除、捏造和保护等防御措施来应对无处不在的移动广告。类似的，贝克和森本（Baek & Morimoto，2012）揭示了消费者为回避个性化广告而采用的回避方法，如屏蔽、过滤和禁收邮件 / 禁拨电话程序等。

表 3-2　广告回避行为前因的文献综述

研究对象	自变量				研究方法	来源
	媒体相关	广告感知	沟通问题	人口统计学		
杂志、报纸、广播、电视	媒体使用量、媒体使用的广度、对媒体的态度	有用的、有趣的、过度、讨厌、可信、浪费时间	搜索障碍、中断、分心	年龄、收入、教育程度、家庭规模、婚姻状况、职业、种族、性别	邮件调查	（Speck & Elliott，1997）
		广告刺激、广告态度			网络调查	（Huh et al.，2013）
电视		广告态度		性别、年龄、教育程度、家庭规模	调查	（Rojas-Mendez et al.，2009）
		广告内容	商业广告的特点		比例风险模型	（Wilbur，2016）
网站	感知到广告的杂乱性	先前的负面经历	感知目标障碍		调查	（Cho & Cheon，2004；Seyedghorbande et al.，2016）
		态度矛盾心理、广告的可信度			调查	（Jin & Villegas，2007）
移动手机	感知娱乐、感知牺牲	感知效用	感知目标障碍	年龄、性别、教育程度、月收入	调查	（Shin & Lin，2016）

研究对象	自变量				研究方法	来源
	媒体相关	广告感知	沟通问题	人口统计学		
移动手机	信息隐私问题、感知普遍性	感知信任、感知风险			调查	（Okazaki et al.，2012）
个性化广告	感知个性化、隐私担忧	广告刺激、广告怀疑			调查	（Baek & Morimoto，2012）
社交媒体	广告媒介的怀疑	广告相关性、广告怀疑	预期的负面经历		焦点小组、深度访谈	（Kelly et al.，2010）
报纸、电视、网站、移动手机、社交媒体				媒介代际	调查	（van der Goot et al.，2018）

虽然这些研究提供了不同的视角，但他们都同意广告回避行为是指用户在不同程度上减少其接触广告内容的所有行为（Speck & Elliott，1997）。根据这一共识，本章将对同伴生成的广告回避行为定义为用户为减少暴露于同伴生成的广告内容而采取的所有行为，如快速滑走和屏蔽广告信息（Kelly et al.，2010；Van den Broeck et al.，2018）。屏蔽广告会比快速滑走广告需要更多的思考和主动，因为快速滑走的主要动机是搜索需要的信息（Ainsile，1989；Lin，1994），而屏蔽广告的主要动机是回避（Wenner L. A.，1985）。

斯派克和埃利奥特提出的研究框架对消费者的广告回避行为有了全面的理解，并得到了以往研究的广泛支持。根据这个框架，四种类型的预测因子（即媒体相关、广告感知、沟通问题和人口统计学）解释了传统媒体（如杂志、报纸、广播和电视）中的广告回避现象。遵循这一框架，胡等人（Huh et al.，2015）提出广告感知（即感知效用、怀疑、刺激和态度）是消费者回避非处方药物广告行为的主要预测因素。赵和郑（2004）、撒亚豪彬等人（Seyedghorban et al.，2016）研究了在网站广告背景下，感知目标障碍、感知广告杂乱和先前的负面经历对广告回避的影响。如表 3-1 所示，所有之前的研究都认为四类前因中的一种或多种是广告回避的主要驱动因素。人口统计学和广告感知被认为是共同的驱动因素（Speck & Elliott，1997；Wilbur，2016；Van der Goot et al.，2018）。此外，这些研究还识别了一些与目标媒体相关的特定变量，如网站的感知目标障碍（Cho，2004；Kelly et al.，2010）、手机的普遍性（Okazaki et al.，2012）和个性化广告的隐私问题（Baek & Morimoto，2012）。

本研究认为采用广告回避行为的一般框架来探索移动社交网络中同伴生成广告对回避行为的影响是合适的，有如下两个方面的原因。第一，一般框架从理论角度阐明了回避行为的潜在机制，它可以为全面、清晰地识别回避行为的前因提供潜在的指导。因此，对于社交网络中同伴生成广告这一新兴广告类型的回避行为研究，它可以作为一个系统且全面的理论基础。第二，这个框架被广泛应用于对杂志、报纸、广播和电视中回避行为的研究，并且从这个框架中提取的一些变量在不同的媒体已得到确认（如表 3-2 中的例子）。1973 年，格兰诺维特（Granovetter）在《弱关系的力量》中提出了（社交的）强弱联结概念。他根据个体间的互动频率、感情深度、亲密程度、互惠互换程度，将社交联结分为强关系、弱关系（Stegbauer，2019）。在关系强度理论中，普遍存在一种观点：网络内部个体间由于个人背景、价值观等相似程度较高，通过强关系在这些相似程度较高的个体之间传递的信息和资源具有较高的冗余度，而弱关系由于存在于不同的社会背景中，能够获取更多异质性信息和资源，从而构成自身优势。互联网时代下外部环境复杂多变，本章中用引入的关系强度来表示移动社交网络环境中与用户相关的变量，不局限于原本框架而在其基础上进行了拓展。因此，该一般性框架对于实证研究移动社交网络中的广告回避行为是有效的。

3.2.3 回避行为的前因

与传统媒体的广告规避研究成果相比，移动社交网络领域的理论研究仍然有限。例如，万德古特等人（van der Goot et al.，2018）只是研究了社交媒体背景下年龄对回避行为的影响。基于焦点小组和深度访谈，凯莉等人（Kelly et al.，2010）指出用户对负面体验的预期、广告与用户的相关性及用户对信息的怀疑态度是回避行为的主要驱动因素。随后，劳伊等人（Rau et al.，2013）发现移动社交媒体中的相关性和感知的侵入性分别正向和负向影响回避行为。垂安（Tran，2017）以企业的个性化广告为研究对象，揭示了回避行为受广告可信度的负面影响，但不受感知个性化和广告怀疑的显著影响。尽管这些研究具有一定的优点，但它们主要是探索性的（eg. Kelly et al.，2010），并且相对而言都缺乏一定的理论基础（eg.Van der Goot et al.，2018）。为了进一步研究同伴生成广告回避行为，本章从斯派克和埃利奥特的一般框架出发进行探索，研究通过情境化识别移动社交商务中回避行为的驱动因素（见表3-3）。

表3-3 关键因素在研究情景下的映射关系

变量	描述	在本模型中的构造	更符合情景的原因
媒体相关	媒体相关的变量包括"对媒体的态度、媒体的总体曝光率和媒体内曝光的广度"（Speck and Elliott，1997，p.64）	违反共享语言是指在移动社交网络中对销售信息的认知态度评价违背了共享语言	在移动社交网络环境中，本模型使用违反共享语言来反映基于销售信息的数量和个人对移动社交网络的态度。这种情境化的主要原因是用户参与移动社交网络是为了获取社交信息，而不是销售信息。销售信息的存在很容易导致人们对移动社交网络（即手机社交网络）的负面态度（如违反共享语言）
广告感知	广告认知与"对广告的分类信念和认知"有关（Speck and Elliott，1997）	广告相关性反映了用户对广告在移动社交网络中的效用和有用性的感知	广告相关性是广告感知的重要代表，它反映了个体对目标广告的效用和有用性的感知。在移动社交网络中，由于时间和空间的限制，相关性已经成为广告的首要分类信念
沟通问题	与广告相关的沟通问题很可能是由交互过程中的噪声产生的，影响所需内容的可用性、成本或价值（Speck and Elliott，1997）	信息过载指的是一个人在移动社交网络中感到受到阻碍、干扰并匆忙进行内容处理的程度	本模型使用信息过载作为移动社交商务的主要沟通问题，因为信息过载反映了个人额外处理（销售信息）所做出的努力，以及（所需内容）在移动社交网络可访问性成本

变量	描述	在本模型中的构造	更符合情景的原因
人口统计学	人口统计变量包括年龄、性别、收入、教育程度、婚姻状况、职业和种族	一些人口统计变量，如性别、年龄、教育程度、职业等，被用作可能影响消费者回避行为的控制变量	到目前为止，对于人口统计变量对回避行为的影响还没有达成共识。因此，它们被选择为控制变量

1. 违反共享语言

与媒体相关的变量包括"对媒体的态度、媒体的总体曝光率和媒体内曝光的广度"（Speck & Elliott，1997）。在在线社区中，其成员普遍采用的措辞、符号、术语、行话和叙述形式构成了他们的共享语言（Law & Chang，2008）。共享语言包括但不限于用于处理首字母缩略词、微妙之处和维持日常交流的基本假设的语言（Lesser & Storck，2001）。在公共存储库中构建和存储集体内存有助于构建共享语言（Lesser & Storck，2001）。在移动社交网络环境中，本模型使用违反共享语言行为来反映个人对移动社交网络的态度在多大程度上取决于销售信息的数量和广度。更具体地说，违反共享语言是指对社交网络中违反共享语言的销售信息的认知态度评价（Cao et al.，2015）。社会资本理论中强调共享语言为个人在社交网络中行为认知驱动的主要因素，如共享行为和知识生成。它还提高了社交网络中沟通和信息交换的效率（Belanche et al.，2017）。因此，当销售信息的整体曝光量和曝光广度相对较大时，用户对社交网络的认知态度可能会变得显著负面（Belanche et al.，2017）。此外，移动社交媒体的普及使得共享语言的重要性更加突出（Okazaki et al.，2012）。用户参与移动社交网络主要是为了获取社交信息，而不是销售信息（Kelly et al.，2010）。当遇到销售信息时，他们更可能会感到不适并做出消极的反应。因此，本研究认为违反共享语言是顾客回避行为的一个关键决定因素。

2. 广告相关性

广告相关性是移动社交网络中反映目标销售信息感知的关键因素。广告感知与"广告的分类信念及其感知"有关（Speck & Elliott，1997）。由于广告相关性反映的是用户对效用和有用性的感知（Celsi & Olson，1988），因此它是表现移动社交商务中广告感知的合适变量。基于自我参照理论，荣格（Jung，2017）认为广告相关性在广告有效性评估中起着普遍而关键的作用。此外，与具有独立广告板块的报纸、杂志、广播和电视不同，移动社交网络中的同伴广告主要嵌入在状态更新中。因此，个人只能在有限的时间和空间里来审视这些同伴生成的广告。广告相关性代表了个体从认知、情感和行为信念对目标广告的兴趣和针对性的感知（Jung，2017）。"认知"指受众对网络广告的基本信念，认知越负面，越容易导致"认知回避"（Cho & Cheon，2004；Wukich et al.，2017），它主要表现为受众对广告视而不见或故意回避等。"情感回避"指受众对网络广告在感受或情绪上的回避，表现为受众对网络广告的负面情绪和消极感受（Duff et al.，2011），如讨厌，不满等。"行为回避"不仅指受众不接受网络广告信息的传播，并且主动对网络广告进行一些反抗行为，如立刻关闭广告等，其目的在于中断网络广告信息传播（Cho & Cheon，2004）。

3. 信息过载

依靠社交网络传播，广告有时会出现信息困境。社交网络的广泛应用使得广告的产生和传播相对于传统媒体变得更加容易，从而大大增加了广告的曝光率。但人类的信息处理能力却无法随着广告数量的增加而相应地大幅度提高，两者之间的严重不均衡导致信息过载，即个体信息暴露程度超过其信息处理能力。与广告相关的沟通问题很可能是由交互过程中的"噪声"产生的，"噪声"包括影响内容的可用性、成本或价值的沟通元素（Speck & Elliott，1997）。广告是一个重要的噪声来源。与广告相关的沟通问题可能有三个：当广告的数量、大小或位置使消费者定位或识别需要的内容变得困难时，广告会阻碍一个人对媒体内容的搜索；当广告与非广告内容相互冲突或侵犯非广告内容时，广告会分散人们处理媒体内容的注意力，并且广告商会主动使用吸引注意力的策略来增加广告的曝光度；当广告迫使人们停止阅读、查看或收听所需的内容时，广告会完全干扰用户对媒体信息的处理（代宝，2020）。从这个角度来看，信息过载（即个人在移动社交网络中处理内容时感到受阻、中断或匆忙的程度）其实是一个严重的沟通问题（Jones et al.，2004）。

在移动社交网络环境下，用户接收到的信息往往比他们能够处理的信息多（Anderson & De Palma，2012；Hwang et al.，2014；Okazaki et al.，2012）。与期望的内容（即社交分享和沟通）相比，销售信息需要用户进行额外的处理工作，并增加其访问成本（Sasaki et al.，2016）。销售信息会降低其他信息的可用性，引发信息过载，甚至降低销售信息本身的价值。一些研究表明，社交网络信息过载的外部刺激导致环境需求与个人应对能力之间的失衡，激发沮丧、烦躁、厌倦等负面情绪。如李旭等（2018）的研究表明，信息过载会影响微信用户的倦怠情绪，继而影响潜水、屏蔽、忽略等消极行为。更严重的是，由于潜在的信息过载，用户可能会改变他们的浏览习惯，以避免阅读所有收到的销售信息（Barnes et al.，2019）。因此，本研究认为信息超载会导致顾客的回避行为。

4. 人口统计学变量

人口统计学变量长期以来一直被用来评估个人的观看习惯，但是人口统计学变量对广告回避的预测能力低于对广告和沟通问题的态度。斯派克和埃利奥特（1997）认为，年龄和收入是判断受众广告回避倾向的最佳人口统计指标（年轻的消费者和男性消费者似乎最有可能回避广告）。同时，收入也很重要，但其影响的方向各不相同。教育、婚姻状况和种族对广告回避行为的影响不显著。陈素白和曹雪静（2013）通过实证研究证明，男性和女性在认知回避、情感回避、行为回避、预防及影响网络广告回避的各因素方面都存在着显著差异。然而，由于这些研究在方法、样本和所考虑的广告回避形式上存在差异，关于人口学统计变量如何影响回避行为，学界目前还没有达成共识。此外，部分因素对广告回避的影响普遍存在，而其他的原因是某种媒体所特有的。因此，我们选择一些人口统计学变量，如性别、年龄、教育程度和职业作为控制变量。

5. 关系强度

尽管斯派克和埃利奥特（1997）讨论了广告、媒体、沟通和人口统计学变量在回避行为中的作用，但他们完全忽略了在移动社交网络环境中与用户相关的变量（例如，用户之间的关系强度）。与传统媒体客户与广告商没有直接联系的情况不同，社交网络使广告商能够直接识别并与每个客户建立关系。广告商与消费者之间的二元关系可能会影响消费者的反应。同时，已有研究发现关系强度会影响社交网络情景中的各种行为，如内容生成（Shriver et al., 2013）、投票（Zhou et al., 2018）、分享（廖圣清和李梦琦，2021）和购买（Wang & Chang, 2013）。然而，只有少数研究探讨了关系强度对广告效果的影响，且大多数研究集中在对广告的积极反应（如信息共享、说服性沟通和购买意愿）。例如，通过实验程序和调查，蔡等人（2017）研究发现，关系强度对社交网络中的促销信息共享有积极影响。类似的，饶瑞丽等人（2018）研究了14~16岁青少年对社交网络中定向广告的评价，发现关系强度在产生有说服力的同伴交流中起着至关重要的作用。常等人（Chang et al., 2012）的实验表明，强关系代言者比弱关系代言者对购买意愿的影响更有效。薛旭宁（2018）在探究社会线索与关系强度对社交媒体信息流广告效果的影响时发现，关系强度越强，信息流广告的品牌态度会越好，说明关系强度能积极影响信息流广告情感态度层面的效果。尽管这些研究有相当多的优点，但几乎没有任何研究能够解释关系强度与广告回避（即对广告的负面反应）之间的关系。因此，笔者认为在研究移动社交网络中的用户广告回避行为时，应将关系强度作为一个重要的用户相关特征。

研究模型如图3-2所示。

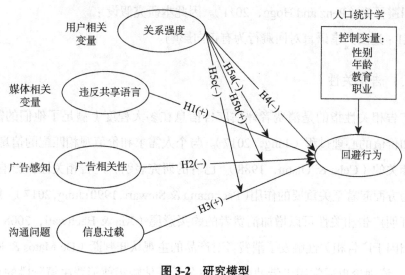

图 3-2　研究模型

3.2.4　研究假设

1. 违反共享语言

共享语言涉及社会资本的认知维度，是指社交网络中个体之间的理解共享。个人利用共享的理解来建立自己的词汇集并提高沟通的效率（Chang & Chuang，2011）。因此，共享语言有助于对移动社交网络中集体行为方式的共同理解（Liu et al.，2016）。

大多数用户将社交网络视为基于共同兴趣与他人交换信息的一种方式（Wasko & Faraj，2005）。这种信息共享，包括内容推送和状态更新，可以帮助用户建立自我形象并增强社会性资本（Levina & Arriaga，2014）。这种被广泛接受的共识进一步增加了相互理解的可能性。然而，个体商家总是利用移动社交网络进行社交商务和营销推广的行为可能会违反这些网络共识。因此，不能传达社交信息和缺乏沟通效率的营销信息被视为破坏社交网络共同理解的噪声。这种营销信息甚至可以刺激个人在移动平台上的道德判断（Moraes et al.，2016）。社交沟通和营销信息之间的冲突会导致违反共享语言，从而可能导致个人的回避行为（Penz and Hogg，2011）。因此本研究假设：

H1：违反共享语言对回避行为有正向影响。

2. 广告相关性

广告相关性指的是消费者评估广告信息在多大程度上满足了他们的需求、目标和价值的心理过程（Jung，2017）。与个人需求和价值观相匹配的信息被认为是相关的（Celsi & Olson，1988）。已有的研究表明，广告相关性在影响消费者行为方面起着至关重要的作用（Pechmann & Stewart，1990；Jung，2017）。例如，已经证明广告相关性可以增加消费者的购买意愿（Xia & Bechwati，2008）。这主要归因于广告相关性触发了消费者对产品的主观认知判断（De Matos & Rossi，2008），该理论也通常用于借助成本效益分析评估购买前消费决策阶段的交易。根据这一推理思路，有学者提出，销售信息所传达的具有良好性质的消息对用户来说是有价值和吸引力的，这会进一步促使用户做出积极反应，而不是消极反应（Koshksaray et al.，2015）。一直以来，学术界普遍认为在移动社交网络中与广告相关的促销交易可以产生效用，并且可以被视为网络平台上的附带利益。之前的研究已经认识到高广告相关性有助于降低用户的负面反应（Kumar et al.，2016）。因此，本研究假设：

H2：广告相关性对回避行为有负面影响。

3. 信息过载

众所周知，社交网络是通过多人协作发展起来的（Ransbotham et al.，2012），因此充斥着各种用户生成的内容。而为了处理状态更新、销售信息、广告和其他内容，用户需要花费越来越多的时间和精力。由于认知和沟通成本导致用户遭受信息过载、信息处理中断带来的负面影响，且并非所有的通信输入都能被处理和利用（Jones et al.，2004）。从这个角度来看，移动社交网络中大量的内容可能会给个人用户带来问题。

与状态更新的一般内容（例如，个人情感的表达）相比，销售信息或许会消耗更多的精力。销售信息的增加也可能会混淆状态更新，降低社交互动能力，并在一定程度上减少用户所拥有的社会资本。当大量的促销或销售信息被传递时，用户可能会疲于应对这些信息，从而采取回避行为。之前的研究一致发现，社交网络中的信息过载会降低客户筛选信息的积极性（Zhang et al.，2014）。更严重的是，由于不受欢迎的互动过多，用户更有可能终止参与互动（Jones et al.，2004；Seyedghorban et al.，2016）。因此，本研究假设：

H3：信息过载对回避行为有正向影响。

4. 关系强度

个体通过社会中的个人网络聚集在一起，他们的行为受到他们之间关系强度的影响（Kim et al.，2014；Kumar et al.，2016）。一般来说，无论是家庭成员、亲密的朋友、同事还是熟人，关系强度都反映了关系的质量（Brown and Reingen，1987；Chang et al.，2012；Fogues et al.，2014）。在社交商务的背景下，社会关系被明确地视为连接交易双方的变量（Chang et al.，2012）。比如，强关系的销售者会被消费者视为亲密的朋友，而与一个熟人的关系则会被消费者视为弱关系。

在社交网络中，关系强度在影响个体行为方面发挥着关键作用（Zeng and Wei，2013）。以往研究一致表明，从社会关系中获得的情感支持对用户的积极反应（例如，购买行为）有正向影响（Chen & Shen，2015）。这主要是因为频繁的互动和时间承诺不仅为用户提供了情感支持和有用的信息，而且还可以在社交网络上传播信息，从而在需要时增强了社交帮助（Chu & Kim，2011；Granovetter，1983）。从这个角度来看，当消费者与卖家的关系强度相对较强时，消费者退出社交商务的可能性较小。与此一致的是，格雷戈瓦尔等人（Grégoire et al.，2009）发现，在网络公共投诉情境中，关系强度负向影响顾客的回避行为。因此，本研究假设在移动社交商务的背景下：

H4：关系强度对回避行为有负面影响。

5. 关系强度的调节作用

先前的研究表明，关系强度的大小对社交网民对社交商务的决策有不同程度的影响（Chang et al., 2012；Dong & Wang, 2018）。具体而言，强关系条件下消费者的决策过程更注重情感层面（如承诺、信任），而不是暂时的收益与损失；在弱关系条件下，消费者总是考虑相关的成本和收益（Zhang et al., 2011；Chen, 2015）。莱夫尼戈等人（Nyffenegger et al., 2015）的研究表明，基于情感（如强关系条件下）的服务绩效是高质量的，而基于对象相关信念（如弱关系条件下）的服务绩效则被视为相对低质量。王和常（Wang & Chang, 2013）也发现，由关系亲密的朋友提供的产品销售信息会诱导顾客的购买行为（正面反应）。相比之下，在弱关系双方之间的交易中，经济因素占购买决策的主导地位（Chang et al., 2012）。

应该指出的是，建立和维持弱关系依赖于丰富和有益的信息及其来源，此外还包括共同规范和共识（Haythornthwaite, 2002）。与双方可以从长期关系中得到补偿的强关系不同，弱关系条件下由于网民沟通的时间和精力有限，违反共享语言会引起更强烈的负面反应（Houghton & Joinson, 2010）。张亚玲（2019）的研究表明，社交关系强度对朋友圈广告感知价值与消费行为倾向之间的关系起负向调节作用，即社交关系强度弱化了朋友圈广告感知价值对消费行为倾向的影响。事实上，关系强度可以增强社交网络中的共享语言。随着社会关系的形成和发展，关系双方所形成的二元组成员在社交网络中会产生更多类似的内容（Zeng & Wei, 2013）。同时，从情感支持的角度来看，社会关系强的个体可能会勉强地决定维持面子（Dong & Wang, 2018）。由此可以推断，关系强度会降低网民对违反共享语言的负面反应。因此，本研究假设：

H5a：违反共同语言与回避行为之间的正相关关系会受到关系强度的调节，当关系强度强时，这种正相关关系会变弱。

综上所述，关系亲密的人更有可能表现出相似性，并分享和交换彼此所拥有的信息（Granovetter, 1983；Haythornthwaite, 2002）。这一点在评估广告相关性时也同样适用：一个相对牢固的关系将导致更相似的兴趣和品位，使得交易很容易满足信息接收者的需求和需要（Steffes & Burgee，2009）。因此可以认为，与接收者有密切关系的卖方提供了更合适的产品和信息。王和常（2013）发现，强关系联系者提供的建议比弱关系联系者提供的建议对购买意愿的影响更大。因此，本研究假设：

H5b：广告相关性与回避行为之间的负相关关系会受到关系强度的调节，当关系强度强时，这种负相关关系会变强。

在社交商务环境中，大量的销售信息（即信息过载）是个人使用行为的潜在成本。由于资源的限制，例如可用于建立和维持关系的时间、金钱和精力有限，人们会投入更多的资源来积极回应亲密的朋友，以获得期望的关系（Dindia & Canary，1993）。因此，关系强度对信息过载与回避行为之间的关系具有调节作用，弱关系条件下的信息过载相较于强关系条件下可能会导致更强烈的负面反应（Houghton & Joinson，2010）。因此，本研究假设：

H5c：信息过载与回避行为之间的正相关关系会受到关系强度的调节，当关系强度强时，这种正相关关系会变弱。

3.3　研究设计

3.3.1　样本选择与数据收集

为了验证上述推论，本研究采取问卷调查法进行分析。微信作为中国最知名的移动社交网络，已拥有超过 1300 万个微店（即由个体供应商运营的微信业务）（Kim et al.，2014；iResearch，2017）。通过微店，微信使消费者能够参与社交活动和社交购物，包括在移动社交网络中发布产品信息和分享相关交易链接。与此同时，微信也允许用户拒绝接收不受欢迎的状态更新消息（如广告和销售信息），比如直接删除好友或屏蔽不喜欢的状态更新。因此，微信是了解消费者对社交商务回避行为的合适平台。

本章研究的数据抽样来自华南地区的微信用户样本。调查问卷随机发放给几个商业和娱乐商场的 500 名消费者。为确保受访者清楚了解本次调查的目的并积极参与，我们安排了 14 名训练有素的市场营销专业学生志愿者协助进行调查。除了分发问卷和提供信息支持外，这些志愿者的主要任务之一是在得到受访者许可的情况下，从每个受访者的朋友中随机选择一个作为指定的"卖家"，从而使研究能够衡量现实世界中社交商务买卖双方的关系强度。具有指定卖方实际发布经验的受访者显然也符合调查情景。如果他们指定的朋友发布了广告或销售信息（即"卖家"），则受访者被要求完成调查问卷，并获得价值 10 元的礼品奖励。如果指定的朋友不是"卖家"，则会再次随机分配另一个朋友，直到该朋友是"卖家"。如果三次未能指定"卖家"，那么受访者将会在抽样样本中被排除。

2016 年 6 月至 7 月，做了为期一个月的调查共获得 334 份完整的回复，回复率为 66.8%。为检验无应答偏差（Li et al.，2016），本研究将数据前 50 份和后 50 份分成两组，之后对每个问项进行 t 检验，结果显示两组之间没有显著差异（所有 $p > 0.10$），表明本研究获取的数据没有严重的无应答偏差。

本研究应用哈尔曼（Harman）的单因素方差分析来检验潜在的共同方法偏差（Malhotra et al.，2006）。在对所有问项的探索性因子分析中，已旋转和未旋转的主成分没有揭示任何一个占大多数方差的一般因子。特征值大于 1.0 的因子中有 5 个存在总方差解释率为 81.30%，且第一个因子的方差解释量为 17.82%，小于 40% 的阈值，说明共同方法偏差在本研究中不是一个严重的问题。表 3-4 总结了样本特征。需要注意的是，调查样本中性别和年龄分布与《2016 年中国社交应用用户行为研究报告》（CNNIC，2017）中 QQ、微博和微信（中国最流行的三种移动社交媒体）的用户特征一致。

表 3-4　样本特征

变量		频数[②]	百分比
性别	女性	145	43.41%
	男性	189	56.59%

续表

变量		频数[②]	百分比
年龄	8~30 岁	171	51.20%
	31~45 岁年	133	39.82%
	45 岁以上	30	8.98%
教育程度	高中 / 职业教育或以下	75	22.45%
	学士学位	222	66.47%
	硕士或以上学历	37	11.08%
职业	私营部门	137	41.02%
	公共服务	87	26.05%
	学生	64	19.16%
	其他[①]	46	13.77%
遇到广告的频率	很少	77	23.05%
	有时	87	26.05%
	经常	170	50.90%

注：①其他职业包括个体经营者和失业者；
　　② $N = 334$。

3.3.2　研究变量的测量

　　为了保证问卷所使用量表的信效度，本研究对研究变量的测量参考了前人的研究成果，均采用成熟的量表，并根据本章的研究情景对问项表述进行适当的调整以适应移动社交商务场景。本研究设计的问卷包括引导语、量表题、被调查者基本信息三个部分。量表题采用李克特（Likert）5 级量表进行测量，其中 1 表示"非常不同意"，5 表示"非常同意"。违反共享语言的问项改编自常和川（Chang & Chuan，2011）的共享语言量表；广告相关性的测量题项改编自荣格（Jung，2017）的研究；信息过载的测量借鉴了塔瑞福达（Tarafdar，2010）研究中使用的技术过载量表；关系强度的测量使用霍等人（Ho et al.，2003）开发的量表。测量回避行为的问项是基于凯莉（Kelly，2010）的研究，改编自格雷戈瓦尔（Grégoire，2009）的回避量表。表 3-5 给出了用于测量的所有问项，并对年龄、性别、教育程度和职业等人口统计学变量进行了控制。

表 3-5　测量问项与因子载荷

变量	测量题项	均值	标准差	因子载荷[①]	组合信度
违反共享语言（Chang and Chuang，2011）	销售信息不是一种可以理解的交流形式	3.74	0.90	0.86	49.30
	销售信息打破了人们的共识	3.71	0.89	0.88	55.43
	销售信息不能传达一种可以理解的沟通模式	3.80	0.92	0.88	54.13
	常用术语或行话不包括销售信息	3.65	0.84	0.83	42.17
广告相关性（Jung，2017）	当我看到微信上的广告时，我觉得它可能对我有价值	3.54	1.05	0.85	39.14
	当我看到微信上的广告时，我觉得它可能与我的需求相关	3.66	0.99	0.86	42.09
	当我在微信上看到广告时，我觉得它可能是专为我打造的	3.72	1.01	0.84	38.15
信息过载（Tarafdar et al.，2010）	销售消息迫使我看到更多无法处理的信息	4.26	0.82	0.82	35.56
	销售消息迫使我根据紧迫的时间表进行交互	4.02	0.88	0.82	35.78
	我被迫改变浏览习惯以适应销售信息	3.96	0.82	0.78	29.58
	由于销售消息量增加，我的工作量更大	4.14	0.86	0.82	35.95
关系强度（Ho et al.，2003）	我与卖方保持密切的关系	2.86	1.04	0.88	56.91
	我很了解卖家	2.98	1.09	0.89	59.82
	我经常和卖家联系	2.93	1.03	0.89	62.47
	卖主和我是朋友	2.85	0.99	0.86	50.37
回避行为（Gregoire et al.，2009；Kelly et al.，2010）	我试图与销售信息保持距离	4.04	0.98	0.89	64.60
	我避免了频繁的销售信息	3.88	0.95	0.90	70.91
	我已经和销售信息的发送方断绝了关系	3.84	1.01	0.91	75.52
	我已经不再关注销售信息	3.78	0.98	0.91	75.41

注：① 所有的因子载荷值都在 0.001 水平上显著。

此外，本研究使用反向翻译技术将所有问项从英文翻译成中文（Mcgorry，2000）。对 36 名拥有移动社交商务经验的学生进行了试点测试，结果表明问卷的逻辑一致，易于理解。

3.4　数据分析与结果

3.4.1　测量模型

使用 MPLUS 7.0 软件构建 5 个变量的相关验证性因子测量模型。模型拟合度指标显示研究模型与样本数据的符合程度，并用于评价模型拟合的好坏。卡方统计量（χ^2）表示整体模型中的变量相关关系矩阵与实际样本数据中的相关关系矩阵的拟合度，其数值越大，代表模型与实际情况的差异越大。由于卡方统计量会随着变量数目的增加而增大，故引入卡方与自由度（df）的比值来衡量整体模型拟合度。一般认为，1＜卡方／自由度＜3 是可接受的范围，1＜卡方／自由度＜2 说明拟合度较好。拟合优度指数（Goodness of Fit Index，GFI）表示样本数据的共变异数矩阵能够被假设模型解释的程度，其值范围在 0 到 1 之间，数值越大表示模型与实际样本数据越接近，模型拟合度越高，一般认为比较拟合指数大于 0.9 是可接受的范围。近似误差均方根（Root Mean Square Error of Approximation，RMSEA）表示渐近残差平方和的平方根，显示样本数据与模型的差异程度，一般越小越好，近似误差均方根小于 0.08 是可接受的范围，近似误差均方根小于 0.05 表示适配良好。本测量模型的各项适配度指标为卡方（185.36）/d 自由度（142）= 1.31、p<0.01、比较拟合指数（CFI）= 0.991、塔克－刘易斯（Tucker-Lewis）指数（TLI）= 0.989、标准化均方根残差（SRMR）= 0.028 和近似误差均方根（RMSEA）= 0.030，表明所构建的验证模型与样本数据具有较高的拟合度。

本研究分别从测量题项层次与潜变量层次两个方面检验量表的信度、区分效度和收敛效度。如表 3-4 所述，所有变量的测量题项的载荷值都高于建议的阈值 0.500。并且在 0.001 水平上显著，说明验证性因子分析结果支持了所有变量的收敛效度（Hair et al., 1992）。

信度分析又名可靠性检验，用于评价问卷题项在测量潜变量时的一致性和稳定性。使用克朗巴哈系数和组合信度来检验测量模型的信度，罗宾逊（Robinson，1991）指出，克朗巴哈值为 0.700 是可以接受的下限。组合信度也以是否大于 0.700 作为判别量表是否合适的标准。本研究中克朗巴哈和组合信度指标在 5 个潜变量上的取值都在 0.800 以上（见表 3-5），说明本研究使用的问卷数据结果具有良好的内部一致性，即信度较好。

使用平均方差抽取量（Average Variance Extracted，AVE）来判断潜变量的收敛效度，平均方差抽取量指示了样本数据的共变异数矩阵与模型共变异数矩阵的相似程度。巴戈齐和伊（Bagozzi & Yi，1988）指出，当平均方差抽取量大于 0.500 时，表明量表具有良好的收敛效度。福内尔和克尔（Fornell & Larcker，1981）指出，可以使用平均方差抽取量的平方根与该潜变量和其他潜变量之间的相关系数绝对值的大小比较来判断潜变量的区分效度，若前者大于后者则说明量表的区分效度较好。本研究的效度分析结果显示，平均方差抽取量的平方根显著大于变量间的相关系数（见表 3-5），说明模型区分效度较好。

本章还借鉴了海瑟尔等人（Henseler et al.，2015）的研究，通过采用相关的异质—单质比率（HTMT）来检验测量模型的区分效度。具体来说，通过使用 Smart PLS 3.0 计算异质—单质比率值。如表 3-5 所示，异质—单质比率值（对角线以上方的斜体数字）均在 0.06 ~ 0.50 之间，符合异质—单质比率小于 0.85 的标准，说明量表具有较好的区分效度。综上所述，本研究的测量模型表现出了足够的收敛效度、区分效度和信度。

表 3-5　信度与区分效度

变量	组合信度	克朗巴哈	平均方差抽取量	1	2	3	4	5
违反共享语言	0.92	0.92	0.74	0.86[2]	0.31[3]	0.46	0.39	0.50
广告相关性	0.88	0.89	0.72	0.32***[1]	0.85	0.23	0.18	0.06
信息过载	0.88	0.88	0.66	0.47***	0.32***	0.81	0.31	0.49
关系强度	0.93	0.93	0.77	−0.39***	−0.18**	−0.31***	0.88	0.10
回避行为	0.95	0.95	0.81	0.50***	−0.03	0.49***	−0.42***	0.90

注：①对角线以下的数字是相关系数；*** 表示 $p < 0.001$，** 表示 $p < 0.010$；
②对角线的粗体数字表示平均方差抽取量的平方根；
③对角线上方斜体的数字是异质—单质比率值。

3.4.2　结构模型

本研究使用 MPLUS 7.0 软件构建多个结构方程模型来检验所提出的假设，并使用指定算法 = 交互（ALGORITHM = INTEGRATION）来检验调节效应（见表 3-6）。模型 1 包含了所有的控制变量，并且和数据之间拟合程度很好。结果表明，控制变量（性别、年龄、教育程度、职业）对回避行为没有显著影响。模型 2 和模型 3 中包含了 4 个前因变量（违反共享语言、广告相关性、信息过载、关系强度），它们也很好地拟合了数据（$1 < \chi^2 / df < 2$、CFI 和 TLI > 0.90、SRMR < 0.06 和 RMSEA < 0.04）。如模型 2 和模型 3 所示，关系强度和广告相关性对回避行为有显著的负向影响，而信息过载和违反共享语言对回避行为有显著的正向影响，从而支持假设 H1、H2、H3 和 H4。

表 3-6　回避行为的结构方程模型

变量	模型 1	模型 2	模型 3	模型 4	模型 5	模型 6
性别[①]	−0.017[②]		−0.031	−0.058	−0.052	−0.050
年龄（年）	0.022		0.056	0.104	0.077	0.097
教育程度[①]	0.011		0.023	0.029	0.028	0.026
职业[①]	0.066		0.082	0.081*	0.064	0.066
违反共享语言（VSL）		0.301***	0.289***	0.347*	0.340***	0.332*
广告相关性（AR）		−0.264***	−0.248***	−0.269***	−0.265***	−0.249***
信息过载（IO）		0.382***	0.379***	0.432***	0.426*	0.446***
关系强度（TS）		−0.269***	−0.288***	−0.312***	−0.289***	−0.295***
关系强度 × 违反共享语言				−0.222*		
关系强度 × 广告相关性					−0.199**	
关系强度 × 信息过载						0.029
相关系数	0.029	0.517	0.526			

符合指数模型		χ^2 (23.64) /df(14) =1.69	χ^2 (166.36) /df(142) =1.72	χ^2 (254.89) /df(214) =1.19	
	卡方/自由度				调节检验 ALGORITHM = INTEGRATION
	p	0.051	0.079	0.029	
	比较拟合指数	0.985	0.991	0.984	
	塔克–刘易斯指数	0.977	0.989	0.982	
	标准化均方根残差	0.019	0.041	0.058	
	近似误差均方根	0.064	0.032	0.034	

注：① 性别编码：0 代表女性，1 代表男性；教育程度编码：1 代表高中/职业教育或以下，2 代表学士学位，3 代表硕士学位或以上；职业编码：1 代表私营部门，0 代表其他部门；
② 提供标准化的贝塔系数；* 表示 $p<0.05$，** 表示 $p<0.01$，*** 表示 $p<0.001$。

通过利用 MPLUS 7.0 中的集成顺序，本研究在模型 4 中加入了关系强度和违反共享语言的交互项，在模型 5 中加入了关系强度和广告相关性的交互项。结果表明，两个相互作用项（$\gamma=-0.222$、$p<0.050$；$\gamma=-0.199$、$p<0.010$）均显著。

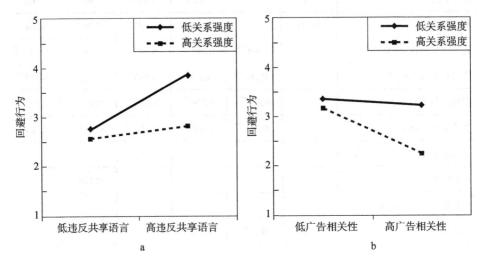

图 3-3　关系强度的调节效应

如图 3-3 所示，当关系强度较高时，违反共享语言和回避行为之间的关系较弱（图 3-3.a），但广告相关性和回避行为之间的关系较强（图 3-3.b），因此，假设 H5a 和 H5b 都得到支持。采用同样的方法，在模型 6 中包含了关系强度和信息过载的交互项。然而，样本数据结果显示相互作用系数不显著（$\gamma = 0.029$，$p > 0.100$），因此不支持假设 H5c。

3.5　讨　论

3.5.1　主要发现

本章基于回避行为的一般框架，调查了影响消费者回避同伴生成广告的潜在机制和前因，提出了移动社交网络场景下消费者回避同伴生成广告的理论模型。其中将关系强度作为用户相关因素，违反共享语言、广告相关性、信息过载作为环境变量。本研究利用从微信上 334 名用户收集的调查数据进行实证研究，检验了研究模型和假设。如表 3-7 所示，研究结果揭示了移动社交网络中回避行为的几个有趣发现。首先，关系强度和广告相关性会对客户的回避行为产生负向影响，而信息过载和违反共享语言会对回避行为产生正向影响。这些发现表明，本研究提出的模型在移动社交网络背景下考察广告回避行为的前因具有有效性。

表 3-7　假设检验结果

路径	假设	结果
违反共享语言（VSL）→回避行为	H1	支持
广告相关性（AR）→回避行为	H2	支持
信息过载（IO）→回避行为	H3	支持
关系强度（TS）→回避行为	H4	支持
关系强度 × 违反共享语言→回避行为	H5a	支持
关系强度 × 广告相关性→回避行为	H5b	支持
关系强度 × 信息过载→回避行为	H5c	不支持

（1）违反共享语言对回避行为的积极影响意味着用户普遍将社交网络视为构建社会资本的空间，而不是替代的购物空间。当销售信息无法帮助建立 C 端与 B 端对待某个产品或某类产品（这里包括服务）共同的理解时，共享语言和营销信息之间的冲突可能会导致用户对营销信息的回避行为。关于营销信息，本研究的结果显示，用户可能不愿意为不期望看到的状态更新付出不必要的成本，而且这种现象所带来的信息过载会使客户离开。

本研究的调查结果还显示，广告相关性是消费者购买决策的一个重要前提，即使对于社交商务也是如此（Cronin et al.，2000；Nakayama，2017）。因此可以推断，满足消费者需求的营销信息可以吸引他们的注意力，并能使他们保持注意力。此外，通过研究结果显示的社会关系与对社会商务的负面反应（即回避行为）之间的负相关关系，证实了社交商务更多地依赖于已建立的社会网络（Chen & Shen，2015；Zhang & Benyoucef，2016）。这表明，代表社交网络沟通性质的关系强度确实会影响回避行为（Shriver et al.，2013）。

（2）关系强度对违反共享语言、广告相关性和信息过载具有不同的调节能力。具体而言，关系强度弱化了违反共享语言与回避行为之间的正相关关系，强化了广告相关性与回避行为之间的负相关关系。这些发现表明社会关系对社交商务的积极影响（Wang & Chang，2013），并证实了与潜在顾客建立牢固关系的重要性（Chen & Shen，2015）。值得注意的是，本研究的结果还显示，关系强度对信息过载与回避行为之间的关系没有显著的调节作用。这说明信息过载对回避行为的负效应强度非常大，以至于来自强和弱两种关系强度下的信息过载对回避行为的影响没有显著差异。先前的研究一致认为，一旦发生信息过载，个人更有可能毫无顾忌地结束参与（Jones et al.，2004）。因此，卖家需要特别关注他们的信息发布是否恰当，以避免用户觉得信息过载。

（3）本章为性别、年龄、教育程度和职业这些人口统计学变量对回避行为没有显著影响提供了新的证据。先前关于人口统计学变量如何影响回避行为的研究结论不一致。例如，斯派克和埃利奥特（1997）发现，年轻的消费者和男性更容易回避广告，但教育程度和职业对回避行为没有影响。罗贾斯·门德斯等人（Rojas-Mendez et al.，2009）发现性别、年龄和教育程度对跨文化的回避行为有不同甚至矛盾的影响。然而，万德古特等人（van der Goot et al.，2018）发现性别和职业对社交媒体背景下的广告回避没有显著影响。随着移动社交网络在中国的快速发展和普及，不同人口统计学特征的用户对社交商务的熟悉程度越来越高。因此，本章推断人口统计学变量不是回避行为的主要影响因素，不过这仍需进一步的研究。

3.5.2　理论贡献

本章从三个方面对现有研究做出了贡献。第一，本章是首个考察消费者对移动社交商务产生负面反应的研究。先前的研究大多对社交商务持积极态度，忽略了社交网络中用户可能出现的负面反应（Zhang et al.，2014），而本研究则针对移动社交商务中的回避行为做出调查。本研究强调了理解回避行为的重要性，并解释了社交商务不如预期那样成功（尤其是在中国）的原因。此外，本研究还为先前的文献提供了重要补充证据，得出关于移动社交商务的积极结论，并部分说明了在这一领域遇到的研究障碍。

第二，本章阐明了移动社交网络中对同伴生成广告的回避行为的潜在机制和情境变量。作为社交商务的主要营销工具，移动社交网络中的同伴生成广告在实践中极为普遍。然而，与在报纸、电视、网站和手机取得的丰硕成果相比，对移动社交网络媒介广告回避的研究相对较少（Van der Goot et al.，2018）。与以往的研究一致，本章对移动社交商务中的广告回避（尤其是移动社交网络中的同伴生成广告）提供了深刻见解，从而丰富和扩展了对广告领域的理解。同时，本研究也有助于区分同伴生成的广告和公司生成的广告的差异（如侧边栏或个性化广告）。

第三，本研究扩展了回避行为的一般框架，将关系强度识别作为一个与用户相关的变量。斯派克和埃利奥特（1997）提出的一般框架涵盖了四种预测因素：人口统计学、媒体相关、广告感知和沟通问题，其中一种或多种用于解释广告回避（Rojas-Mendez et al.，2009；Huh et al.，2015）。然而，该框架在很大程度上忽略了社交媒体用户的核心特征（即关系强度），因此无法解释买卖双方之间的关系质量（Lin et al.，2018）。本研究在其他四种预测因子的基础上，增加了关系强度作为用户相关变量，并提出模型来阐明广告回避的基本机制。研究结果表明，与社会价值相关的关系强度在促进移动社交商务方面确实发挥了重要作用。这与之前的研究结果一致，即为社交商务提供了一个积极的视角（eg. Gong et al.，2018；Lin et al.，2018）。本研究还表明，关系强度对违反共享语言、广告相关性和信息过载具有偶然的调节作用，从而进一步解释了这些变量之间的交互效应。这些创新性论点可用于解释或预测其他移动社交商务平台（如脸书和推特）上的回避行为。从这个角度来看，本研究对广告回避的研究做出了一定的贡献，特别是关于一般框架的研究。

3.5.3　现实意义

本章解释了社交商务环境中客户回避同伴生成广告的原因，且具有重要的现实意义。

第一，研究结果可以帮助平台管理者和个人卖家增强对移动社交商务的理解。考虑到回避行为的普遍性，研究者呼吁商家做出更多的努力来克服已发现的障碍，而不仅仅是积极转向移动社交商务。更具体地说，研究结果显示，违反共享语言与回避行为正相关，这表明商家在做广告营销时关注重点必须扩展到用户之间的社交互动之外。移动社交商务需要提高与用户交互的质量，控制销售信息的频率，培养与用户关于商务的共享语言，增加消费者对社交商务交易的接受度（Okazaki et al.，2012）。移动应用运营商可以通过在社交平台发布积极且高质的广告并借助意见领袖来营造商业氛围，引导舆论，从而逐步改变用户在社交网络中的共享语言。

第二，信息过载与回避行为正相关。时间碎片化是网络时代的典型特征，当受众感知到时间限制时他们会产生时间压力，进而影响其搜索和处理信息的进程，加剧了受众的紧张感，由此产生心理负荷（Liu et al., 2016）。社交网络广告内容重复并且容易对用户行为产生干扰，因此会额外消耗用户的时间和精力。为了防止出现消费者疲于应对大量社交网络广告的现象，商家把握好推送社交网络广告的时间和数量非常重要。每天大量的刷屏式广告很容易导致营销账号被用户屏蔽或删除，因此尽量选择在用户闲暇的空余时间推送社交网络广告，不仅能增加广告被观看的频次，还能减少对用户的打扰。

第三，本研究结果显示，微店应该提前预见回避行为的现象，并战略性地发布销售信息。由于广告相关性降低了回避行为，因此向目标用户传递销售信息比漫无目的地发布销售信息更为有用。与此同时，社交关系的作用显示，培养买卖双方二元关系比发布销售信息更有说服力。由于关系强度对回避行为有负面影响，并能缓和违反共享语言和广告相关性对回避行为的影响，因此商家应该加大力度促进关系强度的增强。微商可以在平时或多或少地让渡出部分个人隐私，并发布到营销账号上，例如出镜的本人面孔、居家环境乃至亲朋好友等。在定期观看此类"曝光性"内容的过程中，用户对于微商的不确定性逐渐降低，愈发能与之产生"感知相似性"（即共鸣），并发展出人际交往关系。因此微商可以通过与用户积极互动，逐步培养他们成为潜在的社交商务客户。正如林等人（Lin et al., 2018）提出的建议，鼓励信息支持和情感支持以增强社交商务中的关系强度。因此，促进卖家和买家之间的关系，为人们在移动社交网络中创造一种温暖的环境十分重要。

第四，本章提出的包含四个维度的（媒体相关变量、广告感知、沟通问题和用户相关变量）消费者广告回避影响机制模型可以作为评估移动社交网络营销活动的工具。这也为广告从业者评估移动社交网络中广告活动的潜在负面反应提供了一个新的视角。

3.5.4　研究局限性与未来展望

本章研究旨在激发对同伴生成广告的回避行为的讨论和进一步研究。尽管本研究得到了有价值的结论，但受限于一些主观和客观因素，本研究仍存在一定的局限性：

第一，本研究并未讨论产品类型或消息属性。由于社会交易因商品或服务的类型而异（DiMaggio & Louch，1998），且信息属性与个人决策相关（Liu & Karahanna，2017），因此未来的研究可以调查这些变量可能产生的影响。第二，本研究没有考虑回避行为的后果。例如，回避行为可以被视为一种对待社交关系不友好的方式，这在某种程度上可能会损害二元关系。第三，本研究仅使用来自中国微信的样本对回避行为进行了研究。虽然微信是我国非常受欢迎的社交商务平台，但本研究未将回避行为的研究成果推广到不同文化背景下的其他平台。未来可以采用不同的平台背景进行研究。第四，本研究测量的广告回避行为来自被试的自我报告，而不是他们的实际行动，这样做可能会导致被试者在报告时倾向于选择被社会认可的回答。第五，本研究没有考虑移动设备的技术特性。未来的研究模型可以研究这些变量（如移动性和普遍性）是否影响以及如何影响移动社交网络中消费者的回避行为。

3.6　结　论

本章研究旨是解释消费者对社交网络中商业信息的负面反应（即他们对同伴生成广告的回避行为）。本章实证研究了回避行为的前因，并证明了违反共享语言作为媒体相关变量、广告相关性作为广告感知变量、信息过载作为沟通问题变量对回避行为存在影响。更有趣的是，关系强度对违反共享语言、广告相关性和回避行为之间的关系具有偶然的调节作用。因此，本章研究有助于理解和捕捉移动社交网络中对同伴生成广告的回避行为的潜在机制和情境变量。通过识别关系强度在决定消费者广告回避行为中的关键作用，本章丰富了消费者对移动社交商务的负面反应的理解，扩展了有关社交商务和广告回避的文献。

参考文献

AAKER, DAVID A, BRUZZONE D E, 1985. Causes of Irritation in Advertising [J]. Journal of Marketing, 49 (2): 47-57.

AINSLIE, PETER, 1989. How American Watch IV: A Nation of Grazers [M]. USA: North Amer Pub Co: 9-23.

ANDERSON S P, DE PALMA A, 2012. Competition for attention in the information (overload) age [J]. The RAND Journal of Economics, 43 (1): 1-25.

BAEK T H, MORIMOTO M, 2012. Stay away from me: examining the determinants of consumer avoidance of personalized advertising [J]. Journal of Advertising, 41 (1): 59-76.

BAGOZZI R P, YI Y, 1988. On the evaluation of structural equation models [J]. Journal of the Academy of Marketing Science, 16 (1): 74-94.

BARNES S J, PRESSEY A D, SCORNAVACCA E, 2019. Mobile ubiquity: understanding the relationship between cognitive absorption, smartphone addiction and social network services [J]. Computers in Human Behavior, 90: 246-258.

BELANCHE D, FLAVIAN C, PEREZ-RUEDA A, 2017. User adaptation to interactive advertising formats: the effect of previous exposure, habit and time urgency on ad skipping behaviors [J]. Telematics and Informatics, 34 (7): 961-972.

BROWN J J, REINGEN P H, 1987. Social ties and word-of-mouth referral behavior [J]. Journal of Consumer Research, 14 (3): 350-362.

CAO X, GUO X, LIU H, et al., 2015. The role of social media in supporting knowledge integration: a social capital analysis [J]. Information Systems Frontiers, 17 (2): 351-362.

CELSI R L, OLSON J C, 1988. The role of involvement in attention and comprehension processes [J]. Journal of Consumer Research, 15 (2): 210-224.

CHANG H H, CHUANG S S, 2011. Social capital and individual motivations on knowledge sharing: participant involvement as a moderator [J]. Information and Management, 48 (1): 9-18.

CHANG K T T, CHEN W, TAN B C Y, 2012. Advertising effectiveness in social networking sites: social ties, expertise, and product type [J]. IEEE Transactions on Engineering Management, 59 (4): 634-643.

CHEN J, SHEN X L, 2015. Consumers' decisions in social commerce context: an empirical investigation [J]. Decision Support Systems, 79 (11): 55-64.

CHEN Y C, 2015. A study of the interrelationships among service recovery, relationship quality, and brand image in higher education industries [J]. Asia-Pacific Education Researcher, 24 (1): 81-89.

CHIOU J S, HSIAO C C, SU F Y, 2014. Whose online reviews have the most influences on consumers in cultural offerings? Professional vs. consumer commentators [J]. Internet Research, 24 (3): 353-368.

CHO C, 2004. Why do people avoid advertising on the internet [J]. Journal of Advertising, 33 (4): 89-97.

CHO C H, CHEON H J, 2004. Why do people avoid advertising on the internet? [J]. Journal of Advertising, 33 (4): 89-97.

CHOI Y K, SEO Y, YOON S, 2017. E-WOM messaging on social media social ties, temporal distance, and message concreteness [J]. Internet Research, 27 (3): 495-505.

CHU S C, KIM Y, 2011. Determinants of consumer engagement in electronic word-of-mouth (eWOM) in social networking sites [J]. International Journal of Advertising, 30 (1): 47-75.

CNNIC, 2017. Research report on users' behavior of online social networks in China [R/OL]. (2017-12-31) [2022-06-20]. http: //www.cnnic.cn/hlwfzyj/hlwxzbg/sqbg/201712/P020180103485975797840.pdf.

CRONIN J J JR, BRADY M K, HULT G T M, 2000. Assessing the effects of quality, value, and customer satisfaction on consumer behavioral intentions in service environments [J]. Journal of Retailing, 76 (2): 193-218.

DE MATOS C A, ROSSI C A V, 2008. Word-of-mouth communications in marketing: a metaanalytic review of the antecedents and moderators [J]. Journal of the Academy of Marketing Science, 36 (4): 578-596.

DIMAGGIO P, LOUCH H, 1998. Socially embedded consumer transactions: for what kinds of purchases do people most often use networks? [J]. American Sociological Review, 63 (5): 619-637.

DINDIA K, CANARY D J, 1993. Definitions and theoretical perspectives on maintaining relationships [J]. Journal of Social and Personal Relationships, 10 (2): 163-173.

DONG X Y, WANG T N, 2018. Social tie formation in Chinese online social commerce: the role of

IT affordances [J]. International Journal of Information Management, 42: 49-64.

DUFF, BRITTANY R L, RONALD J, 2011. MN, US.MISSING THE MARK: Advertising Avoidance and Distractor Devaluation [J]. Journal of Advertising, 40 (2): 51-62.

FOGUES R L, SUCH J M, ESPINOSA A, et al., 2014. BFF: a tool for eliciting tie strength and user communities in social networking services [J]. Information Systems Frontiers, 16 (2): 225-237.

FORNELL C, LARCKER D F, 1981. Evaluating structural equation models with unobservable variables and measurement error [J]. Journal of Marketing Research, 18 (1): 39-50.

GIBREEL O, ALOTAIBI D A, ALTMANN J, 2018. Social commerce development in emerging markets [J]. Electronic Commerce Research and Applications, 27: 152-162.

GONG X, LEE M K O, LIU Z, et al., 2018. Examining the role of tie strength in users' continuance intention of second-generation mobile instant messaging services [J]. Information Systems Frontiers, 22 (1): 149-170.

GRANOVETTER M, 1983. The strength of weak ties: a network theory revisited [J]. Sociological Theory, 1 (1): 201-233.

GREGOIRE Y, TRIPP T M, LEGOUX R, 2009. When customer love turns into lasting hate: the effects of relationship strength and time on customer revenge and avoidance [J]. Journal of Marketing, 73 (6): 18-32.

HAIR J F, ANDERSON R E, TATHAM R L et al., 1992. Multivariate Data Analysis with Readings [M]. Macmillan, New York.

HAYTHORNTHWAITE, C, 2002. Strong, weak, and latent ties and the impact of new media [J]. The Information Society, 18 (5): 385-401.

HENSELER J, RINGLE C M, SARSTEDT M, 2015. A new criterion for assessing discriminant validity in variance-based structural equation modeling [J]. Journal of the Academy of Marketing Science, 43 (1): 115-135.

HO V T, ANG S, STRAUB D, 2003. When subordinates become IT contractors: persistent managerial expectations in IT outsourcing [J]. Information Systems Research, 14 (1): 66-86.

HOUGHTON D J, JOINSON A N, 2010. Privacy, social network sites, and social relations [J]. Journal of Technology in Human Services, 28 (1): 74-94.

HUH J, DELORME D E, REID L N, 2015. Do consumers avoid watching over-the-counter drug advertisements? An analysis of cognitive and affective factors that prompt advertising avoidance [J]. Journal of Advertising Research, 55 (4): 401-415.

HWANG I J, LEE B G, KIM K Y, 2014. Information asymmetry, social networking site word of mouth, and mobility effects on social commerce in Korea [J]. Cyberpsychology, Behavior, and Social Networking, 17 (2): 117-124.

JG (2019). Social networking industry research report 2019 [EB/OL]. (2017-04-17) [2022-06-20]. http: //www. sohu.com/a/308636478_483389 (accessed 21 June 2019).

JIN C H, VILLEGAS J, 2007. Consumer responses to advertising on the Internet: the effect of individual difference on ambivalence and avoidance [J]. CyberPsychology and Behavior, 10 (2): 258-266.

JONES Q, RAVID G, RAFAELI S, 2004. Information overload and the message dynamics of online interaction spaces: a theoretical model and empirical exploration [J]. Information Systems Research, 15 (2): 194-210.

JUNG A R, 2017. The influence of perceived ad relevance on social media advertising: an empirical examination of a mediating role of privacy concern [J]. Computers in Human Behavior, 70: 303-309.

KELLY L, KERR G, DRENNAN J, 2010. Avoidance of advertising in social networking sites [J]. Journal of Interactive Advertising, 10 (2): 16-27.

KIM H, KIM J, HUANG R, 2014. Social capital in the Chinese virtual community: impacts on the social shopping model for social media [J]. Global Economic Review, 43 (1): 3-24.

KOSHKSARAY A A, FRANKLIN D, HANZAEE K H, 2015. The relationship between e-lifestyle and Internet advertising avoidance [J]. Australasian Marketing Journal, 23 (1): 38-48.

KUMAR A, BEZAWADA R, RISHIKA R, et al., 2016. From social to sale: the effects of firm-generated content in social media on customer behavior [J]. Journal of Marketing, 80 (1): 7-25.

LAW S P M, CHANG M K, 2008. Fostering knowledge exchange in online communities: a social capital building Approach [C]. In ICIS 2008 Proceedings. Paris, France.

LEVINA N, ARRIAGA M, 2014. Distinction and status production on user-generated content platforms: using Bourdieu's theory of cultural production to understand social dynamics in online fields [J]. Information Systems Research, 25 (3): 468-488.

LESSER E L, STORCK J, 2001. Communities of practice and organizational performance [J]. IBM Systems Journal, 40 (4): 831-841.

LI X, GUO X, WANG, C, et al., 2016. Do buyers express their true assessment? The antecedents and consequences of customer praise feedback behaviour on Taobao [J]. Internet Research, 26 (5): 1112-1133.

LIN, CAROLYN A, 1994. Audience Fragmentation in a Compctitivo Video Marketplace [J]. Journal of Advertising Research, 34 (1): 30-38.

LIN J B, LI L, YAN Y M, et al., 2018. Understanding Chinese consumer engagement in social commerce: the roles of social support and swift guanxi [J]. Internet Research, 28 (1): 2-22.

LIU L B, CHEUNG C M K, LEE M K O, 2016. An empirical investigation of information sharing behavior on social commerce sites [J]. International Journal of Information Management, 36 (5): 686-699.

LIU Q B, KARAHANNA E, 2017. The dark side of reviews: the swaying effects of online product reviews on attribute preference construction [J]. MIS Quarterly, 42 (2): 427-448.

LIU Y, LIU W, YUAN P, et al., 2016. Empirical research on how product advertising, time pressure and the discount rate effect on the sales of products in online group purchase [J]. Procedia Computer Science, 91: 625-634.

MALHOTRA N K, KIM S S, PATIL A, 2006. Common method variance in is research: a comparison of alternative Approaches and a reanalysis of past research [J]. Management Science, 52 (12): 1865-1883.

MCGORRY S Y, 2000. Measurement in a cross-cultural environment: survey translation issues [J]. Qualitative Market Research: An International Journal, 3 (2): 74-81.

MORAES C, FERREIRA C, MICHAELIDOU N, et al., 2016. Consumer ethical judgment and controversial advertising avoidance on social media [J]. Rediscovering the Essentiality of Marketing, 189-193.

NAKAYAMA M, 2017. Exploratory study on the stability of consumer rationality in judging online reviews [J]. Journal of Electronic Commerce in Organizations, 15 (1): 1-22.

NG C S P, 2013. Intention to purchase on social commerce websites across cultures: a cross-regional study [J]. Information and Management, 50 (8): 609-620.

NYFFENEGGER B, KROHMER H, HOYER W D, et al., 2015. Service brand relationship quality: hot or cold? [J]. Journal of Service Research, 18 (1): 90-106.

OKAZAKI S, MOLINA F J, HIROSE M, 2012. Mobile advertising avoidance: exploring the role of ubiquity [J]. Electronic Markets, 22 (3): 169-183.

PECHMANN C, STEWART D W, 1990. The effects of comparative advertising on attention, memory, and purchase intentions [J]. Journal of Consumer Research, 17 (2): 180-191.

PENZ E, HOGG M K, 2011. The role of mixed emotions in consumer behaviour Investigating ambivalence in consumers' experiences of Approach-avoidance conflicts in online and offline settings [J]. European Journal of Marketing, 45 (1-2): 104-132.

RESEARCH, 2017. Chinese YouShop industry research report 2017 [EB/OL]. (2017-05-04) [2022-06-20]. available at: http: //www.sohu. com/a/138211547_313170 (accessed 21 June 2019).

RANSBOTHAM S, KANE G C, LURIE N H, 2012. Network characteristics and the value of collaborative user-generated content [J]. Marketing Science, 31 (3): 387-405.

RAU P L P, LIAO Q Z, CHEN C L, 2013. Factors influencing mobile advertising avoidance [J]. International Journal of Mobile Communications, 11 (2): 123-139.

RAYMOND A. BAUER, STEPHEN A, 1969. Advertising in America: The Consumer View [J]. Business Horizons, 12 (2): 90.

ROBINSON J P, SHAVER P R, WRIGHTSMAN L S, 1991. Criteria for scale selection and evaluation [J]. Measures of Personality and Social Psychological Attitudes, 1-16.

ROJAS-MENDEZ J I, DAVIES G, MADRAN C, 2009. Universal differences in advertising avoidance behavior: a cross-cultural study [J]. Journal of Business Research, 62 (10): 947-954.

SASAKI Y, KAWAI D, KITAMURA S, 2016. Unfriend or ignore tweets? A time series analysis on Japanese Twitter users suffering from information overload [J]. Computers in Human Behavior, 64: 914-922.

SEYEDGHORBAN Z, TAHERNEJAD H, MATANDA M J, 2016. Reinquiry into advertising avoidance on the internet: a conceptual replication and extension [J]. Journal of Advertising, 45 (1): 120-129.

SHIN W S, LIN T T C, 2016. Who avoids location-based advertising and why? Investigating the relationship between user perceptions and advertising avoidance [J]. Computers in Human Behavior, 63 (): 444-452.

SHRIVER S K, NAIR H S, HOFSTETTER R, 2013. Social ties and user-generated content: evidence from an online social network [J]. Management Science, 59 (6): 1425-1443.

SPECK P S, ELLIOTT M T, 1997. Predictors of advertising avoidance in print and broadcast media [J]. Journal of Advertising, 26 (3): 61-76.

STEFFES E M, BURGEE L E, 2009. Social ties and online word of mouth [J]. Internet Research, 19 (1): 42-59.

TARAFDAR M, TU Q, RAGU-NATHAN T, 2010. Impact of technostress on end-user satisfaction and performance [J]. Journal of Management Information Systems, 27 (3): 303-334.

THOMPSON D V, MALAVIYA P, 2013. Consumer-generated ads: does awareness of advertising cocreation help or hurt persuasion? [J]. Journal of Marketing, 77 (3): 33-47.

TRAN T P, 2017. Personalized ads on Facebook: an effective marketing tool for online marketers [J]. Journal of Retailing and Consumer Services, 39: 230-242.

VAN DEN BROECK E, POELS K, WALRAVE M, 2018. An experimental study on the effect of ad placement, product involvement and motives on Facebook ad avoidance [J]. Telematics and Informatics, 35 (2): 470-479.

VAN DER GOOT M J, ROZENDAAL E, OPREE S J, et al., 2018. Media generations and their advertising attitudes and avoidance: a six-country comparison [J]. International Journal of Advertising, 37 (2): 289-308.

WANG J C, CHANG C H, 2013. How online social ties and product-related risks influence purchase intentions: a Facebook experiment [J]. Electronic Commerce Research and Applications, 12 (5): 337-346.

WASKO M M, FARAJ S, 2005. Why should I share? Examining social capital and knowledge contribution in electronic networks of practice [J]. MIS Quarterly, 29 (1): 35-57.

WELLS WILLIAM D, LEAVITT C, MC CONVILLE M, 1971. A Reaction Profile for TV Commercials [J]. Journal of Advertising Research, 11 (6): 11-18.

WILBUR K C, 2016. Advertising content and television advertising avoidance [J]. The Journal of Media Economics, 29 (2): 51-72.

WUKICH C, SICILIANO M D, ENIA J, et al., 2017. The formation of transnational knowledge net works on social media [J]. International Public Management Journal, 20 (3): 381-408.

XIA L, BECHWATI N N, 2008. Word of mouse: the role of cognitive personalization in online consumer reviews [J]. Journal of Interactive Advertising, 9 (1): 3-13.

YOUN S, SHIN W, 2019. Teens' responses to facebook newsfeed advertising: The effects of cognitive Appraisal and social influence on privacy concerns and coping strategies [J]. Telematics and Informatics, 38: 30-45.

ZAROUALI B, POELS K, WALRAVE M, et al., 2018. You talking to me? The influence of peer communication on adolescents' persuasion knowledge and attitude towards social advertisements [J]. Behaviour and Information Technology, 37 (5): 502-516.

ZENG X, WEI L, 2013. Social ties and user content generation: evidence from Flickr [J]. Information Systems Research, 24 (1): 71-87.

ZHANG H, LU Y, GUPTA S, et al., 2014. What motivates customers to participate in social commerce? The impact of technological environments and virtual customer experiences [J]. Information and Management, 51 (8): 1017-1030.

ZHANG K Z K, BENYOUCEF M, 2016. Consumer behavior in social commerce: a literature review [J]. Decision Support Systems, 86: 95-108.

ZHANG Y X, FANG Y L, WEI K K, et al., 2011. Repurchase intention in B2C e-commerce-A relationship quality perspective [J]. Information and Management, 48 (6): 192-200.

ZHOU Y, YU Y, CHEN X, et al., 2018. Guanxi or justice? An empirical study of WeChat voting [J]. Journal of Business Ethics, 164 (1):201-225.

ZHU Y Q, CHEN H G, 2015. Social media and human need satisfaction: implications for social media marketing [J]. Business Horizons, 58 (3): 335-345.

陈素白，曹雪静，2013. 网络广告回避影响因素研究——基于 2012 伦敦奥运网络广告投放的实证分析 [J]. 新闻与传播研究，20（12）：52-65，120.

代宝，续杨晓雪，罗蕊，2020. 社交媒体用户信息过载的影响因素及其后果 [J]. 现代情报，40（1）：152-158.

李小玲，任星耀，郑煦，2014. 电子商务平台企业的卖家竞争管理与平台绩效——基于 VAR 模型的动态分析 [J]. 南开管理评论，17（5）：73-82，111.

李旭，刘鲁川，张冰倩，2018. 认知负荷视角下社交媒体用户倦怠及消极使用行为研究——

以微信为例 [J]. 图书馆论坛，38（11）：94-106.

廖圣清，李梦琦，2021. 社交媒体中关系强度、自我呈现动机与用户转发意愿研究——以微信的新闻转发为例 [J]. 现代传播（中国传媒大学学报），43（6）：149-156.

薛旭宁，2018. 社会线索与关系强度对社交媒体信息流广告效果的影响研究 [M]. 厦门：厦门大学出版社.

杨嫚，温秀妍，2020. 隐私保护意愿的中介效应：隐私关注、隐私保护自我效能感与精准广告回避 [J]. 新闻界（7）：41-52.

杨文霞，苏永，1995. 试析广告情报中 Zapping——广告躲避现象 [J]. 情报杂志（4）：51-52.

张亚玲，2019. 社交关系强度调节下的朋友圈广告感知价值对行为倾向影响的研究 [J]. 商讯（7）：123-124.

第 4 章
基于信息论的消费者广告
回避行为整合模型

4.1 背 景

移动社交媒体的发展给广告市场提供了巨大的机遇，推动了广告形式和内容的创新发展（朱国玮等，2020）。但是，由于用户广告回避行为的存在，导致广告效果不尽如人意，造成社交媒体资源的浪费，阻碍移动社交媒体广告健康长远的发展，不利于营造良好的移动社交媒体广告环境。因此，探究用户广告回避行为的驱动因素、减少用户对移动社交广告的回避反应及提升广告效果成为移动社交媒体平台、企业和学术界关注的重点。本章首先在信息论、心理抗拒理论、国内外关于广告回避行为研究的基础上，结合移动社交媒体广告的特点，界定移动社交媒体广告的形式，对该情景中的广告回避行为进行划分；其次，聚焦用户的广告回避行为，探究用户广告回避的驱动因素，以期为移动社交媒体广告回避研究提供参考价值，帮助企业更好地了解用户的广告回避行为；最后，提出有利于企业在移动社交媒体中进行广告营销的建议，从而最终实现降低移动社交媒体用户广告回避行为，达到营造移动社交媒体良好健康广告环境的目的。

本章聚焦移动社交媒体情景下的用户广告回避行为，探索广告回避行为的驱动因素及企业应对策略，具有理论和实践的双重意义。对于理论意义，基于移动社交媒体研究情景，本研究丰富了广告回避的相关理论。虽然学术界关于广告回避的研究早有涉及，但主要集中于传统媒介（杂志、报纸、广播和电视）和互联网，并慢慢转入移动设备和社交媒体。随着移动社交媒体平台的不断发展和广告的普遍存在，关注移动社交媒体情景下的用户广告回避行为已成为大势所趋。目前总体来说学术界针对移动社交媒体用户广告回避行为的相关研究少之又少，主要集中在特定移动设备上的特定广告回避行为，如手机微信信息流广告（樊潮，2020）。研究移动社交媒体用户的广告回避行为，不仅丰富了广告回避的相关理论，为今后研究移动社交媒体广告提供理论依据，还为研究新媒介中广告回避提供借鉴。在实践意义上，对于移动社交媒体广告回避的驱动性因素的梳理有利于为移动社交媒体用户、广告商和平台提供实践指导建议。对用户而言，本章能够更好地指导他们对移动社交媒体广告持有和采取正确、主动的参与态度和参与行为；对广告商、品牌而言，本章对他们在移动社交平台上的广告投放具有指导意义，为其传播形式、营销推广提供实证性建议；对移动社交媒体平台而言，本章可以促进平台改革创新和优化升级，更好地满足用户需求，为用户营造一个良好的广告环境。

4.2　移动社交媒体广告相关研究

4.2.1　移动社交媒体广告的定义

由于移动设备的普及，广告的形式越来越多，移动社交媒体中的广告作为人们日常接触频率较多的广告，学界对其研究还不够充分，理论界对其并没有较为广泛认同的定义，有些学者只是针对某一特定的社交媒体广告给予定义解释（如 Muñoz-Leiva et al.，2019），并未对移动社交媒体广告进行定义说明（如 van der Goot et al.，2018）。

基于笔者整理的文献资料，冈崎等人（Okazaki et al.，2012）将移动广告定义为任何产生或支持新客户获取的营销沟通、文本或视觉信息；茜恩（Shin，2016）认为移动广告是广告商基于确定其目标用户的具体位置，并向不同的消费者群体发送的促销信息。这类关于移动广告的定义，学者们主要侧重将移动广告视为向用户传播营销的信息，体现了广告在移动设备上的营销目的。关于社交媒体广告，安德雷奥尼等人（Andreoni et al.，2017）将脸书广告定义为一个广告过程，即零售商根据客户之前在网上的活动，在脸书上为产品或服务开发定制广告；穆诺兹·莱瓦等人（Muñoz-Leiva et al.，2019）认为脸书广告是将个性化的社交媒体广告无缝地整合到用户的个人信息推送中。此定义将社交媒体广告视为一个动态的过程，是广告商依据用户以前的行为而进行的个性化推送。

基于已有关于移动广告和社交媒体广告的定义，结合移动社交媒体广告发展的现状，本章将移动社交媒体广告定义为：用户使用移动设备观看社交媒体时出现的营销信息，这些广告信息无处不在，旨在改变用户的认知、态度或行为。

4.2.2　移动社交媒体广告的类型

由于学术界并未对移动社交媒体广告统一定义及划分广告的形式，本章通过整理和归纳，将移动社交媒体平台上的广告按照其出现的位置和状态进行划分。

1. 按照广告在移动社交媒体中的位置，可分为旁置广告和信息流广告

旁置广告是指紧挨着社交媒体（如脸书、微博）的主要内容且放置在"流外"的广告（Van den Broeck et al.，2018）。此类广告一般会出现在移动社交媒体应用的顶部、底部或者侧边。在有限的空间，旁置广告尺寸相对较小，对用户的干扰影响也较小，并且能够形象鲜明地表达广告的中心意旨，短小精悍、重点突出。但是，由于尺寸较小，相对于其他广告而言较为容易被用户忽视。

信息流广告是指社交媒体用户好友动态、关注和推荐内容流内的广告（Van den Broeck et al.，2018）。此类广告是社交媒体平台利用大数据技术结合用户观看内容的类型所投放的，不会影响用户的社交操作（李彪，2019）。由于信息流

广告是依据用户在移动社交媒体中选择的标签或者过往观看记录的基础上进行推送的，若内容投放不准确可能会导致用户产生厌恶等负面情绪。

2. 按照广告在移动社交媒体中的状态，可分为静态广告和动态广告

静态广告一般以图片或文字形式出现在移动社交媒体打开的页面或者穿插在媒体内。广告出现在应用的打开页面，一般为全屏形式，呈现 5 秒左右，用户也可以手动跳过，在用户等待社交媒体应用软件加载时直接呈现广告内容，能够更好地刺激用户记忆，达到广告效果的最优化，合理利用资源。

动态广告是指移动社交媒体中以动图或视频形式出现的广告。目前比较流行的移动社交媒体（如抖音、火山、快手）中的广告就属于典型的动态短视频广告。这些广告穿插在用户的推送中，将广告创意融入短视频中，通过广告植入，增加了视频的趣味性，让用户对广告有更深入的了解。左下角附有相应的产品链接可以方便用户了解更多产品信息或者直接购买。

4.3　广告回避行为相关研究

4.3.1　广告回避的定义

尽管广告回避不是一个新的概念，但由于传播媒介的不断变化，学术界关于广告回避的相关研究在不断丰富的同时，其定义和内涵也在进一步完善。本章从行为和意图两个层面对广告回避的概念进行界定梳理。

第一类侧重于强调广告回避作为用户行为的结果。例如，斯派克和埃利奥特（1997）将广告回避概括为"媒体用户在不同程度上减少广告内容曝光的所有行为"，如跳过广告、换台等。在此基础上，赵和郑（2004）认为广告回避还包括有意避免广告的任何进一步行动（如忽略广告，故意不点击任何超链接），有些学者在研究广告回避问题时，直接使用具体的回避行为（如横幅广告盲）代替广告回避（Resnick & Albert, 2014；Hervet et al., 2011）。在此种视角下，

更多地强调广告回避的行为层面的特点，将其视为回避行动的集合，减少用户在广告中的暴露。

第二类多侧重于强调广告回避作为用户意图的表现。例如，贝克和森本（Baek & Morimoto，2012）认为，广告回避是用户关于广告的负面反应，是用户作为抵制的结果来表示他们没有改变态度。宥和基姆（Youn & Kim，2019）认为，广告回避是个人应对广告的策略，是个人对于广告表现的负面反应及忽略或避免广告的意图。在此视角下，多强调广告回避作为用户对于广告的态度（如讨厌、忽略）和负面反应的表现。

综上可知，现有文献与相关组织对广告回避的概念界定多基于用户广告回避的行为表现和对广告负面反应的意图层面。本章主要聚焦于用户的广告回避行为，故对回避意图不做进一步探讨，将移动社交媒体情景中广告回避行为定义为用户为：减少个人在移动社交媒体广告中暴露所采取的所有行动，包括跳过、忽视或屏蔽，以达到自主使用移动社交媒体的目的。

4.3.2　广告回避行为的类型

根据斯派克和埃利奥特（1997）的研究，我们认为用户广告回避行为是用户采取行动策略来避免或减少自己暴露在广告中。通过整理相关文献（如表4-1），并且考虑回避移动社交媒体广告需要结合个人的体力劳动、注意力和信息系统，我们将用户广告回避行为归纳为三个维度：身体回避、认知回避和机械回避。

表4-1　广告回避行为三维度

分类	定义	具体形式	来源
身体回避	用户为了自己不暴露在广告中而涉及各种各样的身体行为	关闭或删除广告、离开房间、与他人交流	Baek and Morimoto, 2012；Kelly et al., 2010；Muñoz-Leiva et al., 2019；Rojas-Méndez et al., 2009；Speck and Elliott, 1997

分类	定义	具体形式	来源
认知回避	涉及注意力分配和转移的一种减少用户暴露在广告中的回避行为	故意忽视广告、故意不点任何的广告链接、选择忽视	Baek and Morimoto, 2012; Cho and Cheon, 2004; Fransen et al., 2015; Kelly et al., 2010; van der Goot et al., 2018; Wilbur, 2016
机械回避	用户为了减少他们在广告中的暴露而使用技术来回避广告的行为	换台、跳过、快速翻过、静音、快进、阻塞网络广告、过滤邮件、点击隐藏广告选项、点击取消关注选项	Baek and Morimoto, 2012; Fransen et al., 2015; Muñoz-Leiva et al., 2019; Speck and Elliott, 1997

　　身体回避（physical avoidance）是指用户为了自己不暴露在广告中而涉及各种各样的身体行为（Fransen et al., 2015），有些学者也用行为回避（behavioral avoidance）来表达相同的意义（Cho & Cheon, 2004）。例如，斯派克和埃利奥特（1997）将与他人交谈定义为身体回避，而罗贾斯·门德斯等人（Rojas-Mendez et al., 2009）将其定义为行为回避。不同于斯派克和埃利奥特（1997）所描述的"离开房间"这种形式的身体回避，赵和郑（2004）将行为回避定义为用户诸如向下滚动网页以避免横幅广告、清除弹出广告、单击远离包含横幅的广告页面等回避行为，而不是不出席广告。在移动社交媒体平台上出现广告，将屏幕上的广告手动清除应该被认为是一种身体回避。通过焦点小组和深度访谈，凯莉等人（2010）将青少年在社交媒体平台上的身体回避行为概括为离开房间、关闭广告和不看广告。在研究移动广告时，劳伊等人（Rau et al., 2013）指出身体回避主要包括关闭或删除广告。随后，分析美国成年人回避非处方药广告的认知和影响因素的研究中，胡等人（2015）表示身体回避主要包括撕掉或丢弃广告、略过或跳过广告、翻过广告。弗朗桑等人（Fransen et al., 2015）在研究回避策略时指出，身体回避可以通过离开房间或跳过广告来实现。穆诺兹·莱瓦等人（Muñoz-Leiva et al., 2019）在测量青少

年在脸书新闻推送广告中的回避时，使用"故意不点击"和"向下滚动脸书页面"来测量身体回避。结合以前学者的研究，本章将移动社交媒体中用户广告身体回避归纳为清除广告、上下滑动页面等需要耗费个人体力劳动的回避行为。

认知回避（cognitive avoidance）应该是涉及注意力分配和转移的一种减少用户暴露在广告中的回避行为（Cho & Cheon，2004）。罗贾斯·门德斯等人（Rojas-Mendez et al.，2009）认为，认知回避是指人们将注意力从电视上转移开，这点与身体回避相似，因此他们的研究主要关注于身体回避和机械回避。然而，绝大多数学者认为认知回避不同于身体回避和机械回避，认知回避应该是用户故意忽略广告（Baek & Morimoto，2012；Cho & Cheon，2004；Huh et al.，2015；Kelly et al.，2010；Muñoz-Leiva et al.，2019；Rau et al.，2013；Speck & Elliott，1997；Wilbur，2016）或不关注广告（Fransen et al.，2015；Muñoz-Leiva et al.，2019）。弗朗桑等人（Fransen et al.，2015）表明用户可能会选择性接触广告，因此认知回避是指用户不关注特定的广告。万德布罗克等人（Van den Broeck et al.，2018）在衡量媒体世代间广告回避的差异时，认为认知回避就是忽视广告。结合以前学者的研究，本研究将移动社交媒体中用户广告认知回避归纳为用户有意忽视广告或者不关注广告，即减少他们在广告中注意力的分散。

机械回避（mechanical avoidance）是指用户为了减少他们在广告中的暴露而使用技术来回避广告的行为（Speck & Elliott，1997）。当广告出现在电视、广播、报纸和杂志等传统媒体设备上时，换台、跳过、快速翻过、静音、快进、做其他事情和消除广告被斯派克和埃利奥特（1997）归入机械回避。在研究社交网站广告回避时，凯莉等人（2010）将删除弹出广告或者跳过广告归入物理回避。弗朗桑等人（2015）认为机械回避指的是在电视或广播广告开始时采取的一些行动，包括换台（zapping）、快进（zipping）或静音（muting）。穆诺兹·莱瓦（2019）调查青少年脸书用户对广告回避的反应时，将在脸书新闻推送广告中点击隐藏广告选项、点击取消关注选项等归入物理回避。结合以前学者的研究，本研究将移动社交媒体中用户广告机械回避归纳为个体运用技术手段回避广告的一系列行为。

通过比较分析可以发现，在目前的研究中，行为回避（如 Rojas-Méndez et al., 2009）和身体回避（如 Speck & Elliott, 1997）内涵相同可以互换，因此本研究将其统一概括为身体回避。以前学者关于广告回避行为的研究，有的主要集中在回避的一个维度（Muñoz-Leiva et al., 2019；Okazaki et al., 2012），有的从多个回避维度出发研究广告回避问题（Rojas-Méndez et al., 2009；van der Goot et al., 2018），还有的直接从广告回避整体出发但没有特意分类（Muñoz-Leiva et al., 2019）。此外，对相同的广告回避行为学者们也有不同的分类。例如，贝克和森本（2012）将订阅"不要电子邮件""不要打电话"或"不要跟踪"项目归入机械回避，而弗朗辛等人（2015）将此类行为归入身体回避。通过结合移动社交媒体的特点，本研究认为机械回避应该是个体运用技术手段回避广告的一系列行为。在其他研究中，情感回避（affective avoidance）也被认为是广告回避的一个维度（Baek & Morimoto, 2012；Cho & Cheon, 2004）。然而，从他们的研究中可以发现，情感回避不包括一组特定的行为，而是一种对广告的负面情绪导向，涉及对于广告的态度，只是广告回避的前因，不能算作广告回避的一种行为。因此，本研究没有将情感回避列为广告回避的维度，而是将态度这一情感作为影响广告回避行为的前置变量进行观测。随着移动社交媒体中的广告越来越多，用户的广告回避行为往往不再是某个单一的行为，而是一系列回避行为，采用三维度分类广告回避行为更符合移动社交媒体的特性。

4.3.3　广告回避行为的研究及其驱动因素

目前关于用户广告回避的研究主要以实证居多，研究方法多样，包括访谈法、实验法和问卷法等。自斯派克和埃利奥特（1997）关于广告回避行为的开创性研究以来，学者们一直致力于不同媒体类型的广告回避行为的现象研究。随后，赵和郑（2004）的研究建立了关于网络广告回避的综合理论模型，探究感知目标障碍、感知广告干扰和之前的负面体验对网络广告回避的影响，解释人们在认知、情感和行为方面回避互联网上广告的原因，其中感知目标障碍是解释网络广告回避中最重要的前因变量。随后，吉恩和维莱加斯（Jin & Villegas，2006）从个体差异（包括认知回避、情感回避和行为回避）的角度研究消费者对网络广告回避的反应。迪克斯和珀尔（Dix & Phau，2010）在研究中对广告回避研究方法进行了说明，包括实验法、观察法、自我报告法、电子监测法。弗朗桑等人（2015）介绍了消费者抵制广告的不同方式，包括跳过、沉默和离开。在认知和情感因素上，胡等人（2015）解释美国成年人对非处方药广告的看法，认为回避与愤怒和态度直接相关。在电视广告回避方面，威尔伯（Wilbur，2016）采用比例风险模型估计广告回避行为"快速跳过（zapping）"的影响因素。这些研究进一步细化传统媒体（如广播、电视、报纸、杂志）和互联网上的广告回避行为。

基于先前关于互联网信息隐私问题的研究，冈崎等人（Okazaki et al.，2012）探究移动广告中感知普遍性对信任、风险、态度和意图删除广告的影响，结果表明感知的普遍性显著增强用户对广告的信任和态度。劳伊等人（2013）通过焦点小组讨论，找出手机广告回避中最重要的因素，然后通过两个实验对概念模型进行检验，该研究将广告回避分为行为回避和回避倾向，如广告阅读时间、广告回忆、行为回避、广告态度、感知侵扰和抗拒。从青少年视角探究社交网站广告回避时，凯莉等人（2010）使用焦点小组和深入访谈法调查在线社交网站广告回避的前因变量。为了探究知觉因素与移动用户对基于位置的移动广告回避的关系及两者关系是否受用户移动设备使用水平的影响，茜恩（Shin，2016）进行了一项针对605名新加坡手机用户的全国性网络调查。穆诺兹·莱瓦等（2019）的研究从消费者的视觉注意力和自我报告记忆两个方面分析社交媒体中的广告效果，研究结果发现，消费者对广告横幅的视觉注意是在低水平的意识下进行的。在研究青少年对脸书新闻推送广告的反应时，穆诺兹·莱瓦等（2019）调查了认知和社会因素如何影响青少年关于隐私问题及个人和社会应对脸书新闻推送广告的策略，其中，个人应对策略包括广告回避。

关于移动社交媒体广告，目前只有几项研究（如 Muñoz-Leiva et al.，2019）与回避行为相关，学术界关于移动社交媒体广告回避行为研究与社交媒体广告的快速发展并不匹配。以青少年为对象，宥和基姆（2019）采用焦点小组深度访谈的方法，探索青少年在社交网站上的广告回避行为。通过网络调查，茜恩（2016）探索消费者基于地理位置的移动广告回避行为的原因。穆诺兹·莱瓦等（2019）通过眼动跟踪技术和问卷调查法，以横幅广告为研究对象，从顾客的视觉注意力和自我报告记忆两个方面分析广告在社交媒体上的效果。

国内关于广告回避行为的研究起步较晚，徐艳和刘荣（2013）通过回顾1962—2012 这五十年来的广告回避相关文献，对有代表意义的研究做了综合介绍和简要评价。在研究网络广告回避方面，陈素白和曹雪静（2013）通过对2012 年伦敦奥运网络广告投放的实证分析，表明感知广告杂乱、既往的消极经验、感知目标障碍和受众既有的奥运态度是影响网络广告回避的因素。基于情境理论的路径，段秋婷和吴婷（2021）发现时间压力和任务复杂度对于网络广告认知回避具有正向影响。在社交媒体方面，杨莉明和徐智（2016）通过梳理对比国内外社交媒体广告效果的研究，发现国内比较缺乏对社交媒体广告效果的实证研究，尤其是缺乏关于社交媒体上的广告回避的研究；李盛楠（2021）验证了负向情感反应在社交媒体信息流广告回避的中介作用。在移动设备广告回避方面，段秋婷（2017）对手机广告回避反应量表进行标准化修订；李盼盼（2017）研究发现手机视频所具有的移动性的特点并没有缓解用户对广告的回避倾向，既往消极经验对手机视频用户的广告回避反应影响最大。常明芝（2018）探讨青年群体微信朋友圈信息流广告回避反应及影响因素，发现青年群体对微信朋友圈广告的认知回避最强，行为回避最弱。基于信息流广告形态，郑星妍（2018）发现情境好感度和广告情境一致性对广告的感知侵扰存在一定的交互作用。

关于广告回避的驱动因素，自斯派克和埃利奥特（1997）提出传统媒体中广告回避行为四类预测因素（媒体相关、广告感知、沟通问题和人口统计学）

以来，学术界对广告回避的驱动因素进行不断探索。随着学者们不断深入探究，研究发现对广告的态度、负面反应等会导致用户的广告回避意图。本章对已有研究中关于广告回避驱动因素在部分传播媒介情景中的分类进行了归纳整理（如表 4-2 所示）。

表 4-2　广告回避的驱动因素

回避情景		回避前因	相关文献
传统媒体	环境	年龄、收入、种族、教育程度、家庭规模、婚姻状况、性别和工作状况、居住国家、媒介代际	Rojas-Méndez et al.，2009；Speck and Elliott，1997；van der Goot et al.，2018
	个人	广告感知（有用、可信、过度）、感知效用、刺激、广告态度（促进消费、广告的正面效应、全球态度）、怀疑	Huh et al.，2015；Rojas-Méndez et al.，2009；Speck and Elliott，1997
	媒体	媒体使用、媒体使用的广度和态度	Speck and Elliott，1997
	广告	搜寻阻碍、干扰和分心、广告内容、广告插播特点	Cho and Cheon，2004；Speck and Elliott，1997；Wilbur，2016
互联网	环境	不同文化背景、媒介代际、年龄、收入、教育、家庭规模、婚姻状况、就业、种族、性别	Bang et al.，2018；Seyedghorban et al.，2016；van der Goot et al.，2018
	个人	感知广告杂乱、广告可信度、认知需求、风险承担倾向、广告参与、先前的负面体验、态度矛盾性	Bang et al.，2018；Cho and Cheon，2004；Jin and Villegas，2006；Seyedghorban et al.，2016
	媒体	媒体使用量、媒体使用的广度、对媒体的态度	Bang et al.，2018
	广告	感知目标障碍、广告任务相关性、广告显著性	Bang et al.，2018；Cho and Cheon，2004
移动设备	环境	广告接受情景、媒介代际	Rau et al.，2013；van der Goot et al.，2018
	个人	感知牺牲、感知效用、态度、感知娱乐	Okazaki et al.，2012；Shin and Lin，2016
	媒体	—	—
	广告	无处不在、个性化策略、感知目标障碍	Okazaki et al.，2012；Rau et al.，2013；Shin and Lin，2016

回避情景		回避前因	相关文献
社交媒体	环境	媒介代际、父母积极的调节、同龄人的沟通	van der Goot et al.，2018；Youn and Kim，2019
	个人	广告怀疑论、隐私关注、顾客的视觉注意力、自我报告记忆（回忆）、对杂乱的感知、对负面体验的预期、赞助欺骗性感知、对广告的负面口碑、对隐私关注和控制、消极的情感反应	Kelly et al.，2010；Muñoz-Leiva et al.，2019；Youn and Kim，2019
	媒体	广告媒介怀疑论、对广告媒介的态度	Kelly et al.，2010
	广告	广告相关性、广告价值、目标感知障碍、广告干扰性	Kelly et al.，2010；Youn and Kim，2019

1. 广告回避与环境

环境代表个人和广告所处的空间，是一系列复杂变量的组合，这些变量可能很难具体分析，因为涉及现实的（如广告所在的位置）和社会的（如文化背景、社会关系）因素。已有研究关注了人口统计变量、文化背景、社会变量（父母与同辈影响等）这些环境因素。例如，斯派克和埃利奥特（1997）发现年龄和收入是跨媒体的最佳人口预测因素，而性别对广告回避并无显著影响；但罗贾斯·门德斯等人（2009）在跨文化研究中却发现男性更多地使用机械回避方法，而女性更多地使用身体回避方法。撒亚豪彬等人（Seyedghorban et al.，2016）对赵和郑（2004）关于互联网广告回避研究进行了复制和延展，发现原来的广告回避模型适用于不同的文化和样本群体，即文化差异对广告回避并无显著影响。由于人口统计相关变量对广告回避的影响，学界没有达到统一的看法，大部分研究是将其作为控制变量。此外，宥和基姆（2019）发现父母和同辈沟通这些社会环境因素都会影响青少年在社交媒体中的广告回避，父母的调解对青少年广告回避有积极的影响，同龄人的交流使青少年对广告行为不那么挑剔。在研究广告回避时，环境不仅提供了广告的接受情景，而且还营造了用户的文化背景和社会关系，从而影响着用户的广告回避行为和意图。

2. 广告回避与个人

个人关于广告的认知和情感都会影响广告回避。当个人感觉广告过多、杂乱、无用或者个人基于他们先前的负面经历、对广告的负面态度，都会使得他们有意或无意产生回避广告的行为或者意图（刘鲁川等，2018）。例如，斯派克和埃利奥特（1997）、赵和郑（2004）、茜恩和林（2016）、撒亚豪彬等人（2016）研究不同情景中的广告回避时，发现广告感知（有用、可信、过度、有趣、烦人、浪费时间）、感知效用、刺激、先前的负面体验都会导致广告回避。用户在认知上（即意识和兴趣）、情感上和身体上（即用户发起的互动）的广告参与会减少广告回避（Bang et al.，2018）。此外，用户对广告的矛盾态度也会影响广告回避（Huh et al.，2015；Jin & Villegas，2006；Okazaki et al.，2012；Rau et al.，2013；Rojas-Méndez et al.，2009；Youn & Kim，2019），广告促进消费、对广告的正面效应及积极的广告态度与较低的广告回避有关（Rojas-Méndez et al.，2009），但广告涉及隐私、用户对广告的消极态度都会导致广告回避（Baek & Morimoto，2012；Youn & Kim，2019）。随着传播媒体的种类越来越多，信息技术、大数据的发展，用户越来越关注隐私问题，用户对于广告的认知和情感也越来越复杂，在研究广告回避问题时，越来越多的研究将个人对于广告的抵制和广告回避联系起来。

3. 广告回避与媒体

媒体因素是指所有影响广告回避与媒体相关的因素，媒体作为广告呈现的传播媒介，媒体的使用、媒介使用的广度及对媒体的态度都会对广告回避产生影响。例如，斯派克和埃利奥特（1997）研究杂志、报纸、广播和电视这四种媒体中广告回避的预测因素时，发现与媒体相关的变量中最重要的是媒体使用的广度，媒体的使用和对媒体的态度都对广告回避有影响。通过焦点小组及深度访谈，凯莉等人（2010）发现当用户对广告媒介持怀疑态度时，在线社交网络环境中的广告更有可能被回避。随着媒体形式和内容的多样化，广告的种类和形式也越来越多，用户对媒体的使用及媒体是否支持用户的互动等，将会给广告回避带来更为复杂的影响，也为商家带来了新的机遇与挑战。

4. 广告回避与广告

广告作为回避的对象，其本身的特点也会影响用户的广告回避。广告相关因素不仅包括广告的内容、插播特点、相关性和价值，还包括广告对搜寻目标的阻碍和干扰。目前关于广告对广告回避的影响有了一定的研究。例如，斯派克和埃利奥特（1997）、赵和郑（2004）、邦等人（2018）、茜恩和林（2016）发现搜寻障碍或感知目标障碍是广告回避的重要影响因素。通过比例风险模型，威尔伯（Wilbur，2016）研究表明广告回避与广告内容有关，而且广告回避往往会随着反复接触同一广告而增加，凯莉等人（2010）也认为与用户不相关的广告更有可能被回避。宥和基姆（2019）研究社交媒体中广告干扰对广告回避的影响，当脸书用户感知到其新闻推送的广告具有侵入性时，他们会对使用它的自由感到更大的威胁，对在广告中暴露表现出更多的负面认知，体验到更强烈的愤怒，这些造成用户在认知上回避广告，但不能显著带来行为上回避广告。随着信息技术的发展，出现了越来越多的个性化广告，这些广告关联性强，可能会吸引顾客观看但也可能会让顾客担心隐私泄露或其他原因而抗拒广告。

综上所述，我们可以看出广告回避的驱动因素包含四个方面，即环境、个人、媒体和广告。环境中的一些变量（如人口统计）对广告回避的影响，学术界并未达成统一意见，其他变量（跨文化背景、社会氛围等）还有待进一步研究。个人的广告感知和态度等情感认知方面对于广告回避的影响也具有复杂性。媒体的使用量、使用的广度、对媒体的态度和广告媒介怀疑论对广告回避有影响。广告本身的特点和与用户的相关性也会对广告回避有影响。

4.4 理论基础、研究模型与研究假设

4.4.1 理论基础

4.4.1.1 信息论

信息论（Information Theory）指出，信息在传播的过程中会受到噪声的干扰（Shannon，1948）。用户使用移动社交媒体本质上就是接触媒介中的各种信息以满足他们的社交需求。当用户遇到广告，某种程度上来说，广告就是一种"噪声"干扰，广告会对用户搜索社交信息产生一定的影响。从信息传播和信息沟通方面考虑，广告可能会导致三个与广告相关的沟通问题：广告可能会阻碍人们对媒体信息内容的搜索；广告干扰或侵犯非广告内容时，广告可能会让处理媒体信息内容的用户分心；当广告迫使人们停止阅读、观看或收听想要的内容时，广告可能会完全扰乱处理媒体信息的过程（Speck & Elliott，1997）。在研究传统媒体中广告回避行为时，斯派克和埃利奥特（1997）指出，用户对广告有更积极的信念（认为广告有用、有趣、可信）与减少的广告回避有关，而更强烈的消极信念（认为广告恼人、过多、浪费时间）则导致更多的回避。这种结果模式在几乎所有的后续研究中都被发现，包括在网络环境下的行为研究。在研究网络中的广告回避时，赵和郑（2004）的研究表明，目标感知障碍、广告杂乱和缺乏实用性与广告回避呈正相关。凯莉等人（2010）在研究社交媒体广告时，证实了广告相关性与回避有关。同伴群体交流和互动是人类的一种基本特征，这是产生于人类基本的心理、社会和实际需要（Moschis，1987）。在互动交流的过程中，同龄人会将他们自身对待广告的态度和行为的标准传递给对方，人们可以通过这些标准来衡量或调整自己的信念和行动。而这种同伴影响和广告互动也会对广告信息传播产生影响，这些因素会影响用户对广告信息的了解，提高信息传输的可靠性，进而会对用户的广告态度产生影响。

信息论说明了信息传播的信息源、渠道、受众等对信息有效性的影响。考虑到用户使用移动社交媒体的特性，受众本身的因素、社交媒介的因素和信息

传播过程的因素都会对用户最终的广告回避行为产生影响。因此，本章选取信息论作为探究广告互动、广告相关性、接收情境合适性、广告态度、同伴影响、信息过载和回避行为关系间的理论基础。

4.4.1.2　心理抗拒理论

心理抗拒理论（Psychological Reactance Theory）认为，个人会采取行动对抗自由威胁，以此保证他们的自主性（Brehm & Brehm，1981）。该理论解释了人们面对外来信息时的心理反应，当他们认为外来信息给他们自身观点或行为带来威胁时，他们就会采取抵制措施以保持自身行为或心理的自主。用户使用社交媒体时，广告信息可能会干扰他们接收社交信息，给他们在社交媒体上的自由活动带来一定的阻碍，若用户认为广告威胁到了他们想要的媒体内容的自主性时，他们会采取行动对抗广告。

在研究社交媒体广告时，常常会基于心理抗拒理论解释回避行为。因为个人使用社交媒体的初衷是希望进行社交的相关活动，例如个人使用脸书可以与朋友分享自己的动态信息，当脸书中出现广告时，他们感知到他们的自主选择被广告信息所侵犯，可能就会采取对抗的方式（广告回避），以确保自己在获取社交信息时保持自主地位。基于心理抗拒理论，宥和基姆（2019）构建了脸书新闻订阅广告回避的概念模型，该模型阐明抗拒作为广告回避机制的心理过程。该模型突出三个与反应相关的前因：避免广告的自主性、广告的侵扰性，以及对脸书使用的自由威胁，采用消极认知和愤怒的概念来评估抗拒，将认知回避和行为回避作为抗拒的结果。研究结果显示，用户感知到的自主性降低他们对广告干扰的感知，广告侵扰和威胁使用脸书对抗拒有积极影响，抗拒影响广告回避。

随着大数据的发展，大多数营销人员依赖消费者数据库来开发与用户相关的、更有针对性的广告信息，而这些广告可能会引发侵犯用户隐私方面的问题。心理抗拒理论指出，当人们感知到自由行为受到限制或被消除时，他们往往会经历抗拒，并被激励去修正违拗的态度和被限制的行为，以重申他们的自由和自主性。也就是说，抗拒来自对个人选择自由的外部威胁（Brehm & Brehm，1981）。该理论可以解释为什么人们抵制不必要的广告说服，当用户看见一些与个人关联性很高的广告时，他们可能觉得个人信息被滥用、自己的隐私受到了侵犯，高度个性化的广告信息可能会让他们担心自己失去控制私人信息使用的自由。出于心理抗拒方面的考量，他们可能会抵制广告、回避广告。用户接触媒介中的信息，如果他们对媒介产生怀疑，他们就会抵制媒介中的信息，以实现自由。

心理抗拒理论说明了心理抗拒对用户广告回避行为的影响。考虑到用户使用移动社交媒体的特性，受众本身的因素、社交媒介的因素都会对用户最终的广告回避行为产生影响。因此，本文选取心理抗拒理论作为探究媒介怀疑、隐私担忧、信息过载和广告回避行为关系间的理论基础。

4.4.2 研究模型

用户在接触广告信息并对其做出反应时，会受到信息源（广告）、传播媒介（移动社交媒体）和信息接收者（受众）的影响，在这个过程中用户心理活动也会不断发生变化。因此，本章将信息论和心理抗拒理论相结合，考虑到广告、媒介、受众和环境对用户广告回避行为的影响，构建移动社交媒体用户广告回避理论模型，如图4-1所示。

该模型分为两部分：

（1）在用户接触移动社交媒体广告的研究情景中，考虑信息源（广告互动和广告相关性）、传播媒介（媒介怀疑）和受众（态度、同伴影响和信息过载）三个层面对广告回避的影响。

（2）探究接收情境合适性对广告互动、广告相关性和广告回避关系的调节效应，隐私担忧对态度、同伴影响、信息过载和广告回避关系的调节作用。

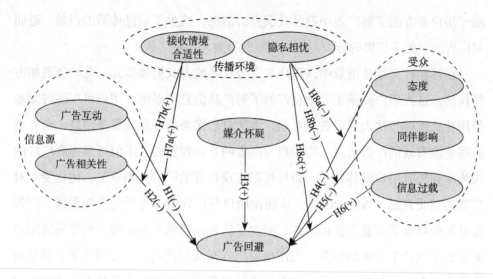

图 4-1　研究理论模型

4.4.3　研究假设

4.4.3.1　广告互动

广告互动是指用户与广告商或者其他用户针对广告产生的各种互动交流行为（Jin & Villegas，2006）。从单向的广告信息传播推销到现在双向的广告信息互动，移动社交媒体相较于其他媒介具有高互动性的特点，其中的广告形式和内容（如植入广告、视频广告等）更加丰富，往往更容易吸引用户的注意，调动他们的积极性并使其参与其中。用户可以通过点赞、评论在好友或者企业的动态下进行互动交流，也可以通过转发分享在自己的动态中。除了自己与广告互动外，用户还可以看到关注者或其他用户与广告的互动内容。

根据信息论，随着互动的增加，广告信息在传播中的"噪声"会降低，信息接收者（用户）会对广告信息的了解更加全面。广告互动越多，用户更容易频繁地看到这些互动的信息，在移动社交媒体中，用户不仅可以看到自己与广告的互动记录，甚至可以查看其他用户与广告的互动信息。互动内容的增加有助于用户多方面了解广告中商品或服务的信息，减少了信息传播的误差，进而对广告产生更多积极的行为，减少消极的行为（回避广告）。

在移动社交媒体情景中，用户与广告互动的方式更加多元，互动也更加方便快捷。这为用户提供了一个良好的了解产品信息的渠道，用户可以随时随地使用社交媒体与他人或广告商互动，询问自己需要的产品或服务信息，全方位获得更多有效的广告信息。当用户与广告的互动性提高，不但可以提高广告的曝光率和提升用户的体验感，而且可以实现良好的广告传播效果，优化受众对广告的接受意愿（Wu，2016），从而使用户与广告的参与行为更加积极。广告互动增强降低了信息传播的噪声，减少了广告信息的不确定性，更容易使用户对广告信息产生积极的行为。当用户与广告互动较低时，一方面可能是部分用户本身不喜欢参与互动；另一方面可能是部分用户对广告本身持中立或者负面的抵制情绪，他们可能认为广告互动干扰到他们进行其他的社交互动，不愿意参与广告互动。在这种情况中，用户越不愿意与广告互动，就越容易采取消极的行为来对抗广告，尽量回避广告，使自己获得使用社交平台的自由。故，基于信息论，提出如下假设：

H1：广告互动对广告回避具有负向影响。

4.4.3.2 广告相关性

广告相关性是指用户在遇到移动社交媒体广告时会评估广告信息能否满足他们需求的心理过程（Jung，2017），反映了用户对移动社交媒体广告效用的感知（Li et al.，2020）。当广告信息与用户相关时，他们会引发自我参照的想法，从而能够更好地理解和运用这些信息，在决策上花费更少的时间，并且与非自我参照的信息相比，更喜欢这些信息。当广告信息与用户不相关时，这些信息会占用用户更多的注意力，分散他们预期想要获取的社交信息的时间和精力。已有研究指出，广告与用户的相关性是导致回避行为的主要驱动因素（Kelly et al.，2010），广告相关性越高越有助于降低用户的负面反应（Kumar et al.，2016）。

根据信息论和心理抗拒理论，广告信息与其他信息关联性高时会降低传播中的"噪声"，信息的内容便于用户理解接收，对于广告信息侵犯其他社交信息获取的感知也会降低。根据刺激—反应理论，用户在移动社交媒体上看见广告时会受到广告信息带来的刺激，这种广告信息的刺激有可能是积极的，也有可能是消极的。当移动社交媒体广告与用户关联度较高时，能够给用户带来视觉或心理上的享受，替代性地满足了用户的需求，这种广告信息的刺激就偏向于积极的，用户对广告所采取的行为会更加积极；反之，若广告与用户当前的需求关联度不高时，广告就会是一种噪声干扰，妨碍了用户的需求满足，为了保证自身在社交媒体的自主性，用户就会对广告采取负面的行为，回避广告以重获自身行为的自由。故，基于信息论和心理抗拒理论，提出如下假设：

H2：广告相关性对广告回避具有负向影响。

4.4.3.3　媒介怀疑

媒介怀疑是指用户对媒体平台（媒介）持怀疑看法，他们不信任从媒介中获得的信息（Kelly et al.，2010）。信任不仅在经济交易活动中至关重要，而且也是社交中一个重要的要素。在经济活动中，只有交易双方相互信任，交易活动才能顺利进行；而在社交中，对媒介的信任会引起人们使用该媒介的反应。当用户对媒介越信任时，他们越会频繁地使用该媒介；反之，当他们对媒介产生怀疑时，可能就会减少使用甚至放弃使用该媒介。移动社交媒体平台提供了一个人人都可以发表信息的沟通渠道（Kelly et al.，2010），已有研究表明，广告在被认为不值得信赖的媒体中观看时，广告的可信度较低，用户会减少观看广告，广告媒介可靠性会对广告回避产生影响（Kelly et al.，2010；谢振宇和林徐，2016），奥伯米勒等人（Obermiller et al.，2005）的研究结果也支持由于怀疑而导致的广告回避。

媒体的可信度会影响用户如何看待媒体所提供信息的可信度（Moore & Rodgers，2005），如果用户怀疑媒体，他们就不太可能关注该媒体上的内容或广告（Johnson & Kaye，1998）。移动社交媒体种类繁多，用户可能会使用多个不同的社交媒体，当用户对某个移动社交媒体应用产生怀疑时，他们对该社交媒体应用上的销售信息（如各种类型的广告）就会怀疑，采取回避措施来抵制广告和该社交平台。反之，用户若认为某个移动社交媒体应用是可靠的，他们在该应用中的活动就可能会更活跃，也会更愿意使用该社交应用和观看应用上的信息，对该媒介的广告信息也不会过于抗拒，相应的也会减少回避行为。故，基于心理抗拒理论，提出如下假设：

H3：媒介怀疑对广告回避具有正向影响。

4.4.3.4 态 度

态度是指用户对于媒体中出现的广告所持有的心理倾向或情感反应（Huh et al.，2015）。从信息传播的角度看，用户控制着信息流，他们对广告的态度成为是否屏蔽或者何时接收信息的关键因素（Speck & Elliott，1997）。先前的研究证实了积极态度—行为的关系（Bush et al.，1999），即对对象（广告）的积极态度倾向会导致更多的积极行为（点击、观看广告）及更少的消极行为（回避广告）（Chinchanachokchai & de Gregorio，2020；De Gregorio & Sung，2010；Rojas-Méndez et al.，2009）。在用户接触移动社交媒体广告时，若他们对广告的态度持有较为积极的看法，他们更愿意也更有可能观看广告；反之，态度偏向于消极时，他们可能会采取删除、屏蔽广告等形式来抵制广告。

目前，学者们在不同媒介中研究态度对广告回避的影响取得了不错的成果。在研究传统媒体中广告回避问题时，罗贾斯·门德斯等人（2009）采用跨文化研究，发现在电视广告中对广告的整体消极态度在解释机械回避时很重要；同样，胡等人（2015）采用调查的方式探究消费者的情感变量对杂志、报纸、广播和电视中广告回避的影响，结果显示，回避与态度直接相关。在研究移动广告回避问题时，冈崎等人（2012）利用感知普遍性来检验移动广告回避，发现消费者对广告的态度对删除广告意愿产生负面的影响。在研究社交媒体平台上广告回避问题时，钦查纳·乔克柴和德·格雷戈里奥（2020）采用消费者社会化框架证实消费者对社交媒体广告的总体态度对广告回避起中介影响作用，对社交媒体平台广告的态度负向影响广告回避。根据心理抗拒理论，在用户参与移动社交媒体过程中，用户的态度越消极，越容易感知广告的干扰和侵犯，进而采取保护性应对策略来回避广告；而当用户对广告抱以积极的态度，他们对广告侵犯个人社交自由的感知程度就会减少，进而减少回避广告的行为。故，基于心理抗拒理论，提出如下假设：

H4：态度对广告回避具有负向影响。

4.4.3.5　同伴影响

基于心理、社会和实践的需求，同伴群体互动是人类的基本特征（Moschis，1987），在与同伴沟通交流中，通过衡量同伴的态度和行为，个人会受到同伴的影响并调整自身的信念和行为（Bush et al.，1999）。这种特定群体成员之间的相互影响可以称为同辈效应（Youn & Shin，2019）。不同于其他媒介，移动社交媒体上信息的交流性更强，用户可以更频繁地分享自己的动态或者查看他人的动态。受到同辈效应的影响，用户会在意同伴在移动社交媒体中的行为，从本质上可以看作是一种从众现象，因此，同伴影响会对用户的广告行为产生影响。用户在使用社交媒体时，他们会将同伴作为参考群体更愿意服从同伴的意愿（即遵从同伴的意见和接受同伴提供的信息并采取行动）（Chinchanachokchai & de Gregorio，2020）。已有研究表明，同伴间的交流会使青少年对脸书广告不那么挑剔，增强他们对广告的参与度，削弱其广告回避行为（Youn & Shin，2019）。

移动社交媒体所具有的便利性使得其比传统媒体更可能促进人际关系，用户通过分享信息或者接收他人信息有助于促进对话和其他行动，使移动社交媒体用户和团体更紧密地联系在一起（Taylor et al.，2011）。当用户看见同伴在移动社交媒体上发表评论或转发广告时，他们会更愿意去沟通交流信息。这些沟通的结果将使他们更加紧密地联系在一起，在这个过程中，可能会产生满足感，加强主要参考群体的从属关系，对广告采取和同伴类似的反应，他们可能会变得不那么挑剔广告（不那么抗拒广告），对待广告的行为也更加积极，也更愿意去点击广告。

根据信息论，同伴间频繁的沟通会增加用户对信息的了解程度，有助于广告信息的传播。根据心理抗拒理论，同伴间的交流会使用户觉得广告信息也可以成为一种社交信息，感觉自由被侵犯的程度也会降低。在同伴的影响下，移动社交媒体中的广告就不仅仅代表产品宣传的意义，更多的是满足了用户与同伴交流沟通的社交和归属需求。因此，同伴影响使得用户对待移动社交媒体广告的反应行为更加友好。故，基于信息论和心理抗拒理论，提出如下假设：

H5：同伴影响对广告回避具有负向影响。

4.4.3.6 信息过载

在移动社交媒体情景中，信息过载指的是用户在处理移动社交媒体信息时感到受阻、中断或匆忙的程度（Jones et al.，2004）。移动社交媒体充斥着大量的内容（如状态更新、销售广告信息等），这导致用户需要花费大量的时间和精力去处理他们接收到的信息。由于用户的信息处理能力有限，他们试图将有限的能力集中在他们感兴趣的核心对象上，而不是围绕它的广告。用户使用移动社交媒体的初衷是为了获得社交分享和沟通，但这些广告信息对于社交信息来说就是一种噪声，影响用户交换和处理社交信息的速度，降低他们的社交互动能力。信息过载导致广告销售信息降低其他社交信息的可用性，造成社交信息处理中断的情况。在这种情况下，用户往往会逃避广告，将自己的精力放在社交上。已有研究表明，当社交媒体中出现广告时，用户感知到他们的自主选择被广告信息所侵犯，可能就会采取回避等形式对抗广告来保证自主选择权的实现（Youn & Kim，2019）。

当移动社交媒体出现信息过载时，用户可能无法使用注意力去回应所有的信息，根据心理抗拒理论，用户为了恢复他们对社交信息的自主权，实现社交的自由，他们会选择回避干扰源（广告）的方式来集中精力应付社交信息，满足他们的社交需求，达到使用移动社交媒体的初衷。故，基于信息论和心理抗拒理论，提出如下假设：

H6：信息过载对广告回避具有正向影响。

4.4.3.7　接收情境合适性

接收情境是指用户接收广告所处的时间或空间等情境（Rau et al., 2013）。移动设备具有随时随地接收信息的特点，用户使用社交媒体不受时间和空间的限制，这一属性使得移动社交媒体面临着多种使用情景。例如，劳伊等人（2013）在研究移动手机广告回避时，发现高认知负荷的接收情境显著缩短广告的阅读时间和回忆，提高感知的侵入性，以及行为的回避和抗拒。不同于传统的媒介和网络媒介，移动社交媒体的广告接收情境更加丰富。

在移动社交媒体情境中，用户可以随时终止、切换不同应用程序，也可以一边做其他事情一边使用设备。从心理抗拒理论出发，移动社交媒体这一特点使得用户在时间、空间上使用社交媒体拥有高度的自主性，他们可以根据接收情境的合适性考虑是否与广告进行互动。当用户遇到社交媒体广告时，在用户与广告互动时，会考虑在该情境下是否与广告互动及采用什么样的方式进行互动，若接收情境合适性较高，他们会更愿意与广告互动，进而减少回避行为（廖秉宜等，2022）。因此，接收情境合适性较高会增强广告互动对广告回避的影响。故，基于心理抗拒理论，提出如下假设：

H7a：广告互动与广告回避之间的负向关系会受到接收情境合适性的调节，当接收情境合适性较高时，这种负向关系会变强。

在合适性较高的接收情境下，用户会增加对广告的记忆（Zanjani et al., 2012），在这种情境下，当用户接收到更符合自身需求的广告时，他们会对广告做出积极地反应。因此，提出如下假设：

H7b：广告相关性与广告回避之间的负向关系受到接收情境合适性的调节，当接收情境合适性较高时，这种负向关系会变强。

4.4.3.8　隐私担忧

移动社交媒体平台提供了一个人们可以自由发表信息的沟通渠道（Kelly et al.，2010），随之而来的是其中个人信息的安全问题。隐私担忧是指用户感知隐私丧失所带来的负面后果而产生的焦虑心理状态（Taylor et al.，2011）。用户对于隐私的关注程度是通过从披露信息中获得的利益和风险来衡量的，即当他们意识到披露信息的利益大于带来的危害时，他们更可能暴露自己的个人信息（Baek & Morimoto，2012；Culnan & Armstrong，1999）。反之，如果他们认为披露信息的利益比不上带来的危害时，他们可能会回避暴露自己的信息，以达到一种行为自由的状态（杨嫚和温秀妍，2020）。根据心理抗拒理论，用户对感知隐私泄露风险的担忧会让他们感到社交信息、社交自由受到威胁，这会增强他们的心理抗拒从而使其产生拒绝广告信息的行为（巢乃鹏等人，2020）。

当用户看见移动社交媒体中的广告时，他们会思考为什么会接收到这些广告？社交平台可能利用他们在平台产生的浏览记录等隐私信息，使得广告商对他们推送个性化广告。即移动社交媒体中的广告实际上引起了用户感知到个人隐私存在泄露的风险。当用户意识到媒体平台利用其个人信息进行个性化广告推荐时，他们可能会对这些广告产生强烈的负面态度，进而产生广告回避行为（Kelly et al.，2010）。已有研究表明，在社交媒体中，隐私担忧会导致用户对广告产生消极态度和行为（Lin & Kim，2016；Taylor et al.，2011）。

根据心理抗拒理论，用户看见移动社交媒体广告时，他们可能会猜测该广告为何会出现在自己的移动社交媒体页面，是不是平台泄露了自身的位置信息或者搜索、浏览记录信息。他们感知自身隐私安全受到侵犯的程度越高或越容易被侵犯时，对于广告的态度就会更加消极，也就越抗拒广告。当用户对隐私安全特别担忧时，面对移动社交媒体上的广告，他们就会怀疑平台将他们的浏览习惯、搜索信息提供给了广告商，并在他们使用移动社交媒体时出现大量广告，他们就会更容易对广告产生消极的态度和回避广告的行为。因此，用户的隐私担忧会削弱态度对广告回避的影响。故，基于心理抗拒理论，提出如下假设：

H8a：态度和广告回避之间的负向关系会受到隐私担忧的调节，当隐私担忧较强时，这种负向关系会变弱。

在社交媒体情景中，面对个性化的广告，用户可能会疑惑广告为何会出现在个人的社交平台上，是不是平台窃取了个人与同伴的交流信息（Kelly et al., 2010），从而对广告产生消极的反应。因此，隐私担忧对同伴影响与广告回避之间的关系具有调节作用，强烈的隐私担忧会削弱同伴影响对广告回避的影响。故，提出如下假设：

H8b：同伴影响和广告回避之间的负向关系会受到隐私担忧的调节，当隐私担忧较强时，这种负向关系会变弱。

在移动社交媒体情景中，海量的信息（即信息过载）会影响用户的行为。由于用户时间、资源的限制，他们更希望利用社交媒体平台达到自身社交的需求，当他们意识到媒体中的部分信息侵犯了自身的隐私，出于对隐私安全的担忧，他们会选择忽略或删除这些信息来保护自身隐私。因此，隐私担忧对信息过载与广告回避之间的关系具有调节作用，强烈的隐私担忧会增强信息过载和广告回避的影响。故，提出如下假设：

H8c：信息过载和广告回避之间的正向关系会受到隐私担忧的调节，当隐私担忧较强时，这种正向关系会变强。

4.5　研究过程

4.5.1　数据来源和样本

本章的研究对象是移动社交媒体广告，所以选择的调查对象是使用移动社交媒体的用户，即所有研究数据均来自使用微信、微博、抖音等移动社交媒体的用户样本。鉴于此，主要采用线上的调查方式（借助问卷星平台），辅之以线下填写问卷方式。为保证问卷的准确性，本次调查采取了50人小样本的预调研，预调研共发放并回收问卷50份，有效率为100%。在确保问卷可靠性的基础上，按照结构方程模型大样本分析的要求，有效问卷的数量应该达到问题题项的 10 倍以上。本次调查的问题题项为 29 个，因此有效样本数应该大于 300 份。大样本调查共发放 556 份，通过问卷第一部分设置的"您是否收到并浏览过移动社交媒体广告"这一筛选问题，筛选出接触过移动社交媒体广告的样本信息，同时删除了其中一些未认真填答样本的信息（如所有题答案选择相同），最后得到 510 份有效问卷，有效率为 91.73%，有效率符合要求，并以此进行统计分析。

本问卷主体包括测量题项调查和人口统计变量调查两部分。问卷首先对移动社交媒体和移动社交媒体广告进行解释说明并设置筛选题项，只有拥有收到并浏览过移动社交媒体广告经历的用户才能参与回答问卷主体内容。关于测量题项部分的调查，问卷包含 9 个变量，每个变量 2~4 个题项，共有 29 个题项，被访者结合自身真实体验和感受回答问题。关于人口统计变量部分的调查，主要包括性别、年龄等基本个人信息，以确保调查的覆盖率及样本的合理性。

为样本检验时间趋势上无应答偏差（Li et al., 2016），本研究在 SPSS20.0 软件中将数据前 50 份和后 50 份之间的每个项目进行 t 检验，结果显示，变量在两组组间并无显著差异（所有 p 值 > 0.10），表明本调查中无严重的应答偏差问题。

4.5.2 变量测量

本次调查问卷的题项均采用李克特五级量表进行测量，范围从非常不同意（1）到非常同意（5）。本次研究设计的变量主要有 9 个变量，包括广告互动、广告相关性、媒介怀疑、态度、同伴影响、信息过载、接收情景合适性、隐私担忧和广告回避行为。这 9 个变量在关于传统媒介、互联网、社交媒体和移动设备的广告回避研究中，已形成了大量成熟量表。本调查在此基础上结合研究对象（移动社交媒体广告）的特点进行适当改编调整以保证量表的合理可靠。测量量表如表 4-3 所示。

表 4-3　测量量表

变　量	题　项	来　源
广告互动	ai1：当我看见移动社交媒体上的广告时，我会点赞 ai2：当我看见移动社交媒体上的广告时，我会评论 ai3：当我看见移动社交媒体上的广告时，我会转发	Youn & Jin，2017
广告相关性	ar1：移动社交媒体出现的广告符合我的兴趣 ar2：移动社交媒体广告与我个人需求相关 ar3：移动社交媒体广告让我知道我感兴趣的产品或服务	Kelly et al.，2010； Youn & Shin，2019
媒介怀疑	ms1：我认为移动社交媒体中出现广告是不合适的 ms2：我认为移动社交媒体中出现的广告的可信度是值得怀疑的	Kelly et al.，2010
态　度	at1：我觉得移动社交媒体上有广告是好的 at2：我觉得移动社交媒体广告对我来说有利的 at3：我觉得移动社交媒体广告对我来说是有用的 at4：我喜欢移动社交媒体上的广告	Okazaki et al.，2012
同伴影响	pi1：我会和朋友谈论移动社交媒体上的广告 pi2：我会和朋友分享移动社交媒体上的广告 pi3：我会向朋友询问移动社交媒体上的广告信息	Youn & Shin，2019
信息过载	io1：移动社交媒体提供了太多广告信息 io2：移动社交媒体广告太多导致我很难获取其他信息（如社交信息） io3：我在使用移动社交媒体时，收到了太多的广告	Cenfetelli & Schwarz，2011
接收情境合适性	rs1：当我在做其他事情时（如和他人聊天）访问移动社交媒体，可以有广告 rs2：我在乘车时访问移动社交媒体，可以有广告 rs3：当我在等车、排队时访问移动社交媒体，可以有广告	Rau et al.，2013
隐私担忧	pc1：我觉得移动社交媒体上出现广告可能是平台侵犯了我的隐私 pc2：我觉得点击移动社交媒体广告会泄露我的个人信息 pc3：我觉得移动社交媒体会滥用我的信息 pc4：我觉得移动社交媒体平台会在没有我允许的情况下将我的信息与广告商分享	Okazaki et al.， 2012；Youn & Shin，2019
广告回避行为	aa1：通常我会跳过移动社交媒体上的广告 aa2：我会故意忽略移动社交媒体上的广告 aa3：即使我注意到移动社交媒体广告，我也不会点击 aa4：如果可能的话，我想删除或阻止移动社交媒体上的广告	Cho & Cheon，2004

4.6　数据分析与结果

4.6.1　描述性统计分析

4.6.1.1　样本人口统计学特征统计

大样本调研结果显示，在性别结构方面，男性 272 人，占比 53.3%，女性 238 人，占比 46.7%。性别分布与第 47 次《中国互联网络发展状况统计报告》（CNNIC，2020）的网民性别比例（51∶49）基本一致。

在年龄结构方面，18 岁及以下有 15 人，占比 2.9%；19~25 岁有 344 人，占比 67.5%；26~35 岁有 120 人，占比 23.5%；36 岁及以上有 31 人，占比 6.1%。受访者年龄在 19~35 岁占比为 91.0%，这是由于移动社交媒体的主要使用用户年龄层集中在该年龄层（CNNIC，2020）。

在日平均使用移动社交媒体时间方面 2 小时以下有 42 人，占比 8.2%；2 小时（含）～ 4 小时共 190 人，占比 37.3%；4 小时（含）～ 6 小时共 141 人，占比 27.7%；6 小时（含）～ 8 小时共 94 人，占比 18.4%。日平均使用移动社交媒体时间在 2~6 小时占比达 65.0%，说明本次调查的样本在移动社交媒体上的时间投入较多。

在遇到广告频率方面，62.2% 的人经常遇到移动社交媒体广告，33.5% 的人有时遇到移动社交媒体广告，只有 4.3% 的人很少遇到移动社交媒体广告。说明大部分调查样本对移动社交媒体广告有一定的经历，满足后续调查用户对待移动社交媒体广告的反应的要求。

4.6.1.2　各变量的描述分析

各个关键指标的描述性分析详见表 4-4 和表 4-5。由表 4-4 和表 4-5 可知，广告互动均值为 2.333，$p < 0.001$，表明在 0.001 水平上，广告互动均值显著小于 3.000，说明用户在移动社交媒体上广告的互动参与偏低。广告相关性均值为 2.450，$p < 0.001$，表明广告相关性均值显著小于 3.000，说明在移动社交

媒体上的广告与用户相关性程度不高。媒介怀疑均值为 3.606，$p < 0.001$，表明媒介怀疑均值显著大于 3.000，说明当移动社交媒体中出现广告，用户会对媒介产生一定的质疑。态度均值为 2.519，$p < 0.001$，表明态度均值显著小于 3.000，说明用户对于移动社交媒体广告看法较为负面，态度偏消极；同伴影响均值为 2.631，$p < 0.001$，表明在 0.001 水平上，同伴影响均值与检验值 3.000 差异显著，均值差值为负说明同伴间关于移动社交媒体广告的沟通交流并不高；隐私担忧和信息过载的均值分别为 3.853 和 3.759，$p < 0.001$，表明隐私担忧和信息过载的均值均显著大于 3.000，说明用户在移动社交媒体上对于个人隐私非常关注，认为广告信息过多。接收情景合适性均值为 2.412，$p < 0.001$，表明接收情景合适性均值显著小于 3.000，说明用户在不同的情境下收看移动社交媒体，都不太希望有广告，对广告的接受度较低。广告回避均值为 4.002，$p < 0.001$，表明广告回避均值显著大于 3.000，说明用户在移动社交媒体中广告回避行为十分明显。

表 4-4　各关键指数的描述性分析

变　量	题　项	各题项均值	标准差	均　值
广告互动	ai1	2.420	1.098	2.333
	ai2	2.406	1.103	
	ai3	2.175	1.082	
广告相关性	ar1	2.506	0.886	2.450
	ar2	2.278	0.898	
	ar3	2.567	0.948	
媒介怀疑	ms1	3.563	0.936	3.606
	ms2	3.649	0.869	
态度	at1	2.608	0.952	2.519
	at2	2.575	0.905	
	at3	2.614	0.907	
	at4	2.278	0.959	

续表

变　量	题　项	各题项均值	标准差	均　值
同伴影响	pi1	2.802	1.146	2.631
	pi2	2.551	1.146	
	pi3	2.539	1.081	
信息过载	io1	3.771	0.878	3.759
	io2	3.678	0.856	
	io3	3.829	0.836	
接收情境合适性	rs1	2.296	1.058	2.412
	rs2	2.449	1.109	
	rs3	2.492	1.145	
隐私担忧	pc1	3.786	0.812	3.853
	pc2	3.843	0.833	
	pc3	3.910	0.871	
	pc4	3.873	0.832	
广告回避	aa1	4.075	0.779	4.002
	aa2	3.920	0.857	
	aa3	3.943	0.838	
	aa4	4.071	0.863	

表 4-5　单个样本 t 检验

变　量	检验值 = 3.000					
	t	df	Sig.（双侧）	均值差值	差分的 95% 置信区间	
					下限	上限
AI	−14.826	509	0.000	−0.667	−0.755	−0.578
AR	−15.672	509	0.000	−0.550	−0.619	−0.481
MS	16.871	509	0.000	0.606	0.535	0.676
AT	−13.587	509	0.000	−0.481	−0.551	−0.412
PI	−8.143	509	0.000	−0.369	−0.458	−0.280
IO	23.077	509	0.000	0.759	0.695	0.824

变　量	检验值 = 3.000					
	t	df	Sig.（双侧）	均值差值	差分的 95% 置信区间	
					下限	上限
RS	−13.409	509	0.000	−0.588	−0.674	−0.501
PC	26.327	509	0.000	0.853	0.789	0.917
AA	31.264	509	0.000	1.002	0.939	1.065

注：AI= 广告互动，AR= 广告相关性，MS= 媒介怀疑，AT= 态度，PI= 同伴影响，IO= 信息过载，RS= 接收情境合适性，PC= 隐私担忧，AA= 广告回避行为。

4.6.2　信效度检验

4.6.2.1　信度检验

本研究对 9 个变量通过测量问项来评估测量的信度、区分和聚敛效度，通过使用 SPSS 20.0 和 AMOS 17.0 软件进分析，采用克朗巴哈系数来衡量调研数据的信度。一般认为克朗巴哈系数超过 0.8，说明量表信度很高；小于 0.8 但大于 0.6，说明量表信度可以接受；低于 0.6，说明量表信度不好，需要进一步修正量表。

表 4-6　克朗巴哈系数的检验

变　量	克朗巴哈系数	项　数
广告互动	0.919	3
广告相关性	0.839	3
媒介怀疑	0.761	2
态度	0.882	4
同伴影响	0.897	3
信息过载	0.835	3
接收情境合适性	0.877	3
隐私担忧	0.897	4

变　量	克朗巴哈系数	项　数
广告回避	0.890	4
总体	0.801	29

　　首先，使用 SPSS20.0 软件对问卷的总信度进行检验，如表 4-6 所示，问卷总体数据的克朗巴哈系数为 0.801，大于 0.8，说明本次调查收集的样本在总体上具有良好的信度。

　　其次，关于 9 个变量的信度，广告互动的克朗巴哈系数最高为 0.919，媒介怀疑的克朗巴哈系数最低为 0.761，各个变量的克朗巴哈系数均超过 0.7，达到较好的水平，说明各个变量具有良好的信度。因此，本次调查问卷各个变量测量题项指标的内部一致性很高且总体量表信度质量很好，可用于进一步分析。

4.6.2.2　效度检验

　　通常使用 KMO 与巴特利特球形检验 p 值来进行效度研究，用于检测量表各指标变量是否具有效度。一般认为，KMO 统计值取值在 0 和 1 之间，KMO 值越接近于 1，意味着变量间的相关性越强，原有变量越适合做因子分析。KMO 值在 0.9 以上表示非常适合；0.8~0.9 表示适合；0.7~0.8 表示一般；0.6~0.7 表示不太适合；0.5~0.6 表示勉强；0.5 以下表示不适合。且当巴特利特球形检验显著性 p 值小于 0.05 时，通过巴特利特球形检验，说明量表具有效度。研究通过对测量题项进行了马诺克塔克和巴特利特球形检验，结果如表 4-7 所示。

表 4-7　KMO 和巴特利特的检验

取样足够度的马诺克塔克度量		0.932
巴特利特球形度检验	近似卡方	10781.276
	df	406.000
	Sig.	0.000

本次调研 KMO 适度测量值为 0.932，大于 0.6，较适合做因子分析；巴特利特球形检验值为 10781.276，显著性为 0.000，小于 0.001，属于高度显著。通过巴特利特球形检验，说明调研问卷所得出的数据适合做因子分析。通过主成分分析，第一个主成分 < 30%，总的解释力度为 67.944%，说明不存在同源偏差。

在此基础上，进一步检验收敛效度和区分效度。根据表 4-8 所示，所有的因子载荷都在 0.500 以上，并且在 0.001 水平上具有统计学显著性，说明验证性因子分析结果支持了所有变量的收敛效度。如表 4-9 所示，CR 值（Composite Reliability）最低为 0.595，结合表 4-6 中的克朗巴哈系数，再次表明测量模型具有良好的信度。

表 4-8　因子载荷

变　量	题　项	因子载荷[①]
广告互动	ai1	0.706
	ai2	0.731
	ai3	0.707
广告相关性	ar1	0.692
	ar2	0.683
	ar3	0.719
媒介怀疑	ms1	0.674
	ms2	0.627
态　度	at1	0.696
	at2	0.719
	at3	0.706
	at4	0.628
同伴影响	pi1	0.804
	pi2	0.826
	pi3	0.814
信息过载	io1	0.691
	io2	0.770
	io3	0.701

变　量	题　项	因子载荷[①]
接收情境合适性	rs1	0.561
	rs2	0.651
	rs3	0.639
隐私担忧	pc1	0.744
	pc2	0.856
	pc3	0.805
	pc4	0.773
广告回避	aa1	0.713
	aa2	0.734
	aa3	0.670
	aa4	0.650

注：① 所有载荷在 0.001 水平显著。

表 4-9　组合信度

序　号	变　量	组合信度
1	广告互动	0.758
2	广告相关性	0.740
3	媒介怀疑	0.595
4	态　度	0.782
5	同伴影响	0.856
6	信息过载	0.765
7	接收情境合适性	0.649
8	隐私担忧	0.873
9	广告回避	0.786

4.6.3　结构方程模型分析

根据理论模型及研究假设，本研究在 AMOS 17.0 中使用结构方程模型检验假设。为探究广告互动、广告相关性、媒介怀疑、态度、同伴影响、信息过载、接收情境合适性、隐私担忧及广告回避之间的因果关系，通过拟合度、假设检验和中介检验对结构方程模型进行评价。

4.6.3.1　结构方程拟合度检验

为评价结构方程模型的合理性，对所构建结构方程模型的整体拟合度进行评价。一般认为，卡方 / 自由度 < 3 较好，卡方 / 自由度 3 ~ 5 可以接受，卡方 / 自由度 > 5 较差；拟合优度指数、比较拟合指数、检验后续行动项目指数、塔克 – 刘易斯指数越接近 1，整体拟合度越好；近似误差均方根小于 0.050 良好拟合，0.050 ~ 0.080 不错的拟合，0.080 ~ 0.100 中度拟合，大于 0.100 不良拟合。

本研究采用拟合指数中卡方 / 自由度、近似误差均方根、拟合优度指数、比较拟合指数、检验后续行动项目指数、塔克 – 刘易斯指数作为评价指标，结果如表 4-10 所示。其中，卡方 / 自由度值为 2.739，小于 3，处于较好水平，而近似误差均方根为 0.058，处于 0.050 ~ 0.080 区间，属于不错的拟合，拟合优度指数、比较拟合指数、检验后续行动项目指数、塔克 – 刘易斯指数均大于 0.900，属于较好的拟合程度。因此，本研究所提出的模型的整体拟合良好。

表 4-10　拟合指数

拟合指数	卡方 / 自由度值	近似误差均方根	拟合优度指数	比较拟合指数	检验后续行动项目指数	塔克 – 刘易斯指数
数　值	2.739	0.058	0.911	0.957	0.957	0.947

4.6.3.2　结构方程假设检验

如图 4-2 及表 4-11 所示，广告互动和态度对广告回避有显著的负向影响，从而支持 H1 和 H4。媒介怀疑和信息过载对广告回避有显著的正向影响，从而支持 H3 和 H6。同伴影响对广告回避有显著的正向影响，拒绝了 H5。通过实证调查，发现用户对于广告的行为偏负面（广告回避题项的均值大于 3），在这种情况下，同伴间关于广告的沟通交流可能更多是他们对于广告的负面经历。受到从众效用的影响，部分本身对广告行为持积极或中立看法的用户可能会保留自身看法，不在群体中发表个人意见。广告相关性对广告回避的影响不显著，拒绝了 H2。

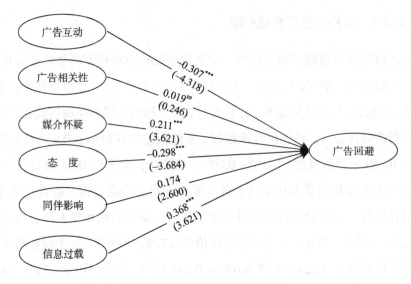

图 4-2　结构方程假设检验结果

表 4-11　结构模型结果汇总表

假设	描述	结果
H1	广告互动对广告回避具有负向影响	支持
H2	广告相关性对广告回避具有负向影响	不支持
H3	媒介怀疑对广告回避具有正向影响	支持
H4	态度对广告回避具有负向影响	支持
H5	同伴影响对广告回避具有负向影响	不支持
H6	信息过载对广告回避具有正向影响	支持

4.6.4　接收情境合适性和隐私担忧的调节效应分析

4.6.4.1　接收情境合适性的调节效应

在过程与分析插件（process）中探究接收情境合适性对广告互动与广告回

避之间关系的调节作用如表 4-12 所示，其中 int-1 的 p 值变化显著性为 -0.7618，因此调节效应不显著，拒绝假设 H7a。

表 4-12　接收情境合适性对广告互动与广告回避之间关系的调节作用

分　类	回归系数	标准误差	t	p	LLCT	ULCT
RS	−0.1850	0.0378	−4.8896	0.0000	−0.2593	−0.1106
AT	−0.2218	0.0376	−5.8940	0.0000	−0.2957	−0.1478
int−1	−0.0075	0.0246	−0.3033	−0.7618	−0.0558	0.0409

在过程软件中探究接收情境合适性对广告相关性与广告回避之间关系的调节作用如表 4-13 所示，其中 int-2 的 p 值变化显著性为 0.0995，因此调节效应显著验证了假设 H7b。

表 4-13　接收情境合适性对广告相关性与广告回避之间关系的调节作用

分　类	回归系数	标准误差	t	p
RS	−0.2327	0.0363	−6.4019	0.0000
AR	−0.2526	0.0446	−5.6601	0.0000
int−2	0.0497	0.0301	1.6504	0.0995

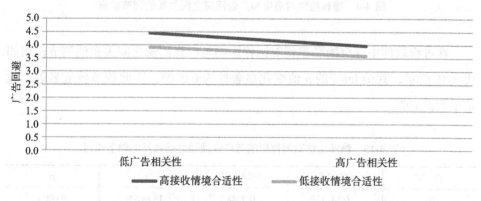

图 4-3　接收情境合适性对广告相关性和广告回避之间关系的调节效应

4.6.4.2 隐私担忧的调节效应

在过程软件中探究隐私担忧对态度与广告回避之间关系的调节作用如表 4-14 所示，其中 int-3 的 p 值变化显著性为 0.0000，因此调节效应显著，验证了假设 H8a。

表 4-14 隐私担忧对态度与广告回避之间关系的调节作用

分 类	回归系数	标准误差	t	p
PC	0.4551	0.0327	13.9178	0.0000
AT	−0.1670	0.0149	−11.1861	0.0000
int−3	0.0774	0.0154	5.0344	0.0000

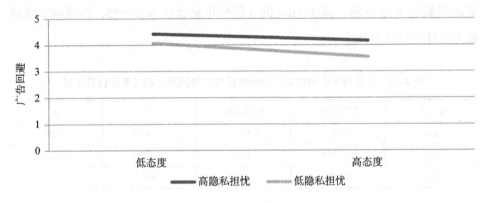

图 4-4 隐私担忧对态度和广告回避之间关系的调节效应

在过程软件中探究隐私担忧对同伴影响与广告回避之间关系的调节作用如表 4-15 所示，其中 int-4 的 p 值变化显著性为 0.0003，因此调节效应显著，验证了假设 H8b。

表 4-15 隐私担忧对同伴影响与广告回避之间关系的调节作用

分 类	回归系数	标准误差	t	p
PC	0.5441	0.0348	15.6463	0.0000
PI	−0.1336	0.0248	−5.3910	0.0000
int−4	0.1069	0.0292	3.6599	0.0003

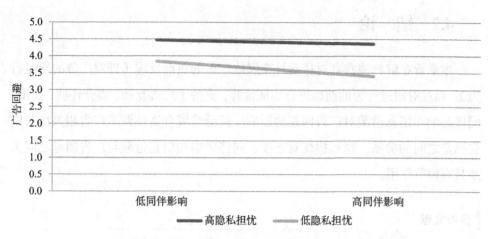

图 4-5　隐私担忧对同伴影响和广告回避之间关系的调节效应

在过程软件中探究隐私担忧对信息过载与广告回避之间关系的调节作用如表 4-16 所示，其中 int-5 的 p 值变化显著性为 0.0000，因此调节效应显著，验证了假设 H8c。

表 4-16　隐私担忧对信息过载与广告回避之间关系的调节作用

分　类	回归系数	标准误差	t	p
PC	0.4122	0.0388	10.6241	0.0000
IO	0.2850	0.0376	7.5801	0.0000
int–5	−0.1432	0.0331	−4.3310	0.0000

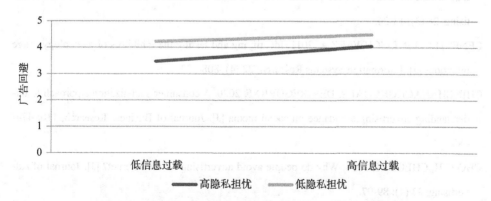

图 4-6　隐私担忧对信息过载和广告回避之间关系的调节效应

4.7 结 论

本章旨在解释消费者对移动社交媒体广告的负面反应（即对广告的回避行为）。通过对回避行为的前因进行实证检验，支持了广告互动、媒介怀疑、态度、同伴影响和信息过载对广告回避的影响。接受情境合适性调节广告相关性与广告回避之间的关系。隐私担忧对态度、同伴影响和信息过载与广告回避之间关系具有调节作用。

参考文献

ANDREONI J, RAO J M, TRACHTMAN H, 2017. Avoiding the ask: A field experiment on altruism, empathy, and charitable giving [J]. Journal of Political Economy, 125 (3): 625-653.

BAEK T H, MORIMOTO M, 2012. Stay away from me: Examining the determinants of consumer avoidance of personalized advertising [J]. Journal of Advertising, 41 (1): 59-76.

BANG H, KIM J, CHOI D, 2018. Exploring the effects of ad-task relevance and ad salience on ad avoidance: The moderating role of internet use motivation [J]. Computers in Human Behavior, 89: 70-78.

BREHM S S, BREHM J W, 1981. Psychological reactance: A theory of freedom and control [M]. New York: Academic Press.

BUSH A J, SMITH R, MARTIN C, 1999. The influence of consumer socialization variables on attitude toward advertising: A comparison of african-americans and caucasians [J]. Journal of Advertising, 28 (3): 13-24.

CENFETELLI R T, SCHWARZ A, 2011. Identifying and testing the inhibitors of technology usage intentions [J]. Information Systems Research, 22 (4): 808-823.

CHINCHANACHOKCHAI S, DE GREGORIO F, 2020. A consumer socialization Approach to understanding advertising avoidance on social media [J]. Journal of Business Research, 110: 474-483.

CHO C H, CHEON H, 2004. Why do people avoid advertising on the internet? [J]. Journal of Advertising, 33 (4): 89-97.

CNNIC, 2020. The 47nd China statistical report on Internet development [EB/OL]. (2021-02-03) [2021-03-21]. http: //www.cac.gov.cn/2021-02/03/c_1613923423079314.htm.

CULNAN M J, ARMSTRONG P K, 1999. Information privacy concerns, procedural fairness, and impersonal trust: An empirical investigation [J]. Organization Science, 10 (1): 104-115.

DE GREGORIO F, SUNG Y, 2010. Understanding attitudes toward and behaviors in response to product placement [J]. Journal of Advertising, 39 (1): 83-96.

DIX S, PHAU I, 2010. Television advertising avoidance: Advancing research methodology [J]. Journal of Promotion Management, 16 (1-2): 114-133.

FRANSEN M L, SMIT E G, VERLEGH P W, 2015. Strategies and motives for resistance to persuasion: An integrative framework [J]. Frontiers in psychology, 6: 1201.

HERVET G, GUÉRARD K, TREMBLAY S, et al., 2011. Is banner blindness genuine? Eye tracking internet text advertising [J]. Applied Cognitive Psychology, 25 (5): 708-716.

HUH J, DELORME D, REID L, 2015. Do consumers avoid watching over-the-counter drug advertisements? An analysis of cognitive and affective factors that prompt advertising avoidance [J]. Journal of Advertising Research, 55 (4): 401-415.

JIN C H, VILLEGAS J, 2006. Consumer responses to advertising on the internet: The effect of individual difference on ambivalence and avoidance [J]. CyberPsychology & Behavior, 10 (2): 258-266.

JOHNSON T J, KAYE B K, 1998. Cruising is believing? Comparing internet and traditional sources on media credibility measures [J]. Journalism & Mass Communication Quarterly, 75 (2): 325-340.

JONES Q, RAVID G, RAFAELI S, 2004. Information overload and the message dynamics of online interaction spaces: A theoretical model and empirical exploration [J]. Information Systems Research, 15 (2): 194-210.

JUNG A R, 2017. The influence of perceived ad relevance on social media advertising: An empirical examination of a mediating role of privacy concern [J]. Computers in Human Behavior, 70: 303-309.

KELLY L, KERR G, DRENNAN J, 2010. Avoidance of advertising in social networking sites [J]. Journal of Interactive Advertising, 10 (2): 16-27.

KUMAR A, BEZAWADA R, RISHIKA R, et al., 2016. From social to sale: The effects of firm-generated content in social media on customer behavior [J]. Journal of Marketing, 80 (1): 7-25.

LI X, GUO X, WANG C et al., 2016. Do buyers express their true assessment? Antecedents and consequences of customer praise feedback behaviour on taobao [J]. Internet Research, 26 (5): 1112-1113.

LI X, WANG C, ZHANG Y, 2020. The dilemma of social commerce [J]. Internet Research, 30 (3): 1059-1080.

LIN C A, KIM T, 2016. Predicting user response to sponsored advertising on social media via the technology acceptance model [J]. Computers in Human Behavior, 64: 710-718.

MOORE J J, RODGERS S L, 2005. An examination of advertising credibility and skepticism in five different media using the persuasion knowledge model [J]. Proceedings of the American Academy of Advertising: 10-18.

MOSCHIS G P, 1987. Consumer Socialization: A life-cycle perspective [M]. Lexington, Massachusetts: Lexington Books, p.533.

MUÑOZ-LEIVA F, HERNÁNDEZ-MÉNDEZ J, GÓMEZ-CARMONA D, 2019. Measuring advertising effectiveness in travel 2.0 websites through eye-tracking technology [J]. Physiology & Behavior, 200: 83-95.

OBERMILLER C, SPANGENBERG E, MACLACHLAN D L, 2005. Ad skepticism: The consequences of disbelief [J]. Journal of Advertising, 34 (3): 7-17.

OKAZAKI S, MOLINA-CASTILLO F J, HIROSE M, 2012. Mobile advertising avoidance: Exploring the role of ubiquity [J]. Electronic Markets, 22 (3): 169-183.

RAU P L P, LIAO Q V, CHEN C, 2013. Factors influencing mobile advertising avoidance [J]. International Journal of Mobile Communications, 11 (2): 123-139.

RESNICK M, ALBERT W, 2014. The impact of advertising location and user task on the emergence of banner ad blindness: An eye-tracking study [J]. International Journal of Human-Computer Interaction, 30 (3): 206-219.

ROJAS-MÉNDEZ J I, DAVIES G, MADRAN C, 2009. Universal differences in advertising avoidance behavior: A cross-cultural study [J]. Journal of Business Research, 62 (10): 947-954.

SEYEDGHORBAN Z, TAHERNEJAD H, MATANDA M J, 2016. Reinquiry into advertising avoidance on the internet: A conceptual replication and extension [J]. Journal of Advertising, 45 (1): 120-129.

SHANNON C E, 1948. A mathematical theory of communication [J]. The Bell System Technical Journal, 27 (3): 379-423.

SHANNON C E, 1949. The mathematical theory of communication [M]. Urbana: University of Illinois Press, p. 125.

SHIN J, SHIN M, 2016. To be connected or not to be connected? Mobile messenger overload, fatigue, and mobile shunning [J]. Cyberpsychology, Behavior, and Social Networking, 19 (10): 579-586.

SHIN W, LIN T T C, 2016. Who avoids location-based advertising and why? Investigating the relationship between user perceptions and advertising avoidance [J]. Computers in Human Behavior, 63: 444-452.

SPECK P S, ELLIOTT M T, 1997. Predictors of advertising avoidance in print and broadcast media [J]. Journal of Advertising, 26 (3): 61-76.

TAYLOR D G, LEWIN J E, STRUTTON D, 2011. Friends, fans, and followers: Do ads work on social networks? How gender and age shape receptivity [J]. Journal of Advertising Research, 51 (1): 258-275.

VAN DEN BROECK E, POELS K, WALRAVE M, 2018. An experimental study on the effect of ad placement, product involvement and motives on facebook ad avoidance [J]. Telematics and Informatics, 35 (2): 470-479.

VAN DER GOOT M J, ROZENDAAL E, OPREE S J, et al., 2018. Media generations and their advertising attitudes and avoidance: A six-country comparison [J]. International Journal of Advertising, 37 (2): 289-308.

WILBUR K C, 2016. Advertising content and television advertising avoidance [J]. Journal of Media Economics, 29 (2): 51-72.

WU L, 2016. Understanding the impact of media engagement on the perceived value and acceptance of advertising within mobile social networks [J]. Journal of Interactive Advertising, 16 (1): 59-73.

YOUN S, JIN S V, 2017. Reconnecting with the past in social media: The moderating role of social influence in nostalgia marketing on pinterest [J]. Journal of Consumer Behaviour, 16 (6): 565-576.

YOUN S, KIM S, 2019. Understanding ad avoidance on facebook: Antecedents and outcomes of psychological reactance [J]. Computers in Human Behavior, 98: 232-244.

YOUN S, SHIN W, 2019. Teens' responses to facebook newsfeed advertising: The effects of cognitive Appraisal and social influence on privacy concerns and coping strategies [J]. Telematics and Informatics, 38: 30-45.

ZANJANI F, KRUGER T, MURRAY D, 2012. Evaluation of the mental healthiness aging initiative: Community program to promote awareness about mental health and aging issues [J]. Community Mental Health Journal, 48 (2): 193-201.

常明芝，2018.青年群体微信朋友圈信息流广告回避反应及影响因素研究 [J]. 东南传播（10）：120-125.

巢乃鹏，赵文琪，秦佳琪，2020.行为定向广告回避的影响机制研究 [J]. 当代传播（6）：94-99.

陈素白，曹雪静，2013.网络广告回避影响因素研究——基于 2012 伦敦奥运网络广告投放的实证分析 [J]. 新闻与传播研究，20（12）：52-65，120.

段秋婷，2017.手机广告回避反应测量量表的修订与应用 [D]. 厦门：厦门大学出版社 .

段秋婷，吴婷，2021.时间压力与任务复杂度对网络广告回避的影响——基于情境理论的路径 [J]. 现代传播（中国传媒大学学报），43（2）：135-140.

樊潮,2020.微信朋友圈信息流广告回避行为的影响机理研究 [M]. 北京:北方工业大学出版社 .

李彪，2019.信息流广告：发展缘起、基本模式及未来趋势 [J]. 新闻与写作（10）：54-58.

李盼盼，2017.手机视频广告回避影响因素研究 [M]. 厦门：厦门大学出版社 .

李盛楠，2021.社交媒体信息流广告回避影响因素研究——负向情感反应的中介作用 [J]. 未来传播，28（1）：17-27.

刘鲁川，李旭，张冰倩，2018.社交媒体用户的负面情绪与消极使用行为研究评述 [J]. 情报杂志，37（1）：105-113，121.

谢振宇，林徐，2016.微信朋友圈信息流广告回避影响因素研究 [J]. 广告大观（理论版）（5）：77-87.

徐艳，刘荣，2013. 1962—2012 五十年来广告回避研究概貌 [J]. 广告大观（理论版）（1）：74-79.

杨嫚，温秀妍，2020.隐私保护意愿的中介效应：隐私关注、隐私保护自我效能感与精准广告回避 [J]. 新闻界（7）：41-52.

杨莉明，徐智，2016.社交媒体广告效果研究综述：个性化、互动性和广告回避 [J].新闻界（21）：2-10.

郑星妍，2018.情境好感度与广告情境一致性对广告回避的影响 [M].厦门：厦门大学出版社.

朱国玮，侯梦佳，周利，2020.社交电商互动方式对消费者广告态度的影响探究 [J].软科学，34（12）：122-127.

第 5 章
面向移动社交媒体的信息流广告回避反应模型

5.1　背　景

移动社交媒体已经成为企业营销传播中不可或缺的渠道（Chamorro-Mera et al.，2014；Zhang et al.，2020）。与放置在桌面终端上的丰富形式（如横幅、大矩形、动态原生广告、插页广告、赞助商广告、超链接和弹出式广告）不同，适合移动设备的广告格式往往受到小屏幕尺寸和有限的显示空间的限制。信息流广告成为移动社交媒体广告商为数不多的选择之一（Van den Broeck et al.，2018；Youn & Kim，2019a，b），并且越来越受欢迎。例如，许多知名公司（如宝马、万科、华为、家乐福、可口可乐）都在微信朋友圈上发布了即时推广的营销信息。同样，脸书上的信息流广告对于公司的业务互动和品牌传播起着至关重要的作用。通过移动社交媒体，信息流广告通常与用户的状态更新交织在一起，并悄悄地与用户生成的内容流一起流动（李彪，2019）。由于信息流广告利用高质量的沟通效果（如频繁的互动和准确的用户定位），减少了对用户体验的干扰（Campbell & Marks，2015），这种新形式为广告商创造了大量的机会（例如，扩大市场规模、加强客户关系、促进品牌形象建设）（Fan et al.，2017）。

然而，信息流广告仍然面临一些障碍，最明显的是开始出现越来越多的用户回避现象。例如，放置在信息流中的脸书广告容易因产品涉及用户动机、侵入性、广告放置和自由威胁（Van den Broeck et al.，2018；Youn & Kim，2019a）而受到用户回避的影响。此外，感知到的广告杂乱性和目标障碍可以增加移动用户对散布在微信朋友圈中的广告的回避倾向，而感知到的社交性可以减轻他们对这些广告的回避（Fan et al.，2017）。与之前的研究不同的是，在广泛的媒体环境中，包括传统媒体（Rojas-Méndez et al.，2009；Speck & Elliott，1997；Wilbur，2016）和网络媒体（Baek and Morimoto，2012；Cho & Cheon，2004），关于移动社交媒体中信息流广告回避现象的理论研究仍然匮乏（Belanche et al.，2017；Okazaki et al.，2012；Rau et al.，2013），目前仍处于起步阶段。虽然有几项研究研究了电脑或移动设备上的社交媒体上的广告回避（Fan et al.，2017；Li et al.，2020；Miltgen et al.，2019），但他们主要从一般的角度（即由认知、情感和行为组成）来看待回避，这与传统媒体和互联网媒体情境类似，而忽略了移动社交媒体的特定特征（如提供回避功能）。需要一个新的视角（如机械角度）来加强对测量系统分析（MSA）规避的理解（Rojas-Méndez et al.，2009；Speck & Elliott，1997）。以往的研究主要基于用户个人信念的视角（如对广告的态度和广告怀疑论）（Jung et al.，2016；Morimoto & Chang，2006；Van der Goot et al.，2018），其中大多数研究忽视了浏览过程中外部刺激对回避的积极影响。实际上，处于信息流广告的消费者会经历外部刺激（如侵入性），这将诱发一种抗拒（如回避）的结果（Youn & Kim，2019a）。因此，从刺激因素的角度来解释移动用户如何避免信息流广告是至关重要的。本章基于刺激—机体—反应（SOR）模型，探讨消费者回避信息流广告的潜在机制及其影响因素。

5.2　相关文献

5.2.1　移动社交媒体上的信息流广告

技术的进步推动着广告业和社交媒体的快速发展，催生出新的广告类型。

2012 年，硅谷风险投资家弗雷德·威尔逊（Fred Wilson）将原生广告描述为一种从网站和移动端应用用户体验出发的营利模式。它由广告内容所驱动，并整合了网站和应用本身的可视化广告设计。原生广告以打造具有吸引力的广告内容为基础并努力融入新的移动社交媒体环境（Jin & Xu，2016）。信息流广告不同于横幅广告和弹出式广告等其他 55 种广告方式，它被归类为原生广告（Van den Broeck et al.，2018；Youn & Kim，2019a，b）。采用坎贝尔和马克斯（Campbell & Marks，2015）对原生广告的定义，这里的移动社交媒体上的信息流广告指的是出现在社交媒体信息流中的营销传播信息。因其作为类似于原生广告的一种营销传播模式（Campbell & Marks，2015），消费者很难将信息流广告的营销传播与其他在线材料区分开来，进而希望真正有效地减少对用户在线体验的干扰。

信息流广告首先出现在国外的知名社交平台如脸书和推特上，而后又被照片墙等社交平台沿用，并进入了中国社交平台。信息流广告区别于其他原生广告的特点在于，信息流广告是基于大数据、云计算和用户的在线程序化行为习惯的基础上所采用的一种投放策略。也有研究者认为，它是与社交媒体情境相结合的一种基于信息技术的精准广告。社交媒体平台的私密性和"熟人社交"特性能够对信息流广告效果产生影响，信息流广告类似于用户个人和他们的熟人（如朋友、亲戚、同事等）在网页上发布和更新的信息内容，在视觉上与用户在社交媒体平台上的浏览体验一致（Van den Broeck et al.，2018）。换句话说，这种类型广告的特点是使信息的来源尽可能的隐蔽或模棱两可（Campbell & Marks，2015）。在这种微妙的情景下，广告能够创造并促进用户和广告商之间更多的社交互动。用户主动发送和编辑相关内容给广告商后，广告商就可以与用户进行积极的交流；与此同时，用户通过点击"喜欢""评论"或"分享"按钮公开表示他们对曝光的广告消息的兴趣或支持。

然而，信息流广告并不总是有效地针对在线消费者。根据每个消费者的搜索、浏览和购物等在线行为，广告商会针对他们的个人行为投放特定的广告。

但个人的行为并不一定意味着他们有任何真正的消费能力和这种偏好。因此，在一定程度上消费者会觉得，由于他们对广告中所展示的商品没有消费能力或者对于该商品完全没有购买欲望，广告内容就是不被接受的。这种被麻烦的感觉可能正在潜移默化地渗透进他们的网络浏览体验中。此外，技术因素也成了很多信息流广告失败的重要原因。当一个推荐算法的精确度无法匹配广告商精准投放个性化广告的实际需求时，在线消费者往往会看到不符合个人特征的广告，从而对商品甚至商品生产企业产生抗拒心理（如为一个健康的用户推荐医药类产品或对经济条件不好的用户推荐高消费产品）。正如宥和基姆（2019）提出的，信息流广告的传播和设计可能会扼杀用户使用社交媒体的自由，削弱他们对广告曝光的控制。此外，由于消费者处理信息的能力有限，每当社交媒体主页（或状态）刷新时，他们会再次遇到故意隐藏在内容流中的信息流广告，这可能会阻碍他们的在线活动，随后这些广告作为一种外部触发而使得消费者体验广告的侵扰（Youn & Kim，2019a）。另外，过度或被动地与社交平台上的产品和品牌互动可能会让消费者（尤其是目标导向的消费者）分心。消费者可能认为广告是一种侵扰，因为他们知道广告阻碍了他们的具体目标或计划任务（Rejón-Guardia & Martínez-López，2014）。从这种意义上说，移动消费者在浏览更新状态时感受到的这种外部刺激就是广告侵入性体验。

5.2.2 广告回避行为研究

消费者为何回避和抵制广告的问题已经在营销和其他领域的各种广告类型和媒体情况下被广泛研究（Baek & Morimoto，2012；Cho & Cheon，2004；Speck & Elliott，1997），这种刻画消费者反应的现象被称为"广告回避"。"广告回避"被定义为消费者逃避遇到的广告，或减少了他们对广告内容接触的所有行为（Speck & Elliott，1997）。它可以是有意或无意的反应（Duff & Faber，2011），也可能是深思熟虑后的反应或长期养成的行为习惯（Baek & Morimoto，2012）。

5.2.2.1 广告回避行为的前因

以往的研究表明，如果营销人员了解广告回避的潜在因素，回避行为的营销目标就可以很容易地实现。人们提出了一些解释消费者回避行为的决定因素。例如，赵和郑（2004）的研究表明，人们避开互联网上的广告是因为他们感知到目标障碍、广告杂乱和先前的负面经验。此外，凯莉等人（2010）指出消费者回避在社交网站上出现的广告，是因为消费者会经历负面的在线社交体验，收到了不相关的广告信息，并且他们对作为广告媒介的广告信息和在线社交网络持怀疑态度。贝克和森本（2012）揭示出个性化广告怀疑论、隐私担忧和广告刺激对个性化广告回避的正向影响，而个性化感知的增加直接导致广告回避的减少。荣格（Jung，2017）证明社交媒体上的广告回避受到感知广告相关性和隐私担忧的影响。此外，消费者对脸书新闻推送广告的回避取决于他们对自主性、自由威胁和侵入性的感知（Youn & Kim et al.，2019a）。

5.2.2.2 移动社交媒体上的机械回避

广告回避在营销和广告文学中得到了相当大的关注，事实上广告回避已经被认为是广告商最大的营销障碍之一（Baek & Morimoto，2012）。例如，赵和郑（2004）发现人们可以通过故意忽略广告（认知回避）、讨厌广告（情感回避）和向下滚动网页（行为回避）来回避网络广告，通过关掉电视机、换一个频道或者静音（机械回避）来回避电视广告（Rojas-Méndez et al.，2009）。

尽管之前的很多研究从三个维度理解回避行为，即广告回避包括三个组成部分——认知性、情感性和行为性回避反应（Baek & Morimoto，2012；Cho & Cheon，2004；Kelly et al.，2010；Okazaki et al.，2012；Shin & Lin，2016）。先前的研究中也有一些关于机械回避的重要研究（Abernethy，1991；Rojas-Méndez et al.，2009；Speck & Elliott，1997）。机械回避是广告回避形式中重要且特殊的一种，它并不像其他回避形式（如身体回避和认知回避）那样完全不与广告接触。当观众将广告静音或让广告快进时，他们与广告之间存在部分接触

（Greene & William，1988）。机械回避主要包括快进、切换、静音等形式。用户在快进广告的过程中可能会被其中一些醒目的元素唤醒，从而以正常速度继续观看广告（即使只是瞥一眼麦当劳 "M" 形标志，也可能引发部分观众对麦当劳食品的回忆和认可）。快进行为有限地降低了广告效果的有效性，通过赋予观众控制力增加了他们对广告的熟悉度和注意力（Pechmann & Stewart，1988）。切换是一种比快进更能降低广告有效性的回避行为。观众在切换频道时需要注意电视屏幕，广告只能给观众留下极其短暂的第一印象。切换的速度越快，广告曝光越少。静音指观众拒绝访问的信息所携带的声音轨道，但由于广告的视觉组成部分能清晰和整体地暴露在观众面前，静音对广告效果的负面影响要低于快进和切换，正如布莱斯和亚尔奇（Bryce & Yalch，1993）所说的，仅仅是看到无声的视频广告就能增加用户认知度和回忆。在社交媒体的背景下，现有的研究采用了一个普遍的视角来定义和衡量广告回避（如 Jung，2017；Tran，2017；Youn & Kim，2019a，b），没有从机械的角度研究广告回避。考虑到机械回避更具体地反映了消费者在移动社交媒体上对测量系统分析的反应特征，我们使用机械回避来描述消费者对测量系统分析的回避。

5.2.3　机械回避情境化

在本研究中，我们将机械回避定义为消费者有意识地采取行动或使用移动社交媒体的功能来避免或限制他们对广告信息的接触（Rojas-Méndez et al.，2009；Speck & Elliott，1997），根据功能识别将这种回避分为快进、切换或静音。具体来说，快进被定义为消费者在不经过太多思考的情况下跳过不受欢迎内容的各种行为。当遇到信息流广告时，用户可以通过滚动屏幕、刷新状态或跳过广告页面来快进（Bellman，2010）。因此，快进是一种快速跳过广告的方式。切换指的是消费者为改变、管理或重定向不受欢迎的信息来源而采取的行动。例如，消费者可能会转移他们对广告的注意力，关闭社交媒体或屏蔽广告（Abernethy，1991）。对于消费者来说，切换是解决不受欢迎的广告问题的最积极的策略。静音包括消费者有意识地忽略广告或将注意力从广告上转移的行为。静音是消费者通过不点击或不阅读广告来回避广告（Speck & Elliott，1997）。

将机械回避称为消费者避免信息流广告的方式，原因如下：第一，消费者在移动社交媒体上遇到信息流广告时的回避行为可能类似于消费者在观看电视广告时的回避行为（如快进广告、切换到其他媒体内容、静音视频广告的声音、关闭状态更新界面）。第二，移动社交媒体可以为消费者提供与电视相同的观看体验（如观看可能会突然被广告打断，同样的广告经常出现在信息流中，短时间内播放过多的广告，而切换的行为可以被视为娱乐）（Rojas-Méndez et al.，2009）。第三，相比于传统的社交媒体，移动社交媒体（如手机和平板电脑）有着数量更多、操作更复杂、功能更全面的人机交互模式，用户的参与感和控制感更强。用户不仅可以轻松地关闭广告，还能够更改移动端应用后台的操作设置来回避他们不喜欢的广告。因此，消费者更多地采取主动性的机械回避。

具体来说，这里的机械回避被定义为消费者为了避免广告而改变媒体内容、静音或直接关闭页面。在互联网上，观众通常通过关闭弹出的网页窗口来屏蔽广告（Edwards et al.，2002）。如前所述，由于信息流广告的独特性、在线平台和移动用户的主动作用，信息流广告回避通常被描述为机械回避。因此，快速浏览信息流广告就像快速浏览电视广告，快速浏览社交媒体内容就像快速浏览电视频道。

5.3 刺激—机体—反应模型

虽然以往的研究从信念的角度加强了我们对广告回避前因的理解，但它们至少有两个局限性。第一，信念视角不能阐明信息流广告刺激的浏览体验，因为信念通常反映个体的稳定倾向（Ajzen & Driver，1991）。因此，需要一个新的视角来研究信息流广告背景下的刺激和由此产生的反应。第二，目前研究还没有从情感的角度考察消费者回避信息流广告的前因。因此，我们采用"刺激—机体—反应"模型来检验信息流广告规避。

5.3.1　理论基础

5.3.1.1　模型介绍

1974 年，梅拉比安（Mechrabian）和拉塞尔（Russell）在环境心理学研究的基础上提出了著名的"刺激—机体—反应"模型（简称"SOR"）。在模型中，外界环境刺激对个体的认知、情绪状态产生影响，然后进一步影响个体的行为与决策。基于 SOR，张等人（Zhang et al.，2014）开发了一个模型来研究社交商务的技术特征（感知互动性、感知个性化和感知社交性）对客户虚拟体验（社会支持、社会存在和流量）及随后它们的参与意向的影响。一个完整的 SOR 要具有代表外界刺激的自变量、一组或多组中介变量及代表反应的结果变量，通过中介变量的作用可以很好地解释刺激和反应之间的关系（Shin & Lin，2017）。在 SOR 中，刺激是指影响个体内部和机体状态并有可能刺激个体的因素（Eroglu et al.，2001）。刺激因素与产生刺激主体的内容特征和受到刺激的个体特征相关。个体特征往往与交互性相关，如个人特征、价值观、自我导向和社会 / 关系导向的感知（Mikalef et al.，2013）。机体被定义为位于刺激和个体最终行为和反应之间的认知和情感状态和过程，如感知价值、感知风险、感知质量（Bagozzi，1986）。反应是个体行为的最终结果和最终决策，在消费者行为学研究中表现为需求识别、主动寻找、评价、购买和购后行为（Zhang & Benyoucef，2016），这五种反应形式贯穿了消费者的购物决策过程（图 5-1）。需求识别阶段表明消费者建立消费需求或意识；主动寻找是指消费者为做出理性的选择而进行的寻找心仪商品及信息检索的行为。评价是指消费者评估替代产品或其他购物平台以选择最佳选择。购买是指消费者的购买行为或完成交易的相关活动。购后行为是指消费者的购后活动，如向他人推荐产品。而在广告的研究中反应常表现为回避或接受行为（Donovan & Rossiter，1982）。我们采用 SOR 作为我们的理论基础，主要有两个原因。第一，消费者对信息流广告的规避与"刺激—机体—反应"过程较为相似。当消费者意识到他们的信息流中的广告打断了他们想要的社交互动时，他们更有可能将其体验为一种刺激，即广告侵扰（Aaker & Bruzzone，1985；Li et al.，2002）。SOR 提供了个体对刺激的情绪反应的细节（Kim et al.，2016），并可以帮助我们阐明信息流广告回避形成的机制。第二，SOR 已被应用于广泛的市场营销研究，特别是消费者行为（Eroglu et al.，2001；Parboteeah et al.，2008）。例如，最近的一些研究利用 SOR 来解释社交商务中的消费者行为结果（如购买意愿、忠诚意愿和社交口碑）（Cheng et al.，2021；Molinillo et al.，2021；Zhang & Benyoucef，2016）。因此，我们采用 SOR 来阐明信息流广告回避。

图 5-1　消费者的消费行为

5.3.1.2　模型适用性

SOR 已经开始被应用于移动设备和社交媒体平台的相关研究。张等人（Zhang et al.，2014）以 SOR 为基础理论框架，从顾客体验的视角分析社会化商务中消费者参与在线社交媒体的意愿。社会化商务环境的技术特点（交互性、个性化、社交性）作为刺激影响在线用户的社会化商务参与意愿。社会支持、社会存在和沉浸感构成的消费者体验作为"机体"对社会化商务环境的技术特点与在线用户的社会化商务参与意愿之间的关系产生中介作用。万等人（Wan et al.，2014）认为，网络视频广告比传统广告拥有更强烈的感官效果和新颖性，它作为一种能够被在线平台操纵的外界营销刺激，激发网络平台用户的情感反应，使其在愉悦的心理状态下产生购买行为。他们利用 SOR 具体分析了网络视频广告如何刺激消费者的情感反应使其产生产品购买的意愿和行为。情景模拟实验结果表明，视频形象（外观吸引力、播放质量）、视频内容（信息相关度、情感体验）和情境因素（视频热度）这三个维度组成的广告刺激，通过影响用户情感反应（愉悦感和唤醒）这一中介变量，对最终的购买意愿产生了显著的正向影响。夏尔马等人（Sharma et al.，2021）以 SOR 为基础，通过建立人工神经网络模型和实证检验来探究短信广告感知的前因及短信广告感知影响购买意愿的过程。结果表明，可信度、刺激性、娱乐性、信息量和信息的相关性是用户产生短信广告感知的前因，即短信广告刺激的五个维度。短信广告价值和手机用户对待短信广告的态度起到了链式中介的作用。贾米尔和卡尤姆（Jamil & Qayyum，2019）将 SOR 的适用性扩展到用户对网络广告的怀疑和回避领域，研究表明情绪吸引力、娱乐性、广告的夸大程度对广告回避行为的影响受用户对在线广告持怀疑态度的中介作用。广告伦理负向调节了怀疑态度与广告回避之间的关系。大多数已有研究主要将消费者的接受行为作为 SOR 中"反应"维度的变量。然而，作为消费者反应的另一种重要形式——回避行为，却没有受到足够的重视。

5.3.2　模型的情景化

5.3.2.1　刺激：广告的侵入性

当我们在信息流广告规避的背景下研究 SOR 时，有许多重要的问题值得注意。侵入性是一种心理概念，其实质是在双方的独立性和维护个人身份的自主权之间制造一种失衡（Wottrich et al.，2018）。当消费者在移动社交媒体上刷新或浏览更新状态时，突然出现的信息流广告会成为一种环境刺激。这是因为相较于传统媒体用户，互联网时代下的在线用户通常以目标为导向参与社会互动以实现个人目标，正在使用移动社交媒体的用户往往都有各自的行为目的，如放松心情、获取知识和与他人沟通交流等。然而，一旦消息流中突然出现广告，消费者此刻正在做的事情就会立刻被打断，从而被迫面对广告，并认为这些不合时宜的内容具有侵入性（Youn & Kim，2019；宣长春，2021）。此外，广告的侵入性是一个反应因素。事实上，它也是导致消费者产生广告回避行为的潜在原因中最具代表性的因素之一（Edwards et al.，2002；Gu et al.，2019；Li et al.，2002）。与此观点一致的是，已有研究表明，情境刺激中包含反应性因素（Huang，2016）。根据以上文献，我们认为广告的侵入性可以被分类为情境刺激。

5.3.2.2　机体：负面情绪、感知娱乐性、控制感

机体被用来描述人的内部状态，最初是用三维情感（PAD）（即快乐、觉醒和支配）框架来描述的（Mehrabian & Russell，1974）。三维情感框架捕捉了对环境刺激的情绪反应（Richins，1997），并阐明了对事件或思想的认知评估所产生的心理准备状态（Bagozzi et al.，1999）。正如拉塞尔（Russell，1980）所指出的，三维情感框架对情绪状态进行了全面的描述。库玛和萨阿（Kumar & Shah，2021）采用了该框架来反映生物因素，以预测食品配送应用程序的持续使用意图；库苏马松贾亚和吉普托诺（Kusumasondjaja & Tjiptono，2019）使用该框架来检查照片墙上的食品广告所刺激的情绪因素。在此基础上，我们采用三维情感框架来生成有机体因素。基于经典的三维情感框架，负面情绪、感知娱乐性和控制感被确定为机体因素。

第一，当信息流广告打断个人的在线体验流并侵入他们的个人社会空间时，他们倾向于产生几种消极的情绪（如失望、沮丧、不快和愤怒），而不是一般的情绪唤醒（Edwards et al.，2002；McCoy et al.，2008；Youn & Kim，2019）。这些负面情绪状态可能伴随着高唤醒（如愤怒）或低唤醒（如失望）（Gilet & Jallais，2011），这表明了情绪的另一个重要维度，即情绪强度的水平（Chatterjee，2020）。因此，消费者的负面情绪对应于三维情感框架的唤醒维度。此外，之前的研究已经证实了负面情绪作为一种机体因素对刺激和消费者反应的中介作用（Jang & Namkung，2009）。

第二，当广告与信息流中的内容不一致时，因为消费者不参与产品生产和服务，他们会发现广告带来更少的娱乐（Cowley & Barron，2008）。个体对信息流广告的反应受到娱乐的影响，因为用户倾向于从社交媒体中获得休闲和娱乐的感觉（Chu，2011）。娱乐活动是一种提供享受和愉悦的活动（Ying et al.，2021），事实上，感知娱乐的定义包含了快乐的成分（Kim et al.，2016）。与此同时，娱乐也被确立为影响消费者对网络商店的期望（Oh et al.，2008）或酒店行业口碑（Lu et al.，2021）的有机因素。因此，我们将感知娱乐性作为一种机体因素。

第三，因为消费者作为控制广告信息的主体（Huh et al.，2015），一旦他们发现自己被动态广告冒犯，他们会通过停止访问广告来加强他们的控制感（Youn & Kim，2019a）。控制感是反映消费者体验对刺激的支配性的情绪状态（Hall et al.，2017）。换句话说，在我们的语境中，控制感被认为是支配性的同义词，这一观点与玛萨拉等人（Massara et al.，2010）提出的观点一致。此外，张等人（2014）也证明了控制感会导致社交商业意图等回应。消费者对购物过程控制的感知也被认为是积极影响消费者对渠道整合反应的机体（Zhang et al.，2018）。因此，我们认为对广告中断的控制感是一个机体因素。

5.3.2.3　反应：回避

消费者会受到内部情感因素（即机体）的激励而做出最终反应的行为（Zhang & Benyoucef，2016）。例如，当消费者在信息流中遇到广告时，他们可能会做出反应来处理广告，如广告回避或广告参与（Youn & Kim，2019b）。广告回避的消费者反应可以通过认知、情感和行为过程形成（Cho & Cheon，2004）。然而，考虑到信息流广告的特点，以及用户体验移动社交媒体的方式与体验其他媒体（如传统媒体）的方式的明显差异，消费者更倾向于机械地回避信息流广告。因此，我们采用机械回避（快进、静音和切换）作为消费者的行为反应。根据 SOR，某种刺激通过个体被刺激的情绪状态驱动个体的接近或回避（Mehrabian & Russell，1974b）。正如贝克等人（Baker et al.，1994）所证明的那样，零售环境刺激会影响消费者的内部状态，进而驱动他们做出与商店相关的行为。当预期出现不愉快的结果或目标时，情绪反应会导致回避（Bagozzi et al.，1999）。将这一视角应用于移动社交媒体上的信息流广告情境中，消费者在遇到信息流广告时可能会选择回避作为最终回应。也就是说，机械回避（快进、静音和切换）是由广告通过负面情绪、感知到的娱乐和控制感而诱导的。在此基础上，我们构建了一个理论模型来阐明信息流广告回避的驱动机制（如图 5-2 所示）。

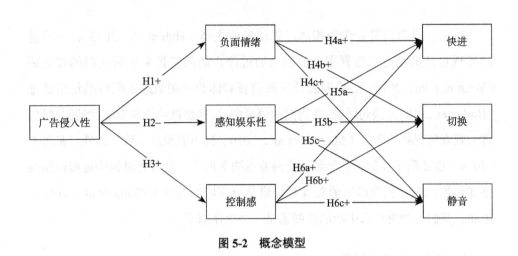

图 5-2　概念模型

5.4　假　设

5.4.1　广告侵入性

按照李等人（2002）的定义，广告侵入性是测量系统分析对移动社交媒体流中内容的干扰程度。米尔恩等人（Milne et al.，2004）将关于消费者隐私的观点与促销广告活动结合到一起进行研究，强调广告侵入性是由不受欢迎的营销者发起的或各种通信引起的，如电话营销、不想要的信息流广告推送和垃圾邮件。在面对促销型广告的情况下，消费者对接收不想要的商业信息要么控制很低，要么根本没有控制，这可能会导致消费者的消极行为。如果消费者不熟悉广告商或者不希望收到广告，他们往往会觉得广告是具有侵入性的。希恩和霍伊（Sheehan & Hoy，1999）研究发现，如果消费者以前购买过广告商推销的商品，或对广告商持有积极的态度和看法，他们就不太可能会认为广告是具有侵入性的。虽然广告最终可能会惹恼用户，或者由于广告内容和位置的原因而被用户回避，但广告的评估很可能是基于它们对用户目标的干扰程度（Li et al.，2002）。信息流广告特别采用了一种被认为比被动的推销策略更具侵入性的主动营销策略。如果信息流广告中断了编辑内容的流动和在线浏览体验，可能会阻止消费者实现他们的现有目标（如实现即时目标、建立和维护社会关系、寻求社会支持、建立归属感），因此，消费者将广告的侵入性视为一种刺激，或视为对其私人领域的直接侵犯。

5.4.1.1　广告侵入性与负面情绪

一些研究已经检验了广告侵入性和负面情绪之间的关系。爱德华兹等人（Edwards et al., 2002）研究发现，当消费者认为广告具有侵入性时，广告将可能导致负面情绪。当用户处于积极的心理状态时，广告的侵入会干扰他们的思绪，即使他们已经同意接受这些广告，用户也会觉得自己的自由和灵活体验受到了挑战。更严重的是，如果用户已经处于不太高兴的心理状态，用户会认为本可以容纳他们的虚拟世界也会像现实世界一样给他们带来烦恼和侵入性（Gutierrez et al., 2019）。如果用户被迫关闭广告，才能继续浏览提供广告的网站的内容，用户可能会感到愤怒（Rejón-Guardia & Martínez-López, 2014）。当消费者看到与自己无关的广告，或者广告打断、打扰、冒犯了他们的阅读时，会产生其他负面情绪反应（Keller & Fay, 2012）。此外，社交媒体上的广告会给消费者带来额外的烦恼或恼怒，因为广告会打断他们与朋友的社交对话和他们的浏览活动（Zhang & Mao, 2016）。许多在线用户在运用社交媒体平台进行学习、生活、工作时，正不知不觉地受到广告的影响，并被它巧妙地操纵和控制。当广告信息如潮水般涌来的时候，无形中增加了用户的信息处理负担，时间被碎片化地切分开来，特别是当广告的出现分散了用户的注意力时，用户会很直接地认为广告对他们造成了一定程度的干扰和侵犯。这类广告信息造成了一种反客为主的现象，深刻影响着移动社交媒体用户的使用习惯，而深受其害的用户自然会对移动社交媒体广告持有负面消极的态度。在此基础上，我们提出以下假设：

H1：广告侵入性对消费者负面情绪有正向影响。

5.4.1.2 广告侵入性与感知娱乐性

广告侵入性的一个可能的负面结果是消费者的感知娱乐性的减少。当一个广告没有打断消费者的目标时，他们很可能会实现他们的娱乐寻求动机（Edwards et al.，2002）。相比之下，当广告扰乱了娱乐内容的流动并被消费者认为是一种骚扰时，消费者可能会认为广告的娱乐价值更低（Ha & McCann，2008）。在某种程度上，当消费者认为广告具有侵入时，广告就被认为是不愉快的或没有吸引力的，他们甚至会认为广告使得原本的浏览内容被赋予了功利性和营利性，其主要目的并不是从用户的角度出发来为其推荐高质量、低价格的商品，从而大大降低了用户的娱乐感知。茜恩和林（Shin & Lin，2016）研究发现，发送到消费者移动设备上的不受欢迎或不恰当的移动广告可能被视为侵入，可能会降低他们对娱乐的感知。此外，如果个人觉得广告具有侵入性，他们在参与广告时寻求的乐趣就会减少（Koshksaray et al.，2015）。因此，我们假设：

H2：广告的侵入性对消费者的感知娱乐性有负面影响。

5.4.1.3 广告侵入性与控制感

广告的侵入性会让用户认为他们对于移动社交媒体的控制力在被削弱，而广告的出现能够影响他们的决策。例如，弹窗广告属于典型的侵入式广告，这类广告不仅强制网络用户观看，不惜用技术手段或突破内容下限的不当诱导，强行占用用户手机里的内存资源，甚至还可能收集用户的敏感数据。显然，用户会采取措施重新夺回自己对移动社交媒体的控制权。研究发现，如果赋予观众更多的自主权来控制网络广告的频率和数量，广告的侵入性可以降低（Ying et al.，2009）。然而，暴露于广告的侵入性仍然可能导致消费者在执行任务时感到失去控制（Morimoto & Chang，2006），从而产生强烈的欲望来恢复控制感；也就是说，他们的控制感可以反映出他们停止广告暴露的能力或自由。由于在线广告可能会侵入消费者的个人空间，消费者倾向于认为他们的个人信息受到了威胁（Baek & Morimoto，2012），会考虑增加他们的控制感来打断当前的广告。此外，如果消费者认为广告具有侵入性，他们可能会觉得失去了对自己行为的控制或失去了参与特定行为的自由。在这种情况下，他们可能试图恢复他们的控制感，并倾向于改变他们的社交媒体功能的设置，包括编辑后台选项设置和信息处理（Morimoto & Chang，2006）。基于以上讨论，当消费者停止播放试图说服他们的广告时，广告侵入性体验的增加也可能增加他们的控制感。因此，在此基础上，我们假定：

H3：广告的侵入性对消费者的控制感有正向影响。

5.4.2　负面情绪

当消费者接触社交媒体广告时，不仅可能产生积极情绪（如爱、幸福和快乐），还可能产生消极情绪（Lee & Hong，2016）。如果一篇帖子包含未经请求的广告、不正确的内容或与自己无关的话题，在线的消费者很可能会体验到负面情绪（Chang et al.，2015）。当广告干扰内容消费的体验流时（如广告内容没有很好地针对他们，或在没有他们明确要求或同意的情况下被传递），消费者会对信息流广告产生负面情绪（Youn & Kim，2019a）。本研究中的负面情绪指的是消费者在移动社交媒体中遇到信息流广告时感到愤怒、沮丧或无聊的程度（Kim & Lennon，2013；Jang & Namkung，2009）。

埃利奥特和斯拉什（Elliot & Thrash，2002）的研究揭示了消极情绪与逃避策略之间的积极关系。当个体因信息流广告产生负面情绪时，他们倾向于逃离移动社交媒体上的刺激（如跳过它），并返回到他们的主要目标（如寻求社会支持或归属感）。已有研究表明，当信息容易引起不愉快情绪或减少愉快情绪时，消费者很容易立即传递信息（Sweeny et al.，2010）。贝克和森本（Baek & Morimoto，2012）研究也发现消费者会直接跳过让他们失望的广告。负面情绪越强烈，消费者越会远离广告。因此，我们假设如下：

H4a：消费者的负面情绪对快进有正向影响。

信息流广告很可能被消费者认为是对其个人空间的骚扰或侵犯，因此他们可能会采取措施（如屏蔽或删除）来抵制。正如宥和基姆（2019a）所指出的那样，如果消费者对强制接触信息流广告感到愤怒，他们就可以故意选择屏蔽广告来发泄自己的愤怒。同时，消费者在广告刺激下产生的负面情绪会促使他们去解决问题的根源，避免在未来发生类似的经历。就像宥和基姆（2019a）强调的那样，负面体验驱使用户屏蔽或隐藏新闻推送广告或取消关注朋友或品牌。因此，我们假设：

H4b：消费者的负面情绪对切换有正向影响。

之前的研究表明，当新闻动态广告让脸书用户感到沮丧时，他们学会了不去看或有条件地忽略这些广告（Margarida Barreto，2013）。个体对广告的负面情绪导致他们采取行动来避免广告（如忽略广告，故意不点击任何超链接）（Cho & Cheon，2004）。在本研究的场景中，负面情绪通过静音的方式促使消费者不再关注广告。也就是说，消费者会因为负面情绪而将注意力从信息流广告和信息流广告语境中撤出（Muñoz-Leiva et al.，2019）。因此，我们假设：

H4c：消费者的负面情绪对静音有正向影响。

5.4.3　感知娱乐性

在我们的研究中，感知娱乐指的是消费者在移动社交媒体中发现信息流广告内容的趣味性、愉悦性或娱乐性的程度（Edwards et al.，2002；Shin & Lin，2016）。娱乐是一种享乐主义价值观，驱动消费者对广告的反应（Xu et al.，2009）。爱德华兹等人（Edwards et al.，2002）的研究表明，当弹出式广告有趣且具有娱乐性时，在线消费者会看得更久。正如帕拉迪斯（Pasadeos，1990）所发现的那样，广告的娱乐性能引起消费者的兴趣，使他们不会直接跳过广告。然而，如果消费者不认为广告具有娱乐性或认为它不那么有趣，它可能被视为不可取的，也可能被视为浪费时间，因为它提示消费者向下滚动页面或跳过广告（Cho & Cheon，2004）。因此，我们假设：

144

H5a：消费者的感知娱乐性对快进有负向影响。

感知娱乐被认为是促使消费者不关闭广告、保持接触的关键因素（Shin & Lin，2016）。同样，在遇到信息流广告后进行娱乐活动也会加强广告来源与消费者之间的联系。一旦信息流广告内容符合用户期望的享乐价值，用户就不会关闭社交媒体页面或通过点击"隐藏"选项来阻止它（Youn & Shin，2019）。换句话说，体验娱乐的消费者会选择继续与焦点内容的链接，减少偏离信息流广告的意图。因此，我们假设：

H5b：消费者的感知娱乐性对切换有负向影响。

人们喜欢将移动社交媒体作为娱乐场所，他们希望接收到能够娱乐自己的信息。一旦他们遇到信息流广告并将其当成一种娱乐，他们便更有可能去关注它（如点击更多内容，与之互动或发表评论），而不是选择静音策略。就像把电视音量调大一样，移动社交媒体上的消费者可能会跳过信息流广告的图片、文字或视频，而不是忽略它。相比之下，那些认为娱乐价值较低的消费者更有可能回避信息流广告，比如故意不点击它。因此，我们假设：

H5c：消费者娱乐感知对静音有负向影响。

5.4.4　控制感

本章所提的控制感是指消费者在浏览移动社交媒体时，认为自己有足够的能力控制信息流广告中断的程度（Malhotra et al.，2004；Xu et al.，2009）。每当广告同时使用"推"和"拉"策略时，消费者希望控制那些被访问的信息及信息如何流动（Barnes，2002）。移动广告技术也为消费者提供了对他们所看到、读到和听到的内容的一些控制（Okazaki et al.，2012）。一旦消费者感到在互联网上失去了控制，他们就不得不更加关注那些分散注意力和具有破坏性的广告（Seyedghorban et al.，2016）。

逃避策略是消费者在网络上遇到广告时的基本操作。正如之前的研究表明，当消费者意识到他们可以自主决定继续或停止接触广告时，他们可能会跳过或向下滚动屏幕来处理不受欢迎的广告内容（Youn & Kim，2019）。转向移动社交媒体，消费者的控制感来自对移动设备的操作及平台的功能和政策。当消费者想要展示自己的控制感时，他们自然会选择跳过或向下滚动屏幕。因此，我们假设：

H6a：消费者的控制感对快进有正向影响。

人们想要控制他们所遇到的，就像菲尔普斯等人（Phelps et al.，2000）指出的那样，大多数人（84%）希望对不受欢迎的商业广告有更多的控制。当消费者收到基于位置的定制广告时，消费者的控制感会驱使他们摆脱、删除甚至屏蔽那些不想要的广告（Shin & Lin，2016）。社交媒体平台给予消费者更多的自由和自主权来做出自己的选择（Lin & Lu，2011）。例如，消费者从平台提供的一些功能（如"取消关注""屏蔽"和"隐藏"选项）中获得了高度的控制感，这些选项允许他们有效地应对侵扰性的信息流广告。高度的控制感促使消费者对信息流广告做出积极的反应，比如采用攻击策略。因此，本研究假设：

H6b：消费者的控制感对切换有正向影响。

移动社交媒体利用用户的私人信息来精确传递信息流广告。根据认知失调理论，消费者运用他们的控制来选择抵制信息流广告的策略（如不点击、不阅读）（Youn & Kim，2019）。就像本韦（Benway，1998）证实的那样，网络用户有意识地抑制网页上的矩形图形广告以获得更多的控制，他们经常忽略这些独特的横幅广告。低点击率（通常低于1%）和横幅盲屏便是这种静音策略的证据（Cho & Cheon，2004）。根据这个论证，我们假设：

H6c：消费者的控制感对静音有正向影响。

5.5　研究设计

5.5.1　数据收集和样本

在我国，社交网络加速多元化，从而有助于基于社交的营销服务和移动广告成为最活跃、最成功的互联网商业模式（CNNIC，2018）。在现有的信息流广告形式中，我们选择朋友圈广告作为研究对象，有两个原因。第一，用户通过手机下载微信客户端并注册，之后便可以通过微信快速发送语音短信、视频、图片和文字。历经数代版本更迭之后，微信已经成为集网络社交、即时通信、移动支付、生活服务为一体的智能终端软件。微信拥有庞大的月活跃用户基数，其中绝大多数用户位于中国（Ten，2018）。微信作为强关系链社交媒体所展现出的天然优势，为信息流广告的发展提供了非常好的环境。第二，朋友圈广告是信息流广告中最有前途的形式之一，因此朋友圈广告越来越受到广告商和营销人员的关注。2018 年第二季度，腾讯媒体广告收入和其他广告收入增长 55%，这一增长主要是由微信朋友圈和小程序（Ten，2018）推动的。

我们的研究对象是手机消费者用户，即经常看朋友圈广告的微信用户。这项调查是对 6 名学生展开调查工作。本研究采用调查法作为主要的数据收集方法。我们采用了混合模式的收集方法（Dillman & Hoboken，2007），利用纸张和在线收集工具。我们在华东地区某高校（45%）和互联网（55%）发放问卷，分别采用非概率便利抽样和雪球抽样。由于一些原因，我们采用非概率抽样技术米确定样本量。首先，考虑到研究的时间限制，小到中等样本量是合适的，因为样本的参与度能够保证，并且收集样本的过程也比较方便。海尔等人（2010）认为，小于 500 份的样本量就足够了。其次，该技术允许更容易满足样本量的要求，即样本量应大于针对模型中特定潜在结构的最大结构路径数的 10 倍（Hair et al.，1992）。最后，使用这个方法，我们可以捕捉到微信朋友圈所覆盖的受访者的期望特征。

在被调查者同意的情况下，我们根据他们之前在微信朋友圈的经历，让他们回答了问卷中的所有问题。从 2017 年 12 月 23 日到 2018 年 2 月 10 日，数据收集了两个月。问卷最初用英语设计，然后翻译成中文，最后又反向翻译成英文和中文，以确保问卷的可理解性和效度。我们向潜在受访者发放了共 416 份问卷。第一，我们从收集的问卷中删除了填写不合格的问卷（包括问卷填写时间过短、一些网络协议地址重复的答卷和连续多个题项的答案相同的答卷）。第二，我们设计了筛选题项："如果您仔细填写了问卷，这道题请填写选项 C。"根据他们的答案，我们收集了 408 份完整的问卷。第三，每个被调查者需要回答问题（即在信息流广告中显示了哪些知名品牌），以检查被调查者是否有浏览信息流广告的经历。最终获得有效问卷 402 份，占全部回收问卷的 96.63%。

调查对象中，男性 171 人（42.54%），女性 231 人（57.46%），本科及以上学历 373 人，占 92.79%。在年龄方面，20 岁以下占 26.62%，21~25 岁占 47.41%，25 岁以上占 25.97%。受访者的职业分布如下：63.58% 为学生，32.94% 为办公室职员，1.74% 为企业家，1.74% 为失业者。受访者的购物频率分布如下：72.89% 的人上个月没有通过微信朋友圈上的广告购买任何东西，23.63% 的人购买了 1~3 次，3.48% 的人购买了 3 次以上。此外，在朋友圈中，购买衣服和化妆品的消费者占很大比重（68.41%）。这个样本分布可以充分代表中国微信用户的样本特征，因为我们的样本分布在很大程度上符合之前的研究（Tsai & Men，2018）样本。

按照阿姆斯特朗和奥弗顿（Armstrong & Overton，1977）提出的程序，我们使用时间趋势来判断是否存在无应答偏差。每个项目的 t 检验通过比较前 50 例和后 50 例进行评估，两组之间没有显著差异（所有 $p > 0.10$），这表明在我们的研究中无应答偏差不是一个问题。

此外，为了检验共同方法偏差（CMV），我们使用了哈尔曼单因素检验（Malhotra et al.，2006）。本研究的所有问卷题项均纳入探索性因子分析。旋转和非旋转的主成分因子分析表明，单一的一般因子占方差的很小部分。结果表明，有 7 个因子的特征值大于 1.0。结果因子占总方差的 70.101%，而第一维度仅占总方差的 14.432%。并采用秦等人（Chin et al.，2012）提出的标记变量检验。我们使用验证性因素分析（CFA）标记变量技术来检验制造者变量（即方法变量）与假设变量之间是否存在显著相关。控制变量作为标记变量（MV）（Podsakoff & Organ，1986；Shiau et al.，2020），因为这在理论上应该与我们的模型变量（即广告侵入性、负面情绪、感知娱乐性、控制感、信息流广告回避）无关（Seyedghorban et al., 2016）。相关分析结果显示，标记变量与假设变量之间无显著相关（平均相关为 0.03）。另外，根据马尔霍特拉等人（Malhotra et al., 2006）的操作过程，验证性因子分析标记变量技术通过检查基本测量模型（只有假设变量）和扩展测量模型（有个假设变量和一个标记变量）之间的统计差异来评估常见的方法偏差。结果显示，模型拟合指标均无显著改善，基本模型（卡方 / 自由度 = 927.854/443 = 2.094，比较拟合指数 = 0.941，非正规化适配指标 = 0.934，近似误差均方根 = 0.053）与扩展模型（卡方 / 自由度 = 941.436/482 = 1.952，比较拟合指数 = 0.897，非正规化适配指标 = 0.883，近似误差均方根 = 0.042）相比均无显著改善。因此，问卷数据中不存在严重的共同方法偏差问题。

5.5.2　测　量

在目前的研究中，所有的测量方法都使用多题项量表和李克特 7 分量表，该量表为强烈不同意（1）和强烈同意（7）。使用李等人（2002）的 7 题项量表来测量广告侵入性。采用李等人（2002）、梅拉比安和拉塞尔（Mechrabian & Russell, 1974）的 5 个题项来测量负面情绪。感知娱乐性是用一种由爱德华兹等人（Edwards et al., 2002）、茜恩和林（2016）改进的四项量表来测量的。测量控制感的题项在马尔霍特拉等人（Malhotra et al., 2004）、梅拉比安和拉塞尔（1974）的研究基础上修订。为了让量表题项更加契合信息流广告的实际场景，我们对所有题项的语句都进行了讨论和修改。随后，我们开展了一次预实验，随机选取 20 名消费者作为样本并调查他们的信息流广告回避行为，得出影响其回避行为的潜在因素。基于预实验中受访者的有效回答，我们在初始量表上对每个测量题项进行了调整和改写，以提高问卷的信效度。

尽管许多研究都采用了情感、认知和行为回避的三维度测量，但它们都没有强调机械反应，违反了斯派克和埃利奥特（1997）提出的定义。更严重的是，没有一项研究描述了移动社交媒体中信息流广告情境下的回避行为，而研究人员仍然以传统的方式描述它（Youn & Kim，2019）。考虑到信息流广告是移动社交网络中最常用的广告形式之一，在李等人（2020）的研究基础上，我们确定了三种回避行为模式对信息流广告的机械回避。首先，根据以往探索性研究结果，我们对快进、切换和静音设计了初始的 28 个题项作为初始库。在去掉语义几乎完全相同的单词后，我们得到了 20 个题项。其次，由 13 名参与者组成的焦点小组（包括 4 名来自手机互联网广告公司的高级职员、2 名本校市场营销专业的副教授、4 名硕士研究生和 3 名博士研究生）对题项进行了简化。然后，3 名研究人员选择来自初始库的题项与焦点小组的讨论记录进行了对比和分析。在研究人员和参与者共同比较、删除、补充和修改这些条目后，生成了包含 13 个题项的量表。最后，1 名市场营销教授和 2 名博士候选人重新检查了项目，并通过盲译—背译的方式准备了两个版本（英文和中文）用于接下来的调查。为了测试量表的心理测量特性，我们进行了一项在线调查。结果也表明它与数据的拟合度是可接受的。我们可以得出结论，三维模型可能是一种衡量回避行为的替代方法。

由现有的广告文献可知，消费者人口统计学特征可能对广告回避有显著影响（Cho & Cheon，2004；Ketelaar et al.，2015；Rojas-Méndez et al.，2009），其中包含了性别、年龄、职业和教育水平等变量。如果是女性则用 1 表示，如果是男性则用 0 表示。年龄是根据不同的年龄组进行测量的。受访者的教育水平被编为本科以下为 1，本科为 2，本科以上为 3。职业是根据受访者的收入水平来衡量的。研究测量项目见表 5-1。

表 5-1　研究测量项目

变量	标号	测量项目
广告侵入性	ADI1	我觉得朋友圈广告会让人分心
	ADI2	我觉得看朋友圈广告很烦人
	ADI3	我觉得朋友圈的广告会打扰我
	ADI4	我觉得朋友圈的广告给我一种被入侵的感觉
	ADI5	我觉得我的网络生活已经被朋友圈广告入侵了
	ADI6	我觉得朋友圈的广告太刺眼了
	ADI7	我总是被迫接受朋友圈推送的广告
负面情绪	NEE1	朋友圈广告给我的印象不深
	NEE2	朋友圈广告没有吸引力
	NEE3	点击朋友圈广告是没有意义的
	NEE4	点击朋友圈广告很烦人
	NEE5	点击朋友圈广告让我感觉很糟糕
感知娱乐性	PEE1	观看朋友圈广告被视为一种娱乐体验
	PEE2	朋友圈广告非常有趣
	PEE3	朋友圈广告很讨人喜欢
	PEE4	朋友圈广告非常有趣
控制感	SOC1	我认为停止朋友圈广告是可能的
	SOC2	我认为需要一些工具来阻止朋友圈的广告
	SOC3	考虑网上的资源、机会和知识，我很容易就停止了朋友圈广告
快进	ZIP1	我跳过有任何广告的更新状态
	ZIP2	我跳过任何广告更新状态
	ZIP3	我向下滚动屏幕，以避免更新任何广告状态
	ZIP4	我快进更新状态以避免广告
静音	MUT1	我故意不关注任何广告的更新状态
	MUT2	我故意不去看有广告的状态更新
	MUT3	我故意不去点击那些有广告的更新状态
	MUT4	我不阅读任何带有广告的更新状态，即使有些会引起我的注意

变量	标号	测量项目
	ZAP1	我与其他人交谈，而不是用广告更新状态
	ZAP2	我关闭朋友圈以避免任何广告
切换	ZAP3	如果可能，我会删除广告
	ZAP4	如果可能，我会屏蔽广告
	ZAP5	观看的时候我会切换到另一个社交媒体平台

5.6 结　果

5.6.1 测量模型

鉴于之前的研究没有对信息流广告回避、广告侵入性、负面情绪、控制感和感知娱乐性的测量，本章采用 SPSS 18.0 软件进行探索性因子分析（主成分因子分析＋方差旋转）对问卷数据进行初步分析。KMO 值为 0.876，巴特利特球形检验有统计学意义，卡方值＝7995.795，$p < 0.001$。我们的探索性因子分析的详细结果如表 5-2 所示，这表明每个维度的测量是合适的。所有的综合信度均在 0.819 以上，所有的克朗巴哈系数结果均大于 0.816，说明问卷数据的信度较高（见表 5-2）。每个结构的平均方差提取（AVE）均超过标准水平 0.500（见表 5-2）。这意味着，在这些项目中观察到的方差中，有一半以上是由它们的假设构念造成的。

表 5-2 探索性因子分析和信度分析

题项	1	2	3	4	5	6	7
ADI1	0.794						
ADI2	0.514						
ADI3	0.793						
ADI4	0.794						

题项	1	2	3	4	5	6	7
ADI5	0.810						
ADI6	0.803						
ADI7	0.764						
NEE1		0.653					
NEE2		0.794					
NEE3		0.796					
NEE4		0.760					
NEE5		0.741					
PEE1			0.804				
PEE2			0.919				
PEE3			0.915				
PEE4			0.859				
SOC1				0.804			
SOC2				0.869			
SOC3				0.832			
ZIP1					0.748		
ZIP2					0.859		
ZIP3					0.767		
ZIP4					0.789		
MUT1						0.717	
MUT2						0.590	
MUT3						0.796	
MUT4						0.799	
ZAP1							0.697
ZAP2							0.731
ZAP3							0.851
ZAP4							0.779
ZAP5							0.736
Eigenvalue	4.618	3.496	3.287	3.244	2.871	2.491	2.264

题项	1	2	3	4	5	6	7
Variance（%）	14.432	10.924	10.273	10.139	8.973	7.784	7.575
CPV（%）	14.432	25.356	35.630	45.769	54.742	62.526	70.101
组合信度	0.904	0.865	0.905	0.874	0.870	0.819	0.872
平均方差提取	0.577	0.563	0.767	0.698	0.627	0.534	0.579
克朗巴哈	0.878	0.874	0.927	0.833	0.867	0.816	0.846

此外，我们通过 AMOS 24.0 软件进行验证性因素分析来评估这 7 个维度的模型拟合度指标。测量模型的结果显示了可接受的拟合优度水平：卡方检验的统计量为 927.853（df=443，χ^2/df = 2.094），它有一个对应的 p 值（$p \leqslant 0.000$）。比较拟合指数（CFI）为 0.941，拟合优度指数为 0.866，调整后的拟合优度指数（AGFI）是 0.840，规范拟合指数为 0.894，塔克－刘易斯系数指数（TLI）为 0.934，均方根误差的近似（RMSEA）是 0.050，均方根残差（RMR）为 0.105，所有数据都表明该模型与数据之间的拟合度比较好（Gefen et al.，2011；Shiau & Chau，2016）。如表 5-3 所示，验证性因子分析结果有力地支持了因子的聚合效度，因为所有具有潜在结构的因子载荷都大于 0.500，并在 0.001 水平上具有统计学意义（Hair et al.，1992）。

表 5-3　显著性标准和因子载荷

条目	平均	标准偏差	因子载荷	Error	t 值	p 值
ADI1	4.450	1.551	0.817			0.000
ADI2	4.770	2.467	0.845	0.052	19.889	0.000
ADI3	4.740	1.494	0.880	0.050	21.199	0.000
ADI4	4.600	1.527	0.856	0.051	20.299	0.000
ADI5	4.280	1.561	0.811	0.053	18.722	0.000
ADI6	4.350	1.581	0.822	0.055	19.095	0.000
ADI7	4.520	1.671	0.792	0.057	18.104	0.000

续表

条目	平均	标准偏差	因子载荷	Error	t 值	p 值
NEE1	4.630	1.491	0.785			0.000
NEE2	4.490	1.463	0.866	0.060	18.862	0.000
NEE3	4.380	1.451	0.842	0.059	18.203	0.000
NEE4	3.910	1.553	0.836	0.063	18.037	0.000
NEE5	4.090	1.589	0.824	0.064	17.701	0.000
PEE1	3.430	1.512	0.771			0.000
PEE2	3.060	1.396	0.927	0.055	20.345	0.000
PEE3	3.000	1.402	0.921	0.056	20.192	0.000
PEE4	3.160	1.399	0.865	0.055	18.683	0.000
SOC1	4.230	1.596	0.776			0.000
SOC2	4.010	1.588	0.871	0.076	14.719	0.000
SOC3	4.150	1.566	0.709	0.067	13.408	0.000
ZIP1	4.670	1.655	0.542			0.000
ZIP2	4.700	1.630	0.803	0.136	10.740	0.000
ZIP3	4.790	1.688	0.873	0.147	11.150	0.000
ZIP4	4.790	1.641	0.877	0.144	11.168	0.000
MUT1	5.190	1.556	0.728			0.000
MUT2	4.130	1.669	0.691	0.079	12.618	0.000
MUT3	4.150	1.756	0.816	0.086	14.708	0.000
MUT4	4.610	1.768	0.808	0.087	14.583	0.000
ZAP1	4.310	1.544	0.644			0.000
ZAP2	3.830	1.608	0.628	0.096	10.639	0.000
ZAP3	4.190	1.646	0.879	0.108	13.590	0.000
ZAP4	4.520	1.672	0.813	0.107	13.009	0.000
ZAP5	3.620	1.646	0.680	0.100	11.353	0.000

5.6.2 结构模型

采用 AMOS 24.0 软件建立的结构方程模型，生成假设模型的路径估计系数。与已有研究所建议的标准值相比，结构模型各拟合指标对数据均有较好的拟合度（卡方 = 1118.665，自由度 = 452.000，卡方 / 自由度 = 2.471，比较拟合指数 = 0.919，塔克 – 刘易斯指数 = 0.912，近似误差均方根 = 0.062）。估计的标准化结构系数的假设关联之间的构式和它们的显著性显示在图 5-3 中。

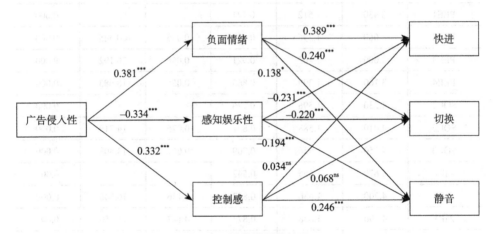

图 5-3 结构模型的结果

结果表明，广告侵入性与负性情绪（$\gamma = 0.381$，$p < 0.001$）和控制感（$\gamma = 0.332$，$p < 0.001$）呈正相关，从而为 H1 和 H3 提供支持。换句话说，感觉自己正在被广告侵犯的消费者可能会经历负面情绪和控制感。然而，感知娱乐性与广告侵入性呈负相关（$\gamma = -0.334$，$p < 0.001$），因此支持 H2。

如预期所想，负性情绪对广告的快进（$\gamma = 0.389$，$p < 0.001$）、切换（$\gamma = 0.240$，$p < 0.001$）和静音（$\gamma = 0.138$，$p < 0.050$）有显著的正向影响，从而支持 H4a、H4b 和 H4c。因此，当广告的出现使用户产生负面情绪时，用户可能会更频繁地对信息流广告进行快进、静音和切换。因此，接受假设 H5a、H5b、H5c。感知娱乐对广告快进（$\gamma = -0.231$，$p < 0.001$）、切换（$\gamma = -0.220$，$p < 0.001$）和静音（$\gamma = -0.194$，$p < 0.001$）有显著负向影响。这些结果表明，消费者更有可能

减少快速播放、切换广告和静音的广告回避行为，因为他们认为广告作为一种在线娱乐活动增加了浏览移动社交媒体的娱乐性和趣味性。控制感对广告快进（$\gamma = 0.034$，$p > 0.050$）和切换（$\gamma = 0.068$，$p > 0.050$）的影响不显著，但对静音（$\gamma = 0.246$，$p < 0.001$）有显著的正向影响。因此，拒绝假设 H6a 和 H6b，但 H6c 得到了支持，这表明消费者不太可能通过快进和切换来回避广告，而可能通过静音的方式来回避它们。

5.7　讨　论

5.7.1　主要结果

消费者在观看不是为了吸引目标用户而设计的信息流广告时，很可能会认为这则广告是分散注意力或令人恼火的，甚至可能会觉得被广告疏远或冒犯，因此他们会避开这则广告。我们的研究论证了广告回避作为广告的负面结果，并探讨了消费者广告反应因素如何影响结果。我们还利用 SOR 模型将这些因素整合到研究中检验它们之间的关系。主要研究结果如下：

首先，广告的侵入性作为一种外部刺激对移动社交媒体用户的感觉、情绪和感知产生了显著影响，与之前的研究结果一致（Edwards et al.，2002；Li et al.，2002；Youn & Kim，2019）。我们的研究证实广告的侵入性会影响消费者的负面情绪，如愤怒、沮丧和不悦。此外，我们发现广告侵入性与用户对移动社交媒体的控制感之间存在正相关关系，这在以前的文献中被忽略了。在经历了这种广告侵入性的外部刺激后，移动消费者更愿意停止现有的广告，以提高他们的控制感。有趣的是，我们发现广告侵入性和感知娱乐性之间存在很强的相关性：广告侵入性可以预测感知娱乐性。这与之前的一项研究相反，该研究声称，如果广告提供娱乐或有价值的信息，消费者可能不会将包含冗余信息的广告视为侵入性（Li et al.，2002）。

其次，我们的研究结果详细揭示了负面情绪、感知娱乐性和控制感（即有机体因素）对不同类型的广告回避（即反应）的显著直接影响。正如贝克和森本（2012）提出的，感知到的广告刺激或烦恼对广告回避有直接影响，本研究的结论揭示了这种回避的主要决定因素。此外，负面情绪成为影响广告快进、切换和静音的最重要因素，这表明广告的有效性最容易受到消费者负面情绪（如挫折和愤怒）的影响。

此外，我们的发现提供了经验证据，即感知娱乐性与广告的快进、切换和静音有关。感知娱乐性与广告回避之间存在显著的直接联系，这与之前的研究一致，即感知娱乐性对广告回避有显著影响（Shin & Lin，2016）。与此同时，我们的研究结果显示，对广告中断的控制感是广告静音的关键因素，控制感较高的用户通过自然的忽略广告来展现出自己从容不迫的心态，让自己的心情和体验最低程度受到广告的影响。但控制感不是快进和迅速删除广告的原因。一方面，消费者会理所当然地认为广告的突然出现会打断自己对社交媒体的使用体验，因为这种情况在实际购物体验或传统媒介中时有发生，他们已经习以为常，并认为自己有能力控制他们接触到广告的内容。另一方面，消费者更倾向于采取温和的回避方式，因为营销人员不太可能在未经他们允许的情况下向他们发送广告信息（即，广告对个人自由和自主构成威胁的可能性很小）。因此，控制感的临时性下降对他们来说可能不那么重要（Merisavo et al.，2007）。

5.7.2 理论启示

以往在这一领域的研究主要集中在欧洲和美国的传统媒体、互联网媒体和移动媒体的广告回避（Baek & Morimoto，2012；Cho & Cheon，2004；Seyedghorban et al.，2016；Van der Goot et al.，2018），我们的研究主要是分析影响移动社交媒体信息流广告回避的关键因素，特别是在我国社会化商务背景下。因此，本研究增强了我们对移动社交媒体环境中与回避信息流广告相关的消费者倾向的理解。

首先，本研究将信息流广告回避行为分成了三个子维度：快进、切换和静

音，进一步细化了用户广告回避行为的具体表现，这涉及广告回避行为的本质
（Baek & Morimoto，2012）。换句话说，我们的模型涵盖了信息流广告回避的三
个主要方式：快进、切换和静音，提供了一个创新、有效且具有高内容效度的
信息流广告回避模型。这不同于已有文献对信息流广告的研究（Van den Broeck
et al.，2018；Youn & Kim，2019a），他们主要关注认知、情感和行为回避，而
不是机械回避的具体形式。

　　其次，信息流广告研究领域中涉及广告回避前因的实证研究相当匮乏，
我们的研究增加了有关消费者在移动社交媒体环境中回避信息流广告的文献。
通过将 SOR 扩展到信息流广告情境来解决广告回避前因的实证研究紧缺这一
问题。与从用户视角出发的个人显著信念（如对广告的态度和广告怀疑论）
相比，我们强调广告侵入性作为外部刺激的间接效应，以及负面情绪、感知
娱乐性和控制感作为有机体因素对消费者关于信息流广告的回避反应的直接
影响。

　　最后，除了进一步确认广告侵入性与负面情绪之间的显著关系（Baek &
Morimoto，2012；Edwards et al.，2002；Huh et al.，2015），我们的研究也分析
了广告侵入性对感知娱乐性和控制感的影响，这为变量之间的关系提供了一个
新的视角。此外，我们第一次证明了对广告终止的控制感的增加可以直接引起
广告回避。早期的研究就已经采用这种控制个人信念的概念，但仍缺乏探索广
告侵入性和阻止广告的控制感之间的关系。虽然感知娱乐性被认为是广告侵入
性的前提，感知失控被证明在广告回避中有关键作用（Edwards et al.，2002；
Morimoto & Chang，2006），这些变量到目前为止还没有被综合起来进行深入探
究。本章补充研究了上述变量并进一步发现了这些变量之间的具体关系，这些
关系与以前的研究有所不同。

5.7.3　实践建议

　　鉴于消费者对移动设备的广泛使用和营销人员对通过这一新兴媒介进行广

告的持续兴趣，有必要更好地了解影响信息流广告回避的潜在因素。因此，我们认为这项研究的结果可以为参与产品或服务在线营销的社交媒体广告从业者提供一定的启示。

首先，广告商需要以一种尽量减少侵入感的方式来定位消费者。广告商可以根据消费者的需求积极创造更好的针对性广告（Minton et al.，2012），可以通过大数据精准定位每个用户的需求，在合适的时机推送信息流广告，向目标用户推荐最新的、可用性强的产品或服务（张皓等，2023）。广告商还应当控制他们推送信息流广告的数量和频率，可持续性地发挥广告的宣传作用，短时间内推送过多的广告会让用户感到自己浏览社交媒体的时间不停地遭受侵犯和干扰，容易引发用户不耐烦、愤怒等负面情绪。另一个减少广告干扰性的策略与广告的相关性、兴趣和价值有关（Rejón-Guardia & Martí nez-Ló pez，2014）。广告的感知相关性和价值对消费者的态度和行为反应有至关重要的影响（Jung，2017；Zeng et al.，2009）。因此，如果广告商通过提供更准确的信息或更重要更有趣的内容来增加广告与消费者的相关性，那么消费者对于入侵的感知就会降低。广告商还应当关注信息流广告与用户正在访问的界面之间的关系，增加两者的相关性，避免让用户在短时间内从一种浏览状态快速切换到另一种状态。广告的视觉效果、音频效果甚至主题不能有较大差异，否则用户会认为他们正在进行的活动体验遭到了侵入。例如，视频平台正在播放的恐怖片中突然弹出少儿风格的广告显然是不合适的。

其次，情绪反应，如负面情绪和感知娱乐性在消费者回避中起着至关重要的作用，所以有效的广告需要包含一定程度的惊喜。这意味着为了减少消费者的负面情绪，在一定程度上广告商可以为他们的顾客提供奖励和促销，以鼓励他们参与广告信息。移动社交媒体可以与广告商达成合作，广告商提供具体的广告内容，社交媒体平台则负责投放广告。为了减少用户的负面情绪，平台可以设置广告观看奖励机制，对观看广告时长达到要求的用户给予奖励，如网络游戏的虚拟装备、网络视频平台的会员等。平台还可以通过后台大数据记录情况持续追踪那些为了获取奖励而经常观看信息流广告的用户，这些用户面对附带奖励的广告时不会产生负面情绪，采取广告回避行为的可能性很低。对这些用户可以适当增加信息流广告个性化推送的频率。这种机制还启发广告需求方企业、广告商、社交媒体平台资源共享，发挥各自的优势，采取多主体合作形式的广告商业模式。我们的研究结果建议广告商通过增加广告的感知娱乐性来避免用户的广告回避行为。广告商应该精心设计和改善广告的内容，一味地输出商品的相关信息会让用户感到乏味和无聊，在广告成本允许的范围内适当增加符合当下时代特征的科普性、趣味性甚至公益性的内容（如在医药广告中向消费者介绍疾病预防知识）。此外，当一个广告符合用户的目标，那么广告的内容就会被视为一个关于产品和服务的有用的信息，甚至作为媒介展示娱乐性的一部分（Rejón-Guardia & Martínez-López，2014），消费者也更愿意仔细浏览广告。为了增强消费者的感知娱乐性，广告还可以利用社交媒体交互性强的特点，通过在认识的用户之间产生友好而有趣的沟通来发挥作用，鼓励接受信息流广告的用户在观看完广告之后愿意通过转发广告、推荐商品等方式与新顾客分享信息及他们自己的建议。

最后，消费者可能会接受广告表现出的沟通努力，因为他们认为通过邮件和互联网传递给他们的信息类型能赋予他们很高的控制感（Morimoto & Chang，2006）。这意味着广告商应该适当地根据类型对广告和广告接受者进行分类。此外，在线广告商应该为消费者提供足够的自主权，给予用户更多的自由和权利来控制其广告曝光的长度和时间，这样他们就可以在任何时间、任何地点轻松地停止广告，例如视频类型的信息流广告需要显示播放进度条，用户可以通过拖动进度条来控制观看广告的时间或跳转到他们想看的那部分；同样的，一些完全由广告商支配的广告（如无法关闭的弹窗广告）极大地破坏了用户的控制感，应该被取缔。总的来说，在营销人员和消费者之间的互动过程中，应该保证消费者对他们的信息享有控制权，并且营销人员应该告知消费者有关的个人隐私问题。

5.7.4 局限性及未来研究

像大多数研究一样，本研究有以下三方面的局限。首先，本章的分析重点是一个特定的社交媒体平台——微信朋友圈，有着特定的社交商业模式和用户社区。因此，如果没有进一步的分析，结果无法将结论更普遍地推广到其他的社交媒体平台，例如社交属性较强的平台（如推特）和视频平台（如哔哩哔哩）。换句话说，我们只是通过来自微信朋友圈的单一研究来调查信息流广告的消费者回避。此外，由于移动社交媒体平台在这一背景下的特点和文化因素可能会不同的影响广告回避，本模型的通用性可能会受到限制。因此，在未来的研究中应开展跨平台、跨文化的比较研究。其次，本章旨在探讨移动端消费者采取信息流广告回避的原因，并以此为创新点拓展对信息流广告回避的进一步研究。然而，广告的重要属性还有很多，它们都可能成为影响广告回避的前因，如广告效用、广告态度、广告怀疑和感知广告相关性，这些潜在的前因需要被调查以扩展该领域的相关研究。最后，本章没有考虑人口统计学因素对调查结果的影响，问卷调查所使用的被试样本中大部分都是学生。事实上，不同的职业群体和年龄群体有着不同的移动社交媒体使用习惯，他们对待信息流广告的态度也会有所不同。本研究的结果可能无法反映一个混合了多种群体的调查样本的消费者行为。今后需要开展一项更能全面地调查消费者对信息流广告的反应的纵向研究，这需要进一步研究在年龄、职业范围更广的非学生样本上复制概念模型，以提高外部有效性。

参考文献

AAKER D A, BRUZZONE D E, 1985. Causes of irritation in advertising [J]. Journal of Marketing, 49 (2): 47-57.

ABERNETHY A M, 1991. Physical and mechanical avoidance of television commercials: an exploratory study of zipping, zapping and leaving [J]. In Proceedings of the American Academy of Advertising: 223-231.

AJZEN I, DRIVER B L, 1991. Prediction of leisure participation from behavioral, normative, and control beliefs: an application of the theory of planned behavior [J]. Leisure Sciences, 13 (3): 185-204.

ARMSTRONG J S, OVERTON T S, 1977. Estimating nonresponse bias in mail surveys [J]. Journal of Marketing Research, 14 (3): 396-402.

BAEK T H, MORIMOTO M, 2012. Stay away from me: examining the determinants of consumer avoidance of personalized advertising [J]. Journal of Advertising, 41 (1): 59-76.

BAGOZZI R P, GOPINATH M, NYER, P.U, 1999. The role of emotions in marketing[J]. Journal of the Academy of Marketing Science, 27 (2): 184-206.

BAKER J, GREWAL D, PARASURAMAN A, 1994. The influence of store environment on quality inferences and store image [J]. Journal of the Academy of Marketing Science, 22 (4): 328-339.

BARNES S J, 2002. Wireless digital advertising: nature and implications [J]. International Journal of Advertising, 21 (3): 399-420.

BELANCHE D, FLAVIÁN C, PÉREZ-RUEDA A, 2017. Understanding interactive online advertising: Congruence and product involvement in highly and lowly arousing, skippable video ads [J]. Journal of Interactive Marketing, 37: 75-88.

BELLMAN S, SCHWEDA A, VARAN D, 2010. The residual impact of avoided television advertising [J]. Journal of Advertising, 39 (1): 67-81.

BENWAY J P, 1998. Banner blindness: The irony of attention grabbing on the world wide web [J]. Proceedings of the Human Factors and Ergonomics Society Annual Meeting, 42 (5): 463-467.

BRYCE WENDY J, RICHARD F Y, 1993. Hearing versus seeing: A comparison of consumer learning of spoken and pictorial information in television advertising [J]. Journal of Current Issues and Research in Advertising, 15: 1-20.

CAMPBELL C, MARKS L J, 2015. Good native advertising isn't a secret [J]. Business Horizons, 58 (6): 599-606.

CHAMORRO-MERA A, MIRANDA F J, RUBIO S, 2014. Facebook as a marketing tool: an analysis of the 100 top-ranked global brands [J]. International Journal of Virtual Communities and Social Networking, 6 (4): 14-28.

CHANG Y T, YU H, LU H P, 2015. Persuasive messages, popularity cohesion, and message diffusion in social media marketing [J]. Journal of Business Research, 68 (4): 777-782.

CHATTERJEE S, 2020. Drivers of helpfulness of online hotel reviews: a sentiment and emotion mining approach [J]. International Journal of Hospitality Management, 1: 102356.

CHENG X S, GU Y, HUA Y, et al., 2021. The paradox of word-of-mouth in social commerce: exploring the juxtaposed impacts of source credibility and information quality on SWOM spreading [J]. Information and Management, 58 (7): 103505.

CHIN W W, THATCHER J B, WRIGHT R T, 2012. Assessing common method bias: problems with the ULMC technique [J]. MIS Quarterly, 36 (3): 1003-1019.

CHO C H, CHEON H J, 2004. Why do people avoid advertising on the Internet? [J]. Journal of Advertising, 33 (4): 89-97.

CHU S C, 2011. Viral advertising in social media: participation in Facebook groups and responses among college-aged users [J]. Journal of Interactive Advertising, 12 (1): 30-43.

CNNIC, 2018. The 42nd China statistical report on Internet development [R/OL]. (2018-07-20) [2022-06-20]. http: //www.cnnic.net.cn/hlwfzyj/hlwxzbg/hlwtjbg/201808/t20180820_70488.htm.

COWLEY E, BARRON C, 2008. When product placement goes wrong: the effects of program liking and placement prominence [J]. Journal of Advertising, 37 (1): 89-98.

DHOLAKIA U M, 2000. Temptation and resistance: an integrated model of consumption impulse formation and enactment [J]. Psychology & Marketing, 17 (11): 955-982.

DILLMAN D, HOBOKEN N, 2007. Mail and Internet surveys: the tailored design method [J]. Journal of Continuing Education in the Health Professions, 30 (3): 206-206.

DONOVAN R J, 1982. Store atmosphere: an environment psychology approach [J]. Journal of Retailing, 58 (1): 34-57.

DUFF B R L, FABER R J, 2011. Missing the mark: advertising avoidance and distractor devaluation [J]. Journal of Advertising, 40 (2): 51-62.

EDWARDS S M, LI H, LEE J H, 2002. Forced exposure and psychological reactance: antecedents and consequences of the perceived intrusiveness of Pop-up Ads [J]. Journal of Advertising, 31 (3): 3-95.

ELLIOT A J, THRASH T M, 2002. Approach-avoidance motivation in personality: Approach and avoidance temperaments and goals [J]. Journal of Personality and Social Psychology, 82 (5): 804-818.

EROGLU S A, MACHLEIT K A, DAVIS L M, 2001. Atmospheric qualities of online retailing: a conceptual model and implications [J]. Journal of Business Research, 54 (2): 177-184.

FAN S, LU Y, GUPTA S, 2017. Social Media In-Feed Advertising: the Impacts of Consistency and Sociability on Ad Avoidance [EB/OL]. (2017-03-29) [2018-07-20]. http://en.paper.edu.cn.

FREDRICKSON B L, LEVENSON R W, 1998. Positive emotions speed recovery from the cardio-vascular sequelae of negative Emotions [J]. Cognition & Emotion, 12 (2): 191-220.

GEFEN D, RIGDON E E, STRAUB D, 2011. Editor's comments: an update and extension to SEM guidelines for administrative and social science research [J]. MIS Quarterly, 35(2): iii-xiv.

GILET A L, JALLAIS C, 2011. Valence, arousal and word associations [J]. Cognition and Emotion, 25 (4): 740-746.

GREENE, WILLIAM F, 1988. Maybe the valley of the shadow isn't so dark after all [J]. Journal of Advertising Research, 28: 11-15.

GUTIERREZ A, O'LEARY S, RANA N P, et al., 2019. Using privacy calculus theory to explore entrepreneurial directions in mobile location-based advertising: identifying intrusiveness as the critical risk factor [J]. Computers in Human Behavior, 95: 295-306.

HAIR J F, ANDERSON R E, TATHAM R L, et al., 1992. Multivariate Data Analysis with Readings, 5th ed. [M]. Prentice-Hall, Upper Saddle River, NY.

HA L, 1996. Advertising clutter in consumer magazines: dimensions and effects [J]. Journal of Advertising Research, 36 (4): 76-85.

HA L, MCCANN K, 2008. An integrated model of advertising clutter in offline and online media [J]. International Journal of Advertising, 27 (4): 569-592.

HALL M, ELLIOTT K, MENG J G, 2017. Using the PAD (pleasure, arousal, and dominance) model to explain Facebook attitudes and use intentions [J]. The Journal of Social Media in Society, 6 (1): 144-169.

HUANG L T, 2016. Flow and social capital theory in online impulse buying [J]. Journal of Business Research, 69 (6): 2277-2283.

HUH J, DELORME D E, REID L N, 2015. Do consumers avoid watching over-the-counter drug advertisements?: An analysis of cognitive and affective factors that prompt advertising avoidance [J]. Journal of Advertising Research, 55 (4): 401-415.

JAMIL R A, QAYYUM A, 2019. Perils of consumers' skepticism towards online advertising: The remedial role of Islamic advertising ethics [J]. Journal of Islamic Business and Management, 9 (1):176-196.

JANG S S, NAMKUNG Y, 2009. Perceived quality, emotions, and behavioral intentions: application of an extended Mehrabian-Russell model to restaurants [J]. Journal of Business Research, 62 (4): 451-460.

JUNG A R, 2017. The influence of perceived ad relevance on social media advertising: an empirical examination of a mediating role of privacy concern [J]. Computers in Human Behavior, 70: 303-309.

JUNG J, SHIM S W, JIN H S, et al., 2016. Factors affecting attitudes and behavioural intention towards social networking advertising: a case of Facebook users in South Korea [J]. International Journal of Advertising, 35 (2): 248-265.

KELLER E, FAY B, 2012. Word-of-mouth advocacy: a new key to advertising effectiveness [J]. Journal of Advertising Research, 52 (4): 459-464.

KELLY L, KERR G, DRENNAN J, 2010. Avoidance of advertising in social networking sites: the teenage perspective [J]. Journal of Interactive Advertising, 10 (2): 16-27.

KETELAAR P E, KONIG R, SMIT E G, et al., 2015. In ads we trust. religiousness as a predictor of advertising trustworthiness and avoidance [J]. Journal of Consumer Marketing, 32 (3): 190-198.

KIM J, LENNON S J, 2013. Effects of reputation and website quality on online consumers' emotion, perceived risk and purchase intention: based on the stimulus-organism-response model [J]. Journal of Research in Interactive Marketing, 7 (1): 33-56.

KIM S, PARK G, LEE Y, et al., 2016. Customer emotions and their triggers in luxury retail: Understanding the effects of customer emotions before and after entering a luxury shop [J]. Journal of Business Research, 69 (12): 5809-5818.

KOSHKSARAY A A, FRANKLIN D, HANZAEE K H, 2015. The relationship between E-lifestyle and Internet advertising avoidance [J]. Australasian Marketing Journal, 23 (1): 38-48.

KUMAR S, SHAH A, 2021. Revisiting food delivery apps during covid-19 pandemic? Investigating the role of emotions [J]. Journal of Retailing and Consumer Services, 62: 102595.

KUSUMASONDJAJA S, TJIPTONO F, 2019. Endorsement and visual complexity in food advertising on instagram [J]. Internet Research, 29 (4): 659-687.

LEE J, HONG I B, 2016. Predicting positive user responses to social media advertising: the roles of emotional appeal, informativeness, and creativity [J]. International Journal of Information Management, 36 (3): 360-373.

LI H, EDWARDS S M, LEE J H, 2002. Measuring the intrusiveness of advertisements: scale development and validation [J]. Journal of Advertising, 31 (2): 37-47.

LI H, LO H Y. 2015. Do you recognize its brand? The effectiveness of online in-stream video advertisements [J]. Journal of Advertising, 44 (3): 208-218.

LI X D, WANG C, ZHANG Y P, 2020. The dilemma of social commerce: why customers avoid peer-generated advertisements in mobile social networks [J]. Internet Research, 30 (3): 1059-1080.

LIN K Y, LU H P, 2011. Why people use social networking sites: An empirical study integrating network externalities and motivation theory [J]. Computers in Human Behavior, 27 (3): 1152-1161.

LU J D, WANG X L, DAI Z, et al., 2021. Antecedents of customer WOM in glamping: the critical role of original ecology [J]. International Journal of Hospitality Management, 95: 102919.

MALHOTRA N K, KIM S S, AGARWAL J, 2004. Internet users' information privacy concerns (iuipc): the construct, the scale, and a causal model [J]. Information Systems Research, 15 (4): 336-355.

MALHOTRA N K, KIM S S, PATIL A, 2006. Common method variance in IS research: a comparison of alternative approaches and a reanalysis of past research [J]. Management Science, 52 (12): 1865-1883.

MARGARIDA BARRETO A, 2013. Do users look at banner ads on facebook? [J]. Journal of Research in Interactive Marketing, 7 (2): 119-139.

MASSARA F, LIU S S, MELARA R D, 2010. Adapting to a retail environment: modeling consumer environment interactions [J]. Journal of Business Research, 63 (7): 673-681.

MCCOY S, EVERARD A, POLAK P, et al., 2008. An experimental study of antecedents and consequences of online ad intrusiveness [J]. International Journal of Human-Computer Interaction, 24 (7): 672-699.

MEHRABIAN A, RUSSELL J A, 1974a. An Approach to environmental psychology [M]. The MIT Press.

MEHRABIAN A, RUSSELL J A, 1974b. The basic emotional impact of environments [J]. Perceptual and Motor Skills, 38 (1): 283-301.

MERISAVO M, KAJALO S, KARJALUOTO H, et al., 2007. An empirical study of the drivers of consumer acceptance of mobile advertising [J]. Journal of Interactive Advertising, 7 (2): 41-50.

MIKALEF P, GIANNAKOS M, PATELI A, 2013. Shopping and word-of-mouth intentions on social media [J]. Journal of Theoretical and applied Electronic Commerce Research, 8: 17-34.

MILNE, GEORGE R, ANDREW J R, 2004. Consumers' protection of online privacy and identity [J]. Journal of Consumer Affairs, 38 (2): 217-232.

MILTGEN C L, CASES A S, RUSSELL C A, 2019. Consumers' responses to Facebook advertising across PCs and mobile phones: a model for assessing the drivers of approach and avoidance of Facebook ads [J]. Journal of Advertising Research, 59 (4): 414-432.

MINTON E, LEE C, ORTH U, et al., 2012. Sustainable marketing and social media: a cross-country analysis of motives for sustainable behaviors [J]. Journal of Advertising, 41 (4): 69-84.

MOLINILLO S, AGUILAR-ILLESCAS R, ANAYA-SANCHEZ R, 2021. Social commerce website design, perceived value and loyalty behavior intentions: the moderating roles of gender, age and frequency of use [J]. Journal of Retailing and Consumer Services, 63: 102404.

MORIMOTO M, CHANG S, 2006. Consumers' attitudes toward unsolicited commercial e-mail and postal direct mail marketing methods: intrusiveness, perceived loss of control, and irritation [J]. Journal of Interactive Advertising, 7 (1): 1-11.

MUÑOZ-LEIVA F, HERNÁNDEZ-MÉNDEZ J, GÓMEZ-CARMONA D, 2019. Measuring advertising effectiveness in travel 2.0 websites through eye-tracking technology [J]. Physiology & Behavior, 200: 83-95.

OH J, FIORITO S S, CHO H, et al., 2008. Effects of design factors on store image and expectation of merchandise quality in web-based stores [J]. Journal of Retailing and Consumer Services, 15 (4): 237-249.

OKAZAKI S, MOLINA F J, HIROSE M, 2012. Mobile advertising avoidance: exploring the role of ubiquity [J]. Electronic Markets, 22 (3): 169-183.

PARBOTEEAH D V, VALACICH J S, WELLS J D, 2008. The influence of website characteristics on a consumer's urge to buy impulsively [J]. Information Systems Research, 20 (1): 60-78.

PODSAKOFF P M, ORGAN D W, 1986. Self-reports in organizational research: problems and prospects [J]. Journal of Management, 12 (4): 531-544.

PASADEOS Y, 1990. Perceived informativeness of and irritation with local advertising [J]. Journalism Quarterly, 67 (1): 35-39.

PECHMANN C, STEWART D J, 1988. A critical review of wearin and wearout [J]. Journal of Current Issues & Research in Advertising, 11 (1): 285-330.

PHELPS J, NOWAK G, FERRELL E, 2000. Privacy concerns and consumer willingness to provide personal information [J]. Journal of Public Policy & Marketing, 19 (1): 27-41.

RAU P L P, LIAO Q, CHEN C, 2013. Factors influencing mobile advertising avoidance [J]. International Journal of Mobile Communications, 11 (2): 123-139.

REJÓN-GUARDIA F, MARTÍNEZ-LÓPEZ F J, 2014. Online advertising intrusiveness and consumers' avoidance behaviors [M]. In Handbook of Strategic E-business Management, Berlin, Heidelberg: 565-586.

RICHINS M, 1997. Measuring emotions in the consumption experience [J]. Journal of Consumer Research, 24 (2): 127-146.

ROJAS-MÉNDEZ J I, DAVIES G, MADRAN C, 2009. Universal differences in advertising avoidance behavior: a cross-cultural Study [J]. Journal of Business Research, 62 (10): 947-954.

RUSSELL, J, 1980. A circumplex model of affect [J]. Journal of Personality and Social Psychology, 39: 1161-1178.

SEYEDGHORBAN Z, TAHERNEJAD H, MATANDA M J, 2016. Reinquiry into advertising avoidance on the Internet: a conceptual replication and extension [J]. Journal of Advertising, 45 (1): 120-129.

SHARMA A, DWIVEDI Y K, V ARYA, et al., 2021. Does SMS advertising still have relevance to increase consumer purchase intention? A hybrid PLS-SEM-Neural network modelling approach [J]. Computers in Human Behavior, 124: 106919.

SHEEHAN KIM B, MARIEA G HOY, 1999. Flaming, complaining, abstaining: How online users respond to privacy concerns [J]. Journal of Advertising, 28 (3):37-51.

SHIAU W-L, CHAU Y K, 2016. Understanding behavioral intention to use a cloudcomputing classroom: a multiple model-comparison approach [J]. Information & Management, 53 (3): 355-365

SHIAU W-L, YUAN Y, PU X, et al., 2020. Understanding fintech continuance: perspectives from self-efficacy and ECT-IS theories [J]. Industrial Management & Data Systems, 120 (9): 1659-1689.

SHIN W, LIN T T C, 2016. Who Avoids location-based advertising and why? Investigating the relationship between user perceptions and advertising avoidance [J]. Computers in Human Behavior, 63: 444-452.

SPECK P S, ELLIOTT M T, 1997. Predictors of advertising avoidance in print and broadcast media [J]. Journal of Advertising, 26 (3): 61-76.

SWEENY K, MELNYK D, MILLER W, 2010. Information avoidance: who, what, when, and why [J]. Review of General Psychology, 14 (4): 340-353.

TENCENT, 2018. Tencent announces second quarter and interim results for 2018 [EB/OL]. [2018-05-22]. https: //www.tencent.com/zh-cn/company.html.

TRAN T P, 2017. Personalized ads on Facebook: an effective marketing tool for online marketers [J]. Journal of Retailing and Consumer Services, 39: 230-242.

TSAI W H S, MEN R L, 2018. Social messengers as the new frontier of organization-public engagement: a WeChat study [J]. Public Relations Review, 44 (3): 419-429.

VAN DEN BROECK E, POELS K, WALRAVE M, 2018. An experimental study on the effect of ad placement, product involvement and motives on Facebook ad avoidance [J]. Telematics and Informatics, 35 (2): 470-479.

VAN DER GOOT M J, ROZENDAAL E, OPREE S J, et al., 2018. Media generations and their advertising attitudes and avoidance: A six-country comparison [J]. International Journal of Advertising, 37 (2): 289-308.

WILBUR K C, 2016. Advertising content and television advertising avoidance [J]. Journal of Media Economics, 29 (2): 51-72.

WOTTRICH V, VAN REIJMERSDAL E, SMIT E, 2018. The privacy trade-off for mobile App downloads: The roles of Appvalue [J]. Intrusiveness, and privacy concerns, Decision Support Systems, 106: 44-52.

XU H, OH L B, TEO H H. 2009. Perceived Effectiveness of Text vs. Multimedia Location-based Advertising Messaging [J]. International Journal of Mobile Communications 7 (2) : 154-177.

XU H, TEO H H, TAN B C, et al., 2009. The role of push-pull technology in privacy calculus: the case of location-based services [J]. Journal of Management Information Systems, 26 (3): 135-174.

YING L, KORNELIUSSEN T, GRØNHAUG K, 2009. The effect of ad value, ad placement and ad execution on the perceived intrusiveness of web advertisements [J]. International Journal of Advertising, 28 (4): 623-638.

YING T Y, TANG J Y, YE S, et al., 2021. Virtual reality in destination marketing: telepresence, social presence, and tourists' visit intentions [J]. Journal of Travel Research, 61 (6): 100.

YOUN S, KIM S, 2019a. Understanding ad avoidance on Facebook: antecedents and outcomes of psychological reactance [J]. Computers in Human Behavior, 98: 232-244.

YOUN S, KIM S, 2019b. Newsfeed native advertising on Facebook: young millennials' knowledge, pet peeves, reactance and ad avoidance [J]. International Journal of Advertising, 38 (5): 651-683.

ZENG F, HUANG L, DOU W, 2009. Social factors in user perceptions and responses to advertising in online social networking communities [J]. Journal of Interactive Advertising, 10 (1): 1-13.

ZHANG J, MAO E, 2016. From online motivations to ad clicks and to behavioral intentions: an empirical study of consumer response to social media advertising [J]. Psychology & Marketing, 33 (3): 155-164.

ZHANG M, REN C S, WANG G A, 2018. The impact of channel integration on consumer responses in omnichannel retailing: the mediating effect of consumer empowerment [J]. Electronic Commerce Research and Applications, 28: 181-193.

ZHANG H, LU Y, GUPTA S, et al., 2014. What motivates customers to participate in social commerce? The impact of technological environments and virtual customer experiences [J]. Information & Management, 51 (8): 1017-1030.

ZHANG K Z, BENYOUCEF M, 2016. Consumer behavior in social commerce: a literature review [J]. Decision Support Systems, 86: 95-108.

ZHANG Y, LI X, HAMARI J, 2020. How does mobility affect social media advertising effectiveness? a study in Wechat [J]. Industrial Management and Data Systems, 120 (11): 2081-2101.

廖秉宜，温有为，胡杰，2022. 智能手机用户 App 开屏广告回避的影响因素研究 [J]. 新闻大学（8）：92-107，124-125.

金定海，徐进，2016.原生营销：再造生活场景 [M].北京：中国传媒大学出版社：30.

李彪，2019.信息流广告：发展缘起、基本模式及未来趋势 [J].新闻与写作（10）：54-58.

万君，秦宇，赵宏霞，2014.网络视频广告对情感反应和产品购买意愿影响因素研究 [J].消费经济，30（2）：59-65.

宣长春，2021.广告侵入性对社交媒体广告态度的影响：不同文化紧密度的差异化表现 [J].现代传播（中国传媒大学学报），43（10）：135-140.

张皓，肖邦明，黄敏学，2023.基于用户动态信息加工的信息流广告回避机制与重定向策略 [J].心理科学进展（2）：1-17.

第 6 章
基于情感规制的广告回避行为分解模型

6.1　背　景

　　智能手机、平板电脑和智能手表等移动设备正在使社交媒体网络更具"移动性"。当今时代，无线通信技术（Wi-Fi）和 4G/5G 通信等技术促进了移动设备的研发和更新，人们对移动设备的使用日益普及。对于社交媒体网络，当移动设备和互联网的传统限制逐渐放松时，各种社交媒体网络（如脸书、推特、邻客、微信、微博等）都能够为用户提供移动登录渠道（如通过移动应用程序应用；Li et al.，2020；Liu et al.，2020），用户几乎可以在任何时间、任何地点访问这些网络（Humphreys，2013；Kaplan，2012）。用户对移动社交媒体互动的依赖正在增长（Burnell & Kuther，2016；Li et al.，2019），移动社交媒体相较于传统的社交媒体有着独特的优势，它拥有更多的选择权，降低了用户网络的使用成本和空间成本，尤其是生活节奏和工作节奏越发加快的今天，移动社交媒体能够使用户最大限度地利用个人的碎片化时间，在有限的空闲时间内接收更多的网络信息。不局限于信息沟通，它逐渐与商业交易、生活服务等应用融合，从而使用户规模逐渐扩大。对于品牌和广告商来说，它已经成了一个更具优势的媒体渠道（Chinchanachokchai & de Gregorio，2020；Tan et al.，2018）。可以说，移动社交媒体广告在 2021 年发展成为一个超过 300 亿美元的潜在市场，并成为网络广告收入的主要部分。

然而，在这股移动社交媒体广告热潮的另一面，还有几个问题值得注意。这些问题主要源于移动社交媒体用户与广告相关体验的退化。向移动社交媒体用户发布的一些广告可能会被认为是侵入性或鲁莽的（Noguti & Waller，2020）、滥用个人信息（Rafieian & Yoganarasimhan，2021），并通过令人震惊的言论使移动社交媒体广告获得恶名（Mpinganjira & Maduku，2019）。由此带来最为严重的问题是，用户可能会出现对移动社交媒体广告的回避行为。移动社交媒体广告回避行为的增加减弱了广告的说服效果。更为严重的是，移动社交媒体广告激发了用户对广告的强烈抵触感，当移动社交媒体用户更频繁地接触广告，它们通过刺激产生更多的回避行为而破坏了移动社交媒体的环境（Li et al.，2020）。

以往的研究探究主要各种媒体类型导致广告回避的机制，从四种主要类型的传统媒体（报纸、杂志、广播和电视）（Speck & Elliott，1997；Prendergast et al.，2010），到在线广告、电子邮件（特别是需要使用台式计算机访问互联网的电子邮件）（Baek & Morimoto，2012）、网站（Söllner & Dost，2019；van der Goot et al.，2018）、视频（Hussain & Lasage，2014；Li & Yin，2021）、社交媒体网络（Kelly et al.，2010；Li & Yin 2021；Youn & Shin，2019）和手机广告如短信（Azizi，2013）等。然而，移动社交媒体广告回避的特殊场景很少被探讨。更重要的是，移动社交媒体广告回避受到情感作用的驱动。尽管"情感作用"这一视角与社会化和理性的观点一样都是常用的观点（Vakratsas & Ambler，1999），但在研究广告接受和回避行为方面，与其他两个视角相比情感视角却很少得到学者的关注。

基于上述观点，本章旨在揭示移动社交媒体使用者的情感状态，这种情感状态是由他们在接触移动社交媒体广告时的回避或接受反应产生的。本章还探讨了基于情感的移动社交媒体广告的回避机制。具体来说，本章依据情绪调节理论提出并检验了基于情感的移动社交媒体广告回避的分解模型。在这个模型中，情绪的维度（愉悦、唤醒和控制）（Mehrabian & Russell，1974）分别对应广告元素的三个方面（感官唤醒、内容和媒介），然后与情绪调节的路径相关联，包括注意三种类型的广告回避：略读、忽略和屏蔽（Speck & Elliott，1997）。

6.2　相关文献

6.2.1　广告回避

斯派克和埃利奥特（1997）将广告回避定义为一种行为反应，包括用户个人为了"差异化地减少他们对广告内容的接触"而采取的所有行动。广告回避可以是根据特定场景而定的，因为广告的形式随着广告媒体和媒体互动的多样性而发展（如表 6-1 所示）。无论是通过大众媒体（Speck & Elliott，1997），还是通过互联网（Guardia，2009；Hervet et al.，2011）播放，受众在遇到不想要的信息时，都可以简单地把头或眼睛转开，或者在认知上忽略它。"快进"（Zapping）最初是电视广告的一种回避策略（Wilbur，2016），当受众发现广告内容偏离故事主要情节或者不是自己喜欢的内容时，他们会选择更换频道来回避广告，直到预计广告播放完才会返回原来的频道。这种回避策略后来发展成为一种被称为"略读"的回避行为，广泛应用于印刷、广播和互联网等媒体（Huh et al.，2015）。当互联网用户认为互联网广告降低了网页访问速度或者影响了他们浏览感兴趣的内容时，他们会选择快速跳过广告内容并且故意不点击任何与广告相关的链接。媒体互动性的增加为用户提供了替代策略，而且替代策略通常是更积极的选择，以避免诸如删除或阻止广告信息（Okazaki et al.，2012；Shin & Lin，2016）、电子邮件（Baek & Morimoto，2012）或在线广告（如横幅广告、弹出式广告和输入式广告，Söllner & Dost，2019；van der Goot et al.，2018）。

研究的主体要么集中于一般性回避策略（Chinchanachokchai & de Gregorio，2020；Wijenayake & Pathirana，2019），要么集中于一种特定的回避策略（Hervet et al.，2011；Wilbur，2016），要么根据回避的分类将其分为认知回避（认知

筛选）、身体回避（仅涉及身体行为）或机械回避（利用外部工具如电视遥控器、屏蔽计算机程序，Speck & Elliott，1997）。

表 6-1　广告回避形式及前因

来源	媒介	广告回避形式	理论视角	广告回避的前因
Speck & Elliott，1997	广播和印刷媒体（电视、广播、报纸、杂志）	认知回避：忽略广告；身体回避：手动翻过广告；机械规避：消除广告	理性	内容相关因素：对广告内容的感知 媒介相关因素：使用媒介的数量，使用媒介的广度 受众因素：对媒介的态度，人口统计学因素
Prendergas et al.，2010	广播和印刷媒体（电视、广播、报纸、杂志）	不特定	社会化	受众因素：对广告的总体态度 情景因素：他人的存在和个人的时间压力
de Gregorio et al.，2017	广播和印刷媒体（电视、广播、报纸、杂志）	不特定	社会化	受众因素：对广告的总体态度，同伴交往情况 媒体的使用方式：年龄、收入和受教育程度
Wilbur，2016	电视	认知和理性行为回避：被动/主动的快速跳过广告	—	媒介相关因素：与媒介接触的频率 渠道产品相关因素：所展示的产品类型
Cho & Cheon，2004	在线广告	认知回避情感回避行为回避	理性	媒介相关因素：感知目标障碍，感知广告的混乱性 受众因素：先前的负面体验
Edward et al.，2002	在线广告：弹出式窗口	不特定	理性	与内容相关的因素：广告与网页编辑内容的一致性
Hetvet et al.，2011	在线广告：横幅式广告	身体回避：避免观看广告	理性	与内容相关的因素：广告与网页编辑内容的一致性
Bang et al.，2018	在线广告	不特定	理性	感官相关因素：广告突出度 内容相关因素：广告和页面编辑内容的相关性 媒介相关因素：广告参与度，感知目标的障碍 受众因素：网络使用动机

来源	媒介	广告回避形式	理论视角	广告回避的前因
Li，2019	搜索引擎广告（SEA）	不特定	理性	媒介相关因素：感知目标障碍，感知广告的混乱性 受众因素：先前的负面体验，个人收入，广告位置
Guardia & Martínez-López，2014	社交媒体广告（SMA）	认知回避 物理回避 机械回避	情感	媒介相关的因素：广告的冒犯性，来自感知广告的混乱性、侵入性和刺激性
Mattke et al.，2018	社交媒体广告（SMA）	不特定	理性	媒介相关因素：感知广告混乱性，目标的障碍 受众因素：用户的浏览方式
Van den Broeck et al.，2018	社交媒体广告（SMA）：网页侧边栏广告和消息流广告	不特定	理性	感官相关因素：广告位置 受众因素：使用社交媒体的动机和产品参与
Ferreira et al.，2017	社交媒体广告（SMA）	不特定	理性	内容相关因素：人们普遍认为社交媒体广告具有争议性，消费者对广告的道德判断 媒介相关因素：消极传播因素
Kelly et al.，2021	社交媒体广告（SMA）	认知回避 物理回避 机械回避	情感	媒介相关因素：感知杂波，隐私问题和控制 受众因素：对社交网站作为广告媒介的态度 情景因素：关于广告的负面口碑
Dodoo & Wen，2021	社交媒体广告（SMA）	认知回避 情感回避 行为回避	理性	内容相关因素：感知相关性 媒体相关因素：感知到的侵犯和隐私关注 受众因素：个性特征
Niu et al.，2021	社交媒体广告（SMA）	不特定	理性	媒介相关因素：注意力受到的侵入性和空间侵入性刺激
Youn & Kim，2019	社交媒体广告（SMA）：信息流广告	认知回避 行为回避	理性和情感	与媒体相关的因素：对自主性、自由威胁和侵犯的感知
Fan et al.，2017	社交媒体广告（SMA）：信息流广告	不特定	理性和社会化	媒介相关因素：广告混乱和目标障碍的干扰 内容相关因素：一致性 情景因素：从共享的感受和活动中感知到的社会性

来源	媒介	广告回避形式	理论视角	广告回避的前因
Chung & Kim，2021	社交媒体广告（SMA）：原生广告	不特定	理性和社会化	内容相关因素：感知到的信息化和广告的娱乐价值 媒介相关因素：感知的侵入性 受众因素：消费者在SNS上关注的品牌数量，社交网络中同伴间的负向沟通，消费者对原生广告持怀疑态度
Li & Yin，2019	社交媒体广告（SMA）：视频类型的广告	不特定	理性	内容相关因素：感知广告的内容质量 媒介相关因素：感知控制
Shin & Lin，2016	基于地理位置的移动广告（LBA）	不特定	理性	内容相关因素：感知效用和娱乐性媒介相关因素：目标障碍 受众因素：移动设备使用频率
Choi et al.，2021	基于地理位置的移动广告（LBA）	不特定	理性	媒介相关因素：位置邻近性 产品相关因素：产品耐久性 环境因素：多任务
Azizi，2013	短信服务（SMS）广告	不特定	理性	受众因素：对广告持怀疑态度 环境因素：广告的规范性
Um，2019	手机广告	机械回避：删除手机上的广告	理性	媒介相关因素：无处不在的广告给用户带来的隐私担忧 受众因素：对手机广告的感知风险，对手机广告的感知信任度，担心隐私问题
Nyheim et al.，2015	手机广告	不特定	理性	内容相关因素：感知个性化 媒介相关因素：广告刺激
Ko et al.，2019	移动社交媒体广告	认知回避物理回避机械回避	理性和社会化	内容相关因素：个性化，定制化 媒体相关因素：感知到的侵犯性，无处不在的广告所引起的隐私担忧 情境因素：社交互动，社交融合

广告回避的多样性不仅存在于广告回避的形式方面，还存在于其前因方面。在斯派克和埃利奥特（1997）的框架中，广告回避类型可以根据广告的可负担性分为三类：①与传播有关的因素，如数量、长度、大小和位置；②内容提供因素，即明确的信念和认知；③媒体提供因素，包括对媒体的总体接触、对媒

体的态度及与媒体接触的广度。为了将这些前因与不同的广告回避形式联系起来，先前的研究利用了多种理论探究影响用户广告回避行为的具体机制。李等人（2020）基于计划行为理论，提出了在一个移动社交网络场景下的用户广告回避模型。该研究经过实证检验发现关系强度和广告相关性负向影响广告回避行为，而信息超载量和共享语言的侵入性对回避行为有显著的正向影响。此外，虽然关系强度负向调节共享语言的侵入性和广告回避行为之间的关系，但正向调节了广告相关性和回避行为之间的关系。宥和基姆（2019）运用心理反应理论（PRT）作为理论框架，开发了一个影响用户广告回避行为作用机制的概念模型，该模型采用了脸书用户对自主性、自由威胁和广告侵入性的感知作为产生心理反应的先决条件，并将用户的心理反应作为中介变量。他们开展了一项脸书在线用户回避新闻广告的在线调查，研究结果表明用户感知到的自主性降低了他们对广告侵入性的感知。随后，广告侵入性和使用媒介的自由威胁会对心理反应（包括消极认知和愤怒）产生正向影响，从而进一步影响用户的广告回避行为。钦查纳乔克柴和德·格雷戈里奥（2020）采用消费者社会化理论框架对 693 名美国成年人进行了一项在线调查，探究社交媒体平台的用户采用广告回避策略的前因。他们发现社交媒体的使用频率、用户对社交媒体影响的敏感性和同伴影响的敏感性对社交媒体平台广告回避的影响都是通过用户对社交媒体平台广告的态度的中介作用。社交媒体的使用频率、用户对社交媒体影响的敏感性均与社交媒体平台广告态度正相关，而用户对同伴影响的敏感性则与对社交媒体广告的态度负相关。宥和茜恩（2019）基于社会影响和认知评估理论探讨了美国青少年脸书在线用户采用广告回避行为的原因，他们认为是通过感知风险评估和感知利益评估实现的。其中，感知风险评估包括感知目标障碍、感知侵入性和广告的欺骗性，感知利益评估包括广告的感知价值和个性化程度。父母的干预正向调节了隐私担忧和广告回避行为之间的关系。茜恩和林（2016）调查了感知因素如何影响移动消费者的回避行为，探讨了感知因素与基于位置的移动广告之间的关系是否受到消费者移动设备使用水平的影响。一项针对 605 名新加坡移动消费者的网络调查结果显示：那些发现位置的移动广告阻碍目标、需要牺牲和缺乏实用性的人更有可能避开它。罗贾斯·门德斯等人（2009）通过在三种不同的文化（英国、智利和土耳其）中找出可能始终预测回避行为的因素，并且比较人口因素对广告回避的影响和态度。结果表明，男性和女性使用的回避方法不同，男性大多使用机械回避方法，而女性通常会使用更多的行为回避方法。其他人口统计特征同样影响着广告回避行为，比如受教育程度、家庭规模和年龄等。凯莉等人（2010）探索了在线社交网站上避免广告的前因，为此他们开发了一个广告规避模型。该模型表明，如果用户在广告上出现了负面体验，那么用户对广告信息持怀疑态度或者消费者对广告媒介持怀疑态度的话，在线社交网络环境中的广告更有可能被避免。赵和郑（2004）建立了一个解释互联网广告回避的综合理论模型。他们研究了互联网广告回避的三个潜在变量：感知目标障碍、感知到的广告混乱和先前的负面体验。研究结果发现，这些结构成功地解释了为什么人们在认知上、情感上和行为上避免在互联网上发布广告信息。感知到的目标障碍被发现是解释互联网上避免广告的最重要的前因。

因此，迄今为止，定量基础和社会化机制在广告回避行为的解释中占主导地位。尽管赵和郑（2004）研究了广告回避的认知、情感和行为反应模型，但与理性和社会化相比，情感在广告回避中的作用在已有研究中并没有得到足够多的重视。

6.2.2　在移动社交媒体背景下广告回避的新观点

表 6-2 显示了广告媒体在印刷、大众媒体（Prendergast et al.，2010）和互联网（Söllner & Dost，2019；van Goot et al.，2018）中的广泛覆盖面。最近十年见证了媒体的社会化和动员，因此，出现了一系列关注社交媒体广告（Chin-chanachokchai & de Gregorio，2020；Dodoo & Wen，2021；Kelly et al.，2021；Mattke et al.，2018；Niu et al.，2021；Youn & Kim，2019；Van den Broeck et al.，2018）和移动广告的研究（Choi et al.，2021；Nyheim et al.，2015；Um，

2019）。尽管如此，针对移动社交媒体广告的研究仍然缺乏（Li et al., 2020；Ko et al., 2019）。

表 6-2　广告回避的驱动因素

回避情景		回避前因	相关文献
传统媒体	环境	年龄、收入、种族、教育程度、家庭规模、婚姻状况、性别和工作状况、居住国家、媒介代际	斯派克和埃利奥特；罗贾斯·门德斯等；万德古特等
	个人	广告感知（有用、可信、过度）、感知效用、刺激、广告态度（促进消费、广告的正面效应、全球态度）、怀疑	斯派克和埃利奥特；罗贾斯·门德斯等；哈等
	媒体	媒体使用、媒体使用的广度和态度	斯派克和埃利奥特
	广告	搜寻阻碍、干扰和分心、广告内容、广告插播特点	斯派克和埃利奥特；赵和郑；威尔伯
互联网	环境	不同文化背景、媒介代际、年龄、收入、教育、家庭规模、婚姻状况、就业、种族、性别	赛义德霍班等；万德古特等；邦等
	个人	感知广告杂乱、广告可信度、认知需求、风险承担倾向、广告参与、先前的负面体验、态度矛盾性、广告参与	赵和郑；金和维莱加斯；赛义德霍班等；邦等
	媒体	媒体使用量、媒介使用的广度、对媒体的态度	邦等
	广告	感知目标障碍、广告任务相关性、广告显著性	赵和郑；邦等
移动设备	环境	广告接受情景、媒介代际	劳伊等；万德古特等
	个人	感知牺牲、感知效用、态度、感知娱乐	冈崎等；茜恩和林
	媒体	—	
	广告	无处不在、个性化策略、感知目标障碍	冈崎等；劳伊等；茜恩和林

续表

回避情景	回避前因		相关文献
社交媒体	环境	媒介代际、父母积极的调节、同龄人的沟通	万德古特等；宥和基姆
	个人	广告怀疑论、隐私关注、顾客的视觉注意力、自我报告记忆（回忆）、对杂乱的感知、对负面体验的预期、赞助欺骗性感知、对广告的负面口碑、对隐私关注和控制、消极的情感反应	凯莉等；宥和基姆；穆诺兹莱瓦等
	媒体	广告媒介怀疑论、对广告媒介的态度	凯莉等
	广告	广告相关性、广告价值、目标感知障碍、广告干扰性	凯莉等；宥和基姆

移动社交媒体广告被定义为通过社交媒体平台或移动设备上的网络进行发布的广告（Li et al., 2020），它可以被看作是从社交媒体广告发展而来的。一方面，移动社交媒体广告推动了传统在线广告的发展，因为社交媒体用户可以通过参与社交媒体网络上发布和投放的广告发挥关键作用，传统在线广告的发布和投放基本上只由广告商和刊登广告的平台负责，而移动社交媒体广告则能够让用户参与进来，他们对广告的分享、转发实际上构成了广告的二次投放（Schivinski & Dabrowski, 2016；Voorveld et al., 2018）。因此，网络效应可以使社交媒体成为更有效、可接受和新颖的广告渠道（Alalwan, 2018；Sreejesh et al., 2020）。另一方面，就在线用户对于广告的接受和回避方法而言，移动社交媒体广告可能与桌面（desktop）社交媒体广告大不相同，原因如下所述（见图 6-1）。

首先，移动社交媒体广告与桌面社交媒体广告暴露给用户的场景不同。移动社交媒体用户使用社交媒体的时间是分散的，特别是在多任务的情况下（Harvey & Pointon, 2017）。例如，他们可能在上下班途中浏览社交媒体，或者在餐馆等桌位的时候打发时间。因此，移动社交媒体用户通常没有足够的时间来决定是否接受或回避广告，这意味着他们会自然地利用一些无意识的机制或快速思考模式（Goh et al., 2015；Rau et al., 2014）。移动社交媒体广告广阔的发展

图 6-1 移动社交媒体用户广告回避的特点

前景和高收益率吸引了一大批企业和广告商在各种移动社交媒体平台上投放广告，然而这些广告不仅数量繁多、种类丰富，而且从质量和用户体验的角度来看，广告内容与形式的同质化、模式化相当严重，甚至不乏质量低下、令人反感的宣传内容。因此，消费者并没有觉得移动社交媒体广告较桌面社交媒体广告进步了许多，反而越来越被他们遇到的大量在线营销广告所淹没，他们开始寻求各种手段来避免这些广告信息影响自己的上网体验（Chinchanachokchai & de Gregorio，2020）。与此同时，由于在复杂的场景中可用的认知资源有限（如短时间内转换任务或多任务处理），移动社交媒体用户可能会变得不那么理性，在认知上更加封闭，在情感上更加敏感，并且与桌面社交媒体用户相比更有做出广告回避行为的情感动机（Garbarino & Edell，1997；Matukin et al.，2016）。

其次，略读、忽略、屏蔽是移动社交媒体广告回避最突出的形式。这些方法分别是在物理上、认知上和机械上执行对广告的回避。略读，即人们在杂志和报纸上翻阅或跳过广告，发生在传统媒体环境中（Huh et al.，2015；Speck & Elliott，1997），但也发生在网络环境中，比如当人们在个人电脑屏幕上滚动网页时（Cho，2004），或者当移动社交媒体用户在社交媒体上浏览朋友的动态时，他们通常会用手指滚动屏幕，以避免侵入性的弹窗广告（Kelly et al.，2010）。忽略已经成为一种值得注意的回避策略，它代表了传统媒体环境下的一种自然认知回避方法（如 Baek & Morimoto，2012；Kelly et al.，2010；Shin & Lin，2016）。然而，对于移动社交媒体广告来说，移动设备的屏幕通常比传统台式计算机的屏幕小，因此删除广告可能不如仅仅转移注意力忽略它们那么方便。此外，移动社交媒体用户如果遇到无法略读的强制性广告，采用这种认知性质的忽略方法来回避广告成了应对这种强制吸引用户注意力的有效解决方案（Li et al.，2020）。此外，使用移动设备的用户必须对其移动显示器上的内容采用更有空间效率的安排（Goh et al.，2015；Li et al.，2020）。因此，屏蔽广告成了一种可选策略。人们可以简单直接地删除出现在屏幕上的广告，屏蔽不喜欢的电视广告或频道、对电子邮件设置过滤功能（Johnson，2013）或者将不想要的广告添加到屏蔽列表（Baek & Morimoto 2012；Okazaki et al.，2012）。对于移动社交媒体广告来说，"屏蔽"这个术语代表了移动应用程序和第三方插件能够实现的机械性回避（Lee，2020）。

最后，移动设备的使用突出了基于情感的广告回避过程。今天的人们不仅依赖移动设备进行信息交易，而且对他们的移动设备充满了亲切和享受（Fullwood et al.，2017；Kolsaker & Drakatos，2009）。持有、触摸和使用移动设备可以产生许多类型的情绪，例如舒适、放松和兴奋（Fullwood et al.，2017；Kolsaker & Drakatos，2009；段秋婷和吴婷，2021），以及压力、疲劳和失控（Demirci et al.，2015；Samah & Hawi，2016）。与传统的大众广告、网站广告，甚至桌面社交媒体广告相比，移动社交媒体广告的这些特点可能导致新的机制和回避反应。然而，据我们所知，这个话题并没有得到太多的关注。更重要的是，基于上述观点，我们推断移动社交媒体广告的内容通过基于情感的心理作用影响网民的广告回避行为是合理的。因此，在目前的研究中，我们认为情感路径可能参与了解释人们回避移动社交媒体广告的机制。因此，我们的目标是填补已有研究的理论空缺，进一步探究以情感为基础的移动社交媒体广告的回避机制。

6.3　模型构建与假设提出

6.3.1　基于情感的移动社交媒体广告回避模型

6.3.1.1　情绪调节回路

本章提出了一个基于情感的移动社交媒体广告回避分解模型（如图 6-2 所示）。这个模型是基于情绪调节理论（Gross，2015）开发的，描述了移动社交媒体信息流被广告刺激（Hollenstein，2015；Rozendaal & Figner，2019）、破坏后所产生的情绪调节回路。广告是一个典型的、常见的刺激，它能够使用户产生各种多样化的情绪反应（Hamelin et al.，2017；Hawkins & Mothersbaugh，2010；Holbrook & Batra，1987）。情绪调节理论将这一过程描述为一个受调节的循环，个体有意识或无意识地调节自己的情绪，以减少、维持或加强情绪体验，从而产生一系列协调而灵活的多系统心理反应（Gross，2015）。"调节"过程需要一个动态循环，在这个动态循环中，用户的情绪变化反应进一步加强了广告对个体的刺激。因此，这种刺激还可以作为一个新调节阶段的先行者（Teixeira et al.，2012）。情绪反应对广告产生直接影响，它在广告环境中是非常重要的，因为情绪可以在广告暴露在用户面前的时候迅速产生，并且可以影响用户后续对待广告的处理方式（Yoo & Kim，2005）。最初，在许多研究中，情绪调节能够影响人们在日常生活中遇到问题时采取不同的解决策略（Blanchard-Fields et al.，2004）。米库林瑟和谢弗（Mikulincer & Shaver，2019）认为，基于安全感和依恋感的情绪调节可以帮助一个人从短暂的负面情绪中恢复过来，所以情绪调节与个人的社会适应能力和保持心理健康有关。安全感较强的个体对自己处理威胁和挑战的能力更有信心，并倾向于采用更具建设性和有效的情绪调节策略和后续行动（如主动解决问题、重新评估现状、积极寻求他人的帮助等）。相反，对外界环境变化感到害怕和不确定的人，他们的情绪调节行为往往是消极的，这反过来导致他们做出抑制性行为（如拒绝、逃避和忽视）。情绪调节也常常被用来探究当用户接触到广告刺激时，他们个人的情绪、认知和行为反应（Hollenstein et al.，2015；Kemp et al.，2020；Rozendaal & Figner，2019）。社交媒体广告可以用来促进用户采取情绪调节策略（认知重新评估和表达抑制）来帮助促进他们的心理达到健康状态。肯普等人（Kemp et al.，2020）的两项实证研究结果表明，在减轻用户焦虑的影响方面，认知重新评估比表达抑制更有效。

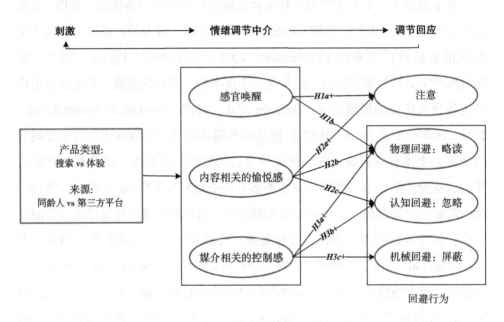

图 6-2　研究模型

因此，广告商可以通过激发用户的认知评估来避免广告回避行为（代宝和杨泽国，2022）。移动社交平台上针对年轻用户的广告信息可能是有利的，这些广告可以由在线商业广告和交互式论坛组成，成为促进用户认知重新评估作为缓解焦虑的手段（Hodak，2018）。通过情绪调节的循环路径，移动社交媒体用户主动调整自己与移动社交媒体广告接触的状态、情绪状态和反应（如移动社交媒体广告回避行为）。

6.3.1.2　愉悦—唤醒—支配的情绪维度

现有研究采用了三种情景化的情绪指标—— 梅拉比安和拉塞尔（Mehrabian & Russell，1974）提出的三维情感模型（PAD）的情绪维度来进行情绪调节回路的研究。三维情感基本上涉及描述基于情感的机制，包括情绪调节过程（Verkijika & De Wet，2019）。梅拉比安（1995）认为愉悦维度描述了一种心理状态和感受，这种状态可以是积极的，比如快乐、幸福，或者对特定情况感到满意；也可以是消极的，比如轻蔑、痛苦和愤怒。唤醒维度是指用户神经（生理层面）的激活水平及兴奋程度，表示身体活动和精神警觉的结合，其范围包括从兴奋、刺激、警觉或活跃的感觉到疲倦、困倦或无聊。支配维度又称优势度，描述了一个人在特定情况下感到有影响力、有力量或有控制力的程度。它表现了用户与外部环境相互主导的强弱情况，用户对于当前状况的主导地位越高则优势度越高；在其他人或外部条件占主导地位时，该用户的优势度较低。支配感已被证明对个人愉悦感有显著的正向影响，因为用户在控制环境时常常感到高兴，而在被其他人或外界环境控制时则会感到失落和不满（Miniero et al.，2014）。维祺吉卡和德·威特（Verkijika & De Wet，2019）通过一项实证研究发现，愉悦感对用户满意度有显著的正向影响。唤醒和支配感对愉悦感有显著的正向影响，这说明了三维情感模型三个维度之间存在相互作用。三维情感模型的这三个维度几乎是互相正交的（Mehrabian，1995），它们可以充分代表一个个体在受到特定刺激反应后表现出的广泛的情绪范围（Mazaheri et al.，2012）。因此，三维情感模型情绪维度一直被用来解释消费者对情境化影响的情绪反应，包括零售环境（Donovan et al.，1994）、产品体验（Havlena & Holbrook，1986）和商业演示（Yoo & Kim，2005）。此外，它们通常被认为是推动消费者产生一般决策的基本因素（Rick & Loewenstein，2008），特别是在零售环境中的决策。比如与购买选择有关的决策（Sweeney & Soutar，2001；Donovan et al.，1994）、注意力等认知加工（Yoo & Kim，2005；Morris et al.，2009），或主动的身体反应（Higuera-Trujillo et al.，2017；Tantanatewin & Inkarojrit，2018）。

因此，无论用户面对的媒体形式是电视广告（Morris et al.，2009）、移动广告（Bues et al.，2017），还是横幅广告（Laroche et al.，2022），三维情感都可以被看作是一个基本的有机体，它促使用户接触广告后产生接受或回避反应。

6.3.1.3　广告—情绪配置

已有研究表明，广告的信息特征——涉及视觉和音频等突出感官的线索、静态线索与动态线索、文本与图像的组成——主要与用户个体的情绪唤起有关（Adelaar et al.，2003；Yoo & Kim，2005）。艾迪拉尔等人（Adelaar et al.，2003）发现广告所表现出的不同媒体格式（包括文字、静态图、视频和音乐）所引起的情绪唤醒影响顾客对商品的冲动购买意图。他们建议在线广告商探索出整合视觉和文本媒体格式的创新性广告，以引起有效的消费者唤醒反应。尤和基姆（Yoo & Kim，2005）通过一项基于动画形式的在线横幅广告的实验发现，广告的动画水平与用户对广告的态度之间呈现倒"U"型的关系，并且在高动画水平下，用户对广告的态度低于中、低动画水平的广告。究其原因是过高动画水平的广告会导致用户产生消极的认知和不愉快的唤醒。愉悦感主要是通过对内容的进一步认知加工（如增强内容质量、展现沉浸式的叙事方法及灵活多变的表现风格）产生的（Holbrook & Batra，1987；Olney et al.，1991）。此外，限制个体行为形式的情境会妨碍个人的支配感，而鼓励更多种行为形式的情境会增强个人的支配感（如在家上网课的学生会比坐在教室里上课的学生更有支配感，容易做与学习无关的事情，Yanide-Soriano & Foxall，2006）。同理，在线广告相比于线下的广告推销赋予了用户更多的支配感，相反很多顾客在面对推销人员滔滔不绝的讲述时不好意思或不忍心打断对方。

在移动社交媒体广告的背景下，移动社交媒体常常被迫在时间、空间和内容的灵活性上进行压倒性的曝光，无处不在的广告导致移动社交媒体用户感知到更多的侵入性和压力感，他们的自主性受到损害，并产生了失去对移动社交媒体的支配地位的感觉（Ko et al.，2019）。同时，媒体提供的应用程序促进移动社交媒体用户与这些广告的互动（有条件的精炼或删除移动社交媒体广告，甚至通过行为动作来阻止移动社交媒体广告的出现，特别是手指动作，如点击、滑动等），这反过来可以让移动社交媒体用户获得支配地位。基于上述观点，本章进一步将三个情感维度与广告元素中的三个信息水平相结合：感官线索、内容和媒介（Speck & Elliott，1997；Li et al.，2020）。因此，这三种情绪类型的变量被重新设定为"感官刺激""内容提供的快乐感"和"媒介提供的优势"。

6.3.1.4　情绪调节反应

一般来说，情绪调节反应包括注意力部署（即根据刺激进行认识能力分配，例如注意力集中或分心的行为范式）和刺激选择（个人的运动行为参与促进他们集中注意力的部署，例如各种回避行为，Gross & Thomson，2007）。通过对现有研究的回避形式的考察，结合移动社交媒体广告的特殊语境，本章提出了移动社交媒体广告的四种具体的接受 / 回避形式——注意、略读、忽略和屏蔽。这些形式分别代表了接受、物理回避、认知回避和机械回避反应。具体而言，我们将注意力定义为对刺激最常见的反应，它简单地将认知资源分配给重点移动社交媒体广告（Shiffrin & Schneider，1977）。略读被定义为移动社交媒体用户在没有进行过多的思考的情况下向下滚动屏幕以避免广告（Cho & Cheon，2004）。我们将忽略定义为对移动社交媒体上的特定广告的认知不作为，这种回避方式被认为能够极大限度地规避移动社交媒体广告给用户带来的感知目标障碍和感知牺牲（移动广告所引起的愤怒或烦恼的感觉及失去时间、失去控制权或泄露个人隐私的风险，Fransen et al.，2015；Shin & Lin，2016）。最后，屏蔽是最活跃的广告回避行为，因为它涉及用户需要调用一种或多种机械手段（如选择一些预防广告出现的在线服务或使用插件脚本），以防止类似的广告从同一来源再次出现（Johnson，2013）。

6.3.1.5　移动社交媒体广告特征

在仔细研究移动社交媒体广告回避的情绪调节过程后，我们强调两个突出的移动社交媒体广告特征:展示的产品类型(搜索与体验产品)和广告来源(同伴与第三方平台),因为已经有学者表明这两个特征是影响情绪框架的先决条件(Gallo et al., 2019;Kapoor et al., 2021)。对于产品类型,搜索产品的种类和功能如果不符合用户的当前需求,会很难受到用户的青睐;而当消费者观看体验产品的广告时,他们会更在意使用产品的整体体验(包括感官体验、情感体验、智力体验、身体体验和社会体验),而不是产品的功能、属性和益处。消费者认为体验产品更加个性化和自我定义,更容易接受这类产品的自我展示活动。埃克隆等人(Ekelund et al., 1995)认为,根据搜索/体验产品的不同范式,搜索产品和体验产品作为信息输入和输出信号的功能存在差异,从而影响移动社交媒体用户对移动社交媒体广告处理公平性的评价。

关于广告来源,第三方平台和同伴来源的可信度是不同的(Weathers et al., 2007)。一方面,越来越多的商家选择在第三方移动社交媒体平台投放广告,因为相比于商家的官方社交媒体网站和其他传统媒介,第三方平台广告传播效果更好,信息来源的可信度更高,是一种可持续性较好的广告投放方式(Berne-Manero & Marzo-Navarro, 2020)。另一方面,与同伴群体的互动是一种基本的用户特征,源于基本的心理、社会和实际需求。同伴是态度和行为标准的重要传递者,通过与同伴进行消费决策相关的交流,用户可以衡量(郭媛媛等,2021)或调整自己的信念和行为(Bush et al., 1999)。消费者在网络中更容易受到同伴的影响,当一个用户与自己的同龄人群体进行更多以消费为主的交流时,他更容易受到同龄人的影响,例如朋友在社交平台上表达的对某种商品的看法和使用评论,对某种特定的商品进行推销/推荐或商品购买页面中其他用户的评价都会影响用户的购买决策。用户如果在主观上认可同伴的观点,就会表现出对商品的兴趣,从而更愿意处理来自营销人员的推介信息。换句话说,他们对社交媒体广告采取更积极的态度,从而与社交媒体广告回避负相关。钦查纳乔克柴和德·格雷戈里奥(2020)基于传统社交媒体情景研究了同伴对用户采取广告回避行为的影响,他们发现消费者对同伴影响的敏感性与对社交媒体广告的态度呈负相关。消费者对同伴影响的敏感性和社交媒体广告回避之间的关系将由用户对社交媒体广告的态度的中介作用影响而定。然而，以往的广告研究很少关注产品类型对广告回避的影响和在移动社交媒体背景下研究第三方平台和同伴之间的信任差异对个人情绪反应的影响。因此，本章试图确定这两种移动社交媒体广告特征是否影响基于情感的广告回避机制。

6.3.2　假　设

6.3.2.1　感官唤醒的情绪调节机制

中介信息处理的有限能力模型表明，当个体处理信息时，存在认知能力方面的限制（Lang，2000）。一般来说，非商业信息与商业信息之间会争夺用户的精神资源（Siemens et al.，2015）。与非商业信息不同，用户从广告中接收到的商业信息会促进用户思考，占据用户更多的认知能力。更多的需求和激发性信息会消耗个体更多的认知资源，并将注意力主要集中在手头的基本信息和任务上，同时分散他们对次要信息的注意力（Choi et al.，2021；Fan et al.，2017）。因此，在广告背景下，广告经常向受众呈现高度感官要求和刺激性的信息线索，以唤起他们的注意力。这种刺激可能会激活用户的情绪调节机制，包括采用特定的方法或行为来加强或削弱刺激。

大量研究已经揭示了广告注意力自然地导致感官唤醒，无论是来自传统的大众媒体广告（Jiang et al.，2020；Singh & Churchill，1987）、在线广告（Sundar & Kalyanaraman，2004）、社会媒体广告（Fan et al.，2017），还是移动广告（Choi et al.，2021）。注意力在感官唤醒的广告上得以保持，进一步导致用户对广告刺激连续反馈的注意力的累积增加。在这种情况下，感官唤醒和移动社交媒体广告注意力之间的关系揭示了一个强化的情绪调节唤醒机制。因此，研究提出了以下假设：

H1a：感官唤醒对移动社交媒体广告注意力有正向影响。

对于感官唤起和广告略读之间的关系，如果观众快速地略读某一特定的广告，他们的注意力自然会转移到同时在该媒体上呈现的其他一些视觉或听觉刺激上，比如移动端页面中的其他内容或者背景音乐。因此，他们的感官不会被焦点广告所唤醒（Putrevu & Lord，2003；Zorn et al.，2012）。然而，由于移动社交媒体用户将他们的认知能力分配给最有吸引力和最突出的刺激（即焦点广告），感官唤醒削弱了观众的略读意图，从而调节了他们的行为意图，就像他们"忘记"略读移动社交媒体广告一样。因此，下面的假设被用来描述一个弱化的情绪调节机制的唤醒：

H1b：感官唤醒对用户略读移动社交媒体广告有负向影响。

6.3.2.2　内容提供愉悦的情绪调节机制

享乐权变理论提供了一种可能的机制来解释移动社交媒体广告内容和愉悦感情绪之间的联系。这个理论认为，处于积极心态的人们对维持他们积极的情绪状态很感兴趣。因此，他们会对一个特定行为的享乐性结果尤为重视（Wegener et al.，1995）。在移动社交媒体广告语境中，由正面广告内容产生的愉悦感或负面广告内容产生的不愉悦感可能会激活个体的情绪调节机制，包括采用接受广告或回避广告的策略来增强愉悦感或减弱不愉悦感。

与处于消极心态的个体相比，处于积极心态的个体会更仔细地分析广告中包含的说服性信息，因为这些信息会带来愉悦的结果，从而导致用户对信息更精细的处理，例如对细节内容的关注和进一步集中注意力等（Wegener et al.，1995）。只要用户发现广告内容是有趣的、有吸引力的，能够在短时间内激发他们的愉悦感，用户就会仔细地或长时间地浏览广告，主观上期望广告能够带来积极的情绪反应；如果用户接触令他们感到不愉快的负面广告（如带有歧视、调侃意味的广告，品牌或者代言人不是自己所喜欢的），会在心理上排斥这个广告，无法再对广告中的内容保持较高的注意力。先前的广告研究也表明了广告内容带来的愉悦和注意力之间的循环和强化关系。一方面，积极的内容显著地影响愉悦感的产生，而且不断地接受享乐性的外在心理刺激会加强愉悦感（Herrewijn & Poels，2013；Dafonte-Gómez et al.，2020）。另一方面，愉悦感作为一种核心的积极情感，能够引发个体对特定刺激的持续关注，然后进一步获得情绪上的积极激励。愉悦感的增加将促进个体积极地调整自己的情绪状态，使他们加强对刺激的注意力（Herrewijn & Poels，2013）。为了保持情绪愉悦的状态，移动社交媒体广告的观众将不得不保持对新刺激的注意力。因此，提出了以下假设：

H2a：内容相关的愉悦感使用户对于移动社交媒体广告注意力有正向影响。

与引起快乐心情和愉悦感的外界刺激相反，负面的和令人烦恼的广告不会让人们在随后的经历中产生愉悦感；用户采用广告回避行为的可能性将大大增加。值得注意的是，用户仅仅与该广告进行简单的接触（如观看弹窗视频广告的前几秒，瞥见广告中的图片或醒目的文案等）就能够有意识或无意识地评估移动社交媒体广告内容的价值（Youn & Kim，2019）。因此，内容相关的愉悦感可能调节了用户在接触移动社交媒体广告之后的行为意图，他们会通过略读和忽略移动社交媒体广告来避免它们，而不是更彻底的屏蔽回避方式。基于这些考虑，我们提出了以下削弱情绪调节的假设（愉悦感的机制）：

H2b：内容相关的愉悦感对用户略读移动社交媒体广告有负向影响。

H2c：内容相关的愉悦感对用户忽略移动社交媒体广告有负向影响。

6.3.2.3　媒介控制感的情绪调节机制

根据反抗理论（Miron & Brehm，2006），害怕有限的自我决定权及感觉到被外界操纵的个体可能在心理上产生反抗的想法并随后付诸行动。根据消费者行为学的相关研究表明，消费者在做出消费决策的过程中不希望受到别人的干预（Donovan，1994）。尤其是当他们重点考虑某一项购买决策时，内心期望拥有一个冷静思索的环境，这时候其他人贸然地打扰会令其不高兴（Speck & Elliott，1997）。例如，外部环境刺激（如销售人员持续不断地推销和社交媒体广告中过量的信息呈现）会令顾客感觉自己的购物/网络浏览体验过程中有大量外界因素的参与，顾客会感觉自己在逐渐丧失支配和控制地位。因此，干扰性的外部刺激会对消费者的反应产生负面影响并引发反抗行为（Donovan et al., 1994；Herrewijn & Poels, 2013）。又如，在商场里购物时，喋喋不休的推销员会让顾客感到烦躁，为了夺回购物体验的支配感，他们会让推销员不要再说话了，让自己独立做出购买决策，有的顾客甚至会直接选择离开购物区域。广告的杂乱性和目标障碍在各种广告环境中增加了用户的体验侵入感，这也是造成用户控制感下降的主要原因。很多广告商和移动社交媒体平台会通过多种方法获取用户的多维度个人信息（包括年龄、性别、购物偏好、购买力、个人位置等），并以这些维度为依据进行市场细分，推送精细化、个性化的广告。然而当移动社交媒体用户收到与他们个人信息高度契合的广告时，他们可能会觉得他们对个人信息和隐私的控制程度遭到了侵犯（Bang et al., 2018；Dodoo & Wen 2021；Seyedghorban et al., 2016；Shin & Lin, 2016；Youn & Kim, 2019）。

移动社交媒体广告可能由于感知侵入性、信息超载、操纵和分心而引起用户的一系列广告回避反应。因此，通过各种广告回避行为（Terburg & van Honk, 2013），包括积极回避行为（即主动采取的媒介控制行为，如关闭广告页面或设置禁止弹窗出现）和消极回避行为（即身体/认知控制行为，如略读和忽略），可以加强他们的控制感，反之亦然。因此，我们提出以下假设，表明控制感的弱化调控机制：

H3a：媒介相关的控制感对用户略读移动社交媒体广告有正向影响。

H3b：媒介相关的控制感对用户忽略移动社交媒体广告有正向影响。

H3c：媒介相关的控制感对用户屏蔽移动社交媒体广告有正向影响。

6.3.2.4 移动社交媒体广告特征的影响

根据社会交换的公平理论，参与交换的双方通过评估预期结果和前期投入成本之间的平等性来感知公平的关系（Huppertz et al., 1978）。公平理论在广告研究中具有突出的解释力，其中期望结果包括广告的信息价值和可能由此带来的商业价值，而投入成本考虑了受众的时间、精力和认知，更深层次的因素还有用户对待广告的态度及他们后续采取的实际行动——包括对广告的接受和回避形式（Bues et al., 2017）。具体而言，用户更容易接受感知价值较高的广告，而回避感知价值较低的广告。此外，已有研究表明，广告的信息价值因不同产品类型而异。例如，在搜索产品（一种可在购买前进行评估的产品）和体验产品（一种在购买前获得二手信息的产品，如广告）之间，广告的价值低于搜索产品（Weathers et al., 2007）。因此，被展示的产品类型（无论是搜索还是体验良好）可能会影响移动社交媒体用户的情绪反应和意向性（Huang et al., 2020）。考虑对移动社交媒体广告预期价值的评估需要足够的认知努力，这两类产品的反应差异可能表现为注意和阻碍（即在充分注意后的回避）。因此，提出了以下假设：

H4：移动社交媒体广告的产品类型（搜索或体验产品）影响基于情感的移动社交媒体广告回避机制。具体来说，搜索产品的移动社交媒体广告比体验产品的移动社交媒体广告：①更容易被关注；②被屏蔽的可能性更小。

移动社交媒体广告来源也可能影响用户对广告信息可信度和重要性的评估（Cho et al., 2014）。例如，以前的研究表明，第三方平台发布的广告通常比同伴发布的广告更可信。第三方平台具有正规的互联网营业执照，广告中宣传的内容较为客观，而且产品的质量及售后服务都会有相应的保障；而社交媒体中发布广告的个人用户往往会为了尽快获取短期收益而对产品夸大其词，广告语具有较强的主观性（Kim et al., 2019）。因此，用户对这两个来源之间的反应差异可能导致不同的情绪反应和行为结果。类似于前文提到的移动社交媒体广告类型部分的论述，我们认为这种反应差异可能会影响用户的注意力和屏蔽行为。基于这些考虑，我们提出如下假设：

H5：移动社交媒体广告来源（同伴或第三方平台）影响基于情感的移动社交媒体广告回避机制。具体来说，同伴移动社交媒体用户发布的移动社交媒体广告与通过第三方平台发布的移动社交媒体广告相比：①更低可能被关注；②通过屏蔽来回避的可能性更大。

6.4 研究方法

6.4.1 数据收集过程

我们在 2018 年 4 月进行了一次问卷调查。十名研究助理从芜湖万达广场（中国最大的购物中心之一）的餐饮区招募了参与者。许多顾客在餐厅外排队等候空余座位和等候服务员上菜的时候都在使用手机，这为这次社交媒体广告调查提供了便利。研究助理简要介绍了调查的流程，征得购物中心内顾客的口头同意后开始进行调查，然后向被试者展示了一张手机大小的打印纸，纸的中间印有一个微信朋友圈的手机屏幕（屏幕的大小与现实中手机屏幕的大小相似）。这幅图描绘了四种广告类型。类型 1：由同伴推荐的搜索产品广告；类型 2：由同伴推荐的体验产品广告；类型 3：由第三方平台推送的搜索产品广告；类型 4：由第三方平台推送的体验产品广告（如图 6-3 所示）。

类型 1
小雅（同龄人）推送的一罐蜂蜜
（搜索产品）

类型 2
小雅（同龄人）推送的一只手表
（体验产品）

类型 3
京东（第三方平台）推送的
一罐蜂蜜（搜索产品）

类型 4
京东（第三方平台）推送的
一只手表（体验产品）

图 6-3　四种广告类型

　　我们在手机屏幕中设计了一个用户回避移动社交媒体广告的情境，即用户在浏览微信朋友圈时看到同伴或者第三方平台推送的广告，采用该情境的主要原因有以下两点：第一，微信是中国网民最常用的移动社交媒体平台之一，而浏览微信朋友圈是很多微信用户的普遍行为；第二，用户在微信朋友圈接触广告的情况十分常见，包括微信好友中的微商和兼职带货人员发布的广告信息，以及第三方平台（网络购物平台和商家）的广告推送，调查对象容易形成真实的感受。研究者邀请了两名广告公司的策划人员、两位本校工商管理专业的副教授及三名硕士研究生参与了情境的设计和文案。每一位参与者随机抽取一个广告类型，然后参与者被要求仔细观看广告图片并阅读相应的文字介绍，沉浸式地想象他们在自己的手机上浏览图片所示的微信朋友圈广告。最后，完成一份描述参与者情绪状态和行为意图的问卷调查。

6.4.2　样本信息

研究助理一共询问了 484 人，有 398 人参与了正式的问卷调查。回收的有效问卷共计 378 份，淘汰了 20 份无效问卷（包括作答时间过短、填写内容不完整及 90% 以上的选项答案相同）。如表 6-3 所示，51.06% 的受访者为男性，30.42% 的受访者的年龄介于 20~29 岁，45.50% 的受访者拥有学士学位，47.35% 从事有薪工作。我们得到的人口统计数据与 2018 年《中国社交应用用户行为研究报告》中的用户数据非常相似（如 52.7% 的男性，26.8% 的年龄在 20~29 岁，18.6% 的大学生）。

表 6-3　调查样本的人口统计学数据

变　量	类　别	频　数	百分比（%）
性　别	女	185	48.94
	男	193	51.06
年　龄	20 岁以下	83	21.96
	20~29 岁	115	30.42
	30~39 岁	92	24.34
	39 岁以上	88	23.28
受教育程度	本科以下	143	37.83
	本科	172	45.50
	硕士及以上	63	16.67
职　业	学生	88	23.28
	有薪工作	179	47.36
	自由职业者	93	24.60
	其他	18	4.76

续表

变　量	类　别	频　数	百分比（%）
平均每天遇到 移动社交媒体广告的次数	一到三次	131	34.65
	四到六次	151	39.95
	超过六次	96	25.40
场　景	类型 1	95	25.13
	类型 2	95	25.13
	类型 3	94	24.87
	类型 4	94	24.87

6.4.3　测　量

调查问卷包含三种情绪状态和四种行为意图的题项。在情绪状态方面，感官唤醒通过四个语义项进行评估：未唤醒—唤醒，放松—刺激，平静—兴奋，困倦—清醒（Mazaheri et al.，2012）。广告内容相关的愉悦感也通过四个语义项进行评估：不快乐—快乐，烦恼—高兴，不满意—满意，不满足—满足（Fisher & Dubé，2005）。根据马扎赫里等（Mazaheri et al.，2012）开发的 7 分李克特量表（1 分表示完全不同意，7 分表示完全同意）评估了"媒介控制感"，其中包括"我觉得在使用微信的时候我对自己的体验有很强烈的控制感"。关于移动社交媒体用户的行为意图，本研究使用戴维斯（Davis，2004）编制的量表对注意力进行评估，并使用李等（Li et al.，2020b）编制的量表对略读、忽略和屏蔽行为进行测量。所有四个量表都用的是 7 分李克特量表（1= 完全不同意，7= 完全同意）。

这项研究经历了三个阶段以维持所有测量的可靠性和有效性，因为大多数题项是首次在移动社交媒体广告的情境下使用。第一阶段需要调整和修改测量题项并将语句翻译成中文，这个过程是由市场营销专业的两名博士生和两位教授进行的。第二阶段则是对题项语句进行两轮英文和中文之间的反向翻译［根据布里斯林（Brislin）1970 年的建议］。在第三阶段，对本校 30 名工商管理专业的本科生进行了一次预测试，结果显示所有题项均具有良好的信度和效度。这三个阶段的工作表明所有的测量题项都达到了足够的可靠性和有效性。

6.5　结　果

6.5.1　信度和效度分析

我们采取了进一步的信效度分析步骤来验证问卷数据的信度和效度。首先，我们验证了数据不存在无应答误差，因为在前 50 个样本和后 50 个样本之间的每个题项的 t 检验结果显示没有显著性差异（所有题项的 p 值均大于 0.05）。其次，依据哈尔曼的单因素检验法对收集到的数据进行共同方法偏误检验（Podsakoff et al.，2003）。使用 SPSS 22.0 软件对所有变量进行无旋转的探索性因子分析，结果显示抽取到的 7 个因子的特征值大于 1.0，第 1 个因子的方差贡献率仅占总方差的 28.7%。这说明了共同方法偏差并没有严重影响测量数据的有效性。

随后，在 AMOS18.0 软件中进行验证性因子分析，建立了具有 7 个潜在变量的测量模型。模型拟合良好，卡方（855.463）/ 自由度（366）= 2.337，比较拟合指数 = 0.932，塔克 – 刘易斯指数 = 0.924，检验后续行动项目指数 = 0.932，拟合优度指数 =0.865，近似误差均方根 = 0.060，均在可接受的临界值范围内，说明数据和结构方程模型的整体拟合度较好。如表 6-4 所示，每个题项的因子载荷都超过了建议的 0.600 临界值，并且在 0.001 水平上具有显著性，说明测评量表具有较好的聚合效度。此外，所有变量的组合信度和克朗巴哈值均大于 0.800，说明数据的信度非常好。通过平均方差抽取量（AVE）的平方根与潜变量之间的相关系数判定区分效度（当前者大于后者时，说明区分效度较好），表 6-5 显示所有变量平均方差抽取量的平方根均大于相关系数，表明问卷数据具有良好的区分效度。

表 6-4　题项和因子载荷

变量	题项	均值	标准差	因子载荷[a]
感官唤醒 （Mazaheri et al.，2012）	我在浏览朋友圈出现的广告时的感官状态：			
	未唤醒—唤醒	3.762	1.551	0.821
	放松—刺激	3.931	1.583	0.838
	平静—兴奋	3.854	1.488	0.845
	困倦—清醒	4.095	1.490	0.628
广告愉悦感 （Fisher et al.，2005）	微信朋友圈广告的内容让我感到：			
	不快乐—快乐	3.571	1.547	0.657
	烦恼—高兴	3.069	1.554	0.797
	不满意—满意	2.426	1.435	0.830
	不满足—满足	2.677	1.474	0.770
媒介控制感 （Mazaheri et al.，2012）	我觉得在微信朋友圈里，我对自己的体验有很大的控制力	4.426	1.375	0.780
	当我浏览微信朋友圈时，我可以自由地选择我想看的东西	4.317	1.397	0.868
	我完全可以控制我在微信朋友圈里做的事情	4.140	1.382	0.839
	我的行动决定了我在微信朋友圈里获得的体验	4.101	1.461	0.828
	当我浏览微信朋友圈时，我能够控制在我的浏览过程中发生的事情	4.000	1.482	0.807
注意力 （Davis，2004）	我密切关注着微信朋友圈中出现的广告	3.389	1.449	0.819
	我能将注意力集中在微信朋友圈的广告上	3.082	1.388	0.931
	微信朋友圈的广告引起了我的注意	3.032	1.393	0.931
	微信朋友圈的广告会使我全神贯注	3.169	1.362	0.869
略读 （Li et al.，2020）	我快速浏览了一下出现在我的微信朋友圈上的广告	4.275	1.512	0.773
	我向下滚动屏幕以避免广告	3.926	1.596	0.738
	我跳过微信朋友圈中插入的广告	4.198	1.611	0.875
	我跳过微信朋友圈中广告	4.452	1.673	0.869
忽略 （Li et al.，2020）	我故意不注意插入我微信朋友圈上的广告	5.029	1.580	0.729
	我故意忽略在我的微信朋友圈上的广告	4.259	1.558	0.726
	我故意不看插入的广告	4.196	1.708	0.848
	我不阅读任何广告，即使有些感官会引起我的注意	4.558	1.728	0.806

变量	题项	均值	标准差	因子载荷[a]
屏蔽 （Li et al., 2020）	我会退出我的账号，以避免在微信朋友圈看见任何广告	4.648	1.614	0.638
	如果可以的话，我想删除在微信朋友圈中出现的广告	4.717	1.588	0.823
	如果可能的话，我会屏蔽我微信朋友圈里的广告	4.780	1.671	0.892
	如果可能的话，我要把那个发布广告的人或第三方平台列入黑名单	4.810	1.619	0.857

注：所有的因子载荷在 0.001 的水平下显著。

表 6-5　信度和区分效度

变量	组合信度	克朗巴哈	平均方差抽取量	1	2	3	4	5	6	7
1. 感官唤醒	0.866	0.862	0.621	0.788						
2. 广告愉悦感	0.850	0.847	0.587	0.087	0.766					
3. 媒介控制感	0.914	0.913	0.681	−0.247	−0.327	0.825				
4. 注意力	0.938	0.936	0.790	0.172	0.551	−0.429	0.889			
5. 略读	0.888	0.887	0.666	−0.431	−0.270	0.303	−0.408	0.816		
6. 忽略	0.860	0.858	0.607	−0.079	−0.170	0.342	−0.426	0.352	0.779	
7. 屏蔽	0.882	0.880	0.654	−0.187	−0.400	0.447	−0.474	0.270	0.451	0.808

6.5.2　主研究模型的结果

使用 AMOS18.0 软件的结构方程模型对假设进行了验证。图 6-4 显示了模型拟合指数、标准化和非标准化的路径系数及相关系数的结果。感官唤醒对注意力有显著的正向影响（$\beta = 0.140$，$p < 0.010$），说明当用户接触移动社交媒体广告时，由广告引起的用户感官唤醒会使广告受到更多的注意。感官唤醒对略读有显著的负向影响（$\beta = -0.381$，$p < 0.001$），表明感官唤醒的程度越强烈，用户做出略读行为的可能性越小。因此，假设 H1a 和 H1b 得到了支持。

在广告内容的愉悦感方面，正如我们在假设中预测的那样，愉悦感对注意力有显著的正向影响（$\beta = 0.564$，$p < 0.001$），愉悦感对略读行为有显著的负向

影响（$\beta = -0.215$，$p < 0.001$），阅读移动社交媒体广告内容所产生的快乐和愉悦感吸引了用户的注意力，从而抑制了略读行为。然而，与预期假设相反的是，广告内容提供的愉悦感对忽略的影响是微不足道的，阅读广告内容所产生的愉悦感并不会显著影响用户忽略广告的行为意图。因此，H2a 和 H2b 得到验证，而拒绝假设 H2c。

　　媒介相关的控制感显著地正向影响了略读（$\beta = 0.140$，$p < 0.050$）、忽略（$\beta = 0.321$，$p < 0.001$）和屏蔽（$\beta = 0.466$，$p < 0.001$），表明媒介相关的控制感正向引导用户略读、忽略或屏蔽移动社交媒体广告。因此，接受假设 H3a、H3b 和 H3c。

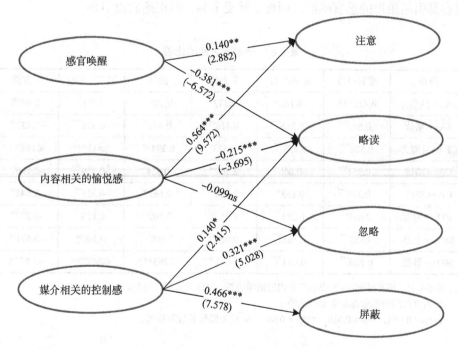

注：① $\chi^2(855.463)/df(366)=2.337$，CFI=0.932，TLI=0.924，IFI=0.32，GFI=0.865 and RMSEA=0.060；
　　② ***$p<0.001$，*$p<0.05$，ns 代表不显著。

图 6-4　主研究模型的结果

6.5.3　子模型的结果

本研究将搜索产品和体验产品两个组进行了比较。首先，问卷数据通过模型1（无约束模型）和模型2（测量权重的约束模型）之间的卡方检验［$\Delta\chi^2$ /（Δdf）= 1.191，$p > 0.050$］，这表明搜索产品的子模型的结构与体验产品的子模型相同。模型2（测量权重的约束模型）与模型3（结构权重的约束模型）［$\Delta\chi^2$ /（Δdf）= 9.141，$p < 0.050$］之间的卡方检验未通过，说明搜索产品的子模型与体验产品的子模型具有不同的路径系数。具体来说，在表6-6中，只有两个亚组模型中从感觉唤醒到注意力的路径系数之间的差异是显著的［$\Delta\chi^2$ /（$\Delta df 1$）= -6.173，$p < 0.050$）］，结果表明搜索产品的移动社交媒体广告比体验产品的广告更容易引起用户的感官唤醒。因此，接受H4a，但拒绝假设H4b。

表6-6　子模型之间的比较

路径	搜索产品	体验产品	卡方值	同伴	第三方平台	卡方值
SA→注意力	**0.421*****	**−0.188***	**−6.173***	0.185**	0.098*	−0.997ns
SA→略读	−0.365***	−0.315***	0.418ns	−0.332***	−0.378***	−0.428ns
CP→注意力	0.520***	0.458***	−0.533ns	**0.294****	**0.813*****	**4.103****
CP→略读	−0.351***	−0.066ns	2.269ns	−0.054ns	−0.329***	−2.196ns
CP→忽略	−0.335***	0.163ns	3.838ns	0.163ns	−0.313***	−3.644ns
MD→略读	0.033ns	0.281**	1.912ns	0.169ns	0.120ns	−0.377ns
MD→忽略	0.357***	0.365***	0.065ns	0.608***	0.107ns	−3.531ns
MD→屏蔽	0.306***	0.613***	2.553ns	**0.765*****	**0.247*****	**−3.972***

注：① SA 表示感官唤醒，CP 表示广告内容的愉悦感，MD 表示媒介控制感；
　　② 所有的路径系数都是非标准化的；
　　③ *$p < 0.050$，**$p < 0.010$，***$p < 0.001$。ns 代表路径系数不显著。

同样，在同伴和第三方平台的两个组之间进行比较。首先，问卷数据通过了模型1（无约束模型）和模型2（测量权重的约束模型）之间的卡方检验［$\Delta\chi^2$ /（Δdf）= 0.950，$p > 0.050$］。模型2（测量权重的约束模型）与模型3（结构权重的约束模型）［$\Delta\chi^2$ /（Δdf）=8.408，$p < 0.001$］之间的卡方检验未能通

过。这表明移动社交媒体广告的子模型与第三方平台的子模型具有相同的结构，但路径系数不同。具体而言，表 6-5 显示了从广告内容的愉悦感到注意力［$\Delta\chi^2$/（$\Delta df1$）= 4.103，$p < 0.010$］和从媒介控制感到屏蔽行为［$\Delta\chi^2$/（$\Delta df1$）= −3.972，$p < 0.050$］的显著性差异。因此，通过第三方平台发布的移动社交媒体广告内容所带来的愉悦感比同伴发布的移动社交媒体广告更能引起用户的注意。此外，通过第三方平台发布的以媒介控制感为基础的移动社交媒体广告比同伴发布的广告更容易引发移动社交媒体用户的屏蔽行为。因此，假设 H5a 得到了验证而 H5b 未被支持。

6.6　总　结

6.6.1　主要结论

本章提出并验证了一个基于情绪调节理论的移动社交媒体广告注意力或回避反应的情感分解模型。具体来说，我们发现感官唤醒的作用正向影响用户对移动社交媒体广告的注意力，负向影响略读行为。广告内容的愉悦感正向影响用户对移动社交媒体广告的注意力，同时负向影响略读和忽略行为。移动社交媒体用户对媒介支配地位的控制也正向影响略读、忽视和屏蔽移动社交媒体广告的行为。

第一，该模型阐述了移动社交媒体广告注意 / 回避形式中的情绪调节回路。移动社交媒体广告的信息传递过程既是移动社交媒体用户情绪的直接反应，又是移动社交媒体用户产生情绪变化的前因，其中既有积极的作用，也有消极的作用，从而导致注意力或回避意向的不同反应。第二，该模型强调移动社交媒体广告的不同信息水平（即感官线索、广告内容和媒介）被配置为不同的情感维度（即唤起、愉悦和支配），这些维度都与情绪调节的循环路径相关。由于积极或消极的调节过程，这些情感维度的特殊性导致了用户的注意力或回避行为的突出表现。第三，研究结果表明移动社交媒体回避的等级机制。这个等级机制不仅来源于用户的认知努力（Youn & Kim，2019），还源自情感维度，因为基于唤醒的情绪调节与较低的认知需求回避相关，基于愉悦感的情绪调节与中等认知需求回避相关，基于控制感的情绪调节与较高的认知需求回避相关。

此外，本章对移动社交媒体广告特征（即产品类型和广告来源）在基于情感的分解模型中的作用进行了探讨，得出的研究结果部分支持了该模型的适用性。与先前的研究一致，移动社交媒体广告的搜索产品（相比于体验产品）通过感官唤醒激发用户更多的注意力（Mazaheri et al.，2012）。此外，由同伴发布的移动社交媒体广告能引起更多的注意力，因为他们发布的广告被认为比第三方平台发布的广告更令人愉悦，更容易被用户接受（Li et al.，2020），通过与部分被试的交流得知用户更好奇自己认识的人平时关注和推荐什么样的商品，在这种情况下，他们发布的广告信息便很容易引起关注。然而，出乎意料的是，同伴发布的移动社交媒体广告相比第三方平台发布的广告会带来更多的回避行为。原因可能是由同伴用户提供的广告起到了失败的宣传效果，因为他们激起了痛苦和受到欺骗的感觉，用户使用移动社交媒体时更希望自己认识的同伴分享有趣的、无利益相关性的信息，同伴发布的广告会让移动社交媒体用户觉得自己被利用了，成了他人获取利益的工具。此外，广告内容中的商业化语句也会让用户觉得同伴在推销产品时显得十分虚伪（Arli & Dietrich，2017；Tucker，2016）。

6.6.2　理论贡献

本章最基本的贡献是：第一，它提供了一个从情感的视角来探索用户回避移动社交媒体广告的机制，这可能是一个重要的理论发现，并且冲击了已有研究中占主导地位的理性和社会化基础的观点。考虑到社交媒体和移动设备（如智能手机和平板电脑）已经成为移动社交媒体用户的情感慰藉、情感依恋的对象，以及移动社交媒体用户与他人和外界之间建立情感纽带的手段（Beer，2012；Konoket et al.，2016；Melumad & Pham 2020），当前的研究应该更多地从情感视角来研究移动社交媒体广告。因此，本研究通过将基于反应与回避行为（包括生理性回避行为和身体机械性回避行为）联系起来，以补充用户选择移动社交媒体广告回避策略的形式。这个形式可以看作是赵和郑（2004）在移动社交媒体背景下对广告的情感、认知和行为反应框架的拓展。

第二，本研究分组讨论了移动社交媒体用户面对移动社交媒体广告所采取的反应策略和内在机制，注意力的提出、略读、忽略和屏蔽整合了多个先前广告回避行为研究的框架，如斯派克和埃利奥特（1997）对物理回避、认知回避和机械回避的分类，以及凯莉等人（2021）研究的用户被动或主动地采取广告回避行为的原因。因此，它提供了一个明确的范式来检验用户对移动社交媒体广告的内在反应机制，这也可以推广到社会媒体广告和移动广告的场景中。此外，本研究还将情绪调节模型扩展到移动社交媒体广告领域。它揭示了信息刺激和注意力行为之间可能存在的中介效应（即情绪调节目标）。拓展了广告视听强度对注意力的影响补充研究了影响人们注意或回避策略的个人感官相关因素（自上而下的注意路径；Itti，2000）。因此，这种理解上的进步可以为检验移动社交媒体用户对广告注意力的研究人员提供有价值的见解。

第三，本章提出了一个动态和循环的方法来考察人们对移动社交媒体广告的反应和情绪调整节回路，而不是静态和线性的方法。移动社交媒体广告注意或回避反应的情绪调节模型解释了个体在调节目标下的情绪反应和行为反应之间的相互作用，这将有助于加强对社交媒体相关研究中用户与广告之间的互动过程的理解。尽管在所有类型的情境中都强调消极情绪调节［如恰尔迪尼等人（Cialdini et al.，1973）研究的消极情绪释放模型］，但是本研究强调积极情绪调节也占有重要的作用，特别是在面对广告的行为意图中。移动社交媒体用户采用了一种广告接受—回避形式，包括跨越不同的情绪维度的积极和消极的策略。此外，使用三维情绪维度也提供了一个全新的视角，得以具体地看到不同维度的情绪如何影响用户注意力、广告回避的决定及各种回避策略（Kemp et al.，2020）。这可以丰富现有研究中对注意力—广告回避形式的理解。另外，它不仅限于移动社交媒体广告，还可以推广到许多日常广告（Bradley et al.，2001）。

6.6.3　管理建议

总的来说，本章确定了情绪在移动社交媒体广告注意力配置策略中的重要作用，这对广告主、广告代理商和社交媒体平台都是至关重要的。为了让移动社交媒体广告效果持续地获得预期的收益，他们必须应对移动社交媒体用户做出广告回避行为的挑战性问题。基于这项研究的发现，可以形成一系列管理方面的指导性建议。例如，广告商需要维持移动社交媒体用户在浏览社交媒体整个过程中的情绪状态，而不是仅仅局限于看到广告时即时产生的情绪。为了引导移动社交媒体用户表现出更多的注意力和做出更少的回避行为，应该设计一个积极的感官唤醒来促进他们产生新颖、独特、有吸引力的感官线索（使用更生动丰富的媒体表现形式，如有创意的视频、独特的叙事风格、360°全景互动的移动社交媒体广告，在屏幕醒目位置交替出现的静态广告，Jain et al., 2018；Glaser & Reisinger, 2021）。同样，广告商可以向用户提供令人愉悦的广告内容，文案可以诙谐幽默一些，用简短的介绍精炼地概括产品的特点和优势，禁止使用低俗的有歧视性的语句；他们还可以提升用户的参与度，与移动社交媒体用户共同创建广告的内容，包括产品评论和品牌故事（Woodside, 2010；Zhang et al., 2010）。此外，应该通过增加移动社交媒体广告的本土性和调节移动社交媒体广告的可支配度来增强用户对使用社交媒体的控制感，从而减少广告回避行为。例如，视频广告应当显示倒计时或添加时间滚动条方便用户控制视频进度；图片类型的广告添加更多的交互按钮，让用户自由选择他们想要知道的产品信息。这些做法能够使用户对移动社交媒体广告持有较少的对抗态度。

本章还提供了一个更为详细的框架来展示移动社交媒体广告的几个重要特征。为了将移动社交媒体广告所带来的经济收益最大化，广告的利益相关者应该更多地参与决策，尤其是产品类型的选择和广告发布渠道的权衡。本研究结果表明移动社交媒体用户更容易接受移动社交媒体广告的搜索产品，而不是体验产品。如果产品是通过第三方平台而不是通过同行进行广告宣传，他们不太可能选择回避这些广告。这些发现在某种程度上说明了移动社交媒体广告对体验产品的宣传作用并不显著，而一旦将移动社交媒体作为点对点渠道（即在用户和用户之间完成广告传递过程），这种广告形式也无法带来乐观的收益。利益相关者应该转向使用社会认可度高的、信用度良好的、互联网营销能力突出的第三方平台为搜索产品发布移动社交媒体广告（Kaur，2016）。

此外，正如我们所讨论的一样，广告不仅可以在台式计算机、可联网的电视以及智能手机的网络空间发布，还可以通过更广泛的技术和更先进的设备向移动社交媒体用户发布。例如，内置了虚拟现实（VR）和增强现实技术（AR）可穿戴便携式智能设备，它们可帮助消费者在观看广告时更直观地判断某商品是否适合自己，以做出更满意的选择。在不久的将来，通过全渠道营销，集社会互动、游戏、娱乐、艺术享受、体育活动等一体化的场景，将会助力广告行业的繁荣。随着全渠道广告和功能一体化广告的发展，如何保证用户减少广告回避行为，让广告的价值全面展现出来将是一个持续关注的问题。与此同时，尽管未来的网民可能会发展新的方法来回避广告中不必要的信息，略读、忽略或屏蔽的反应仍将是主要的广告回避行为。

6.6.4　结论、局限性和未来发展方向

本研究也有一些局限性，可以在未来的研究中加以解决。首先，问卷调查的对象均来自中国，考虑到情绪调节和广告回避在不同文化中可能存在差异，未来的研究可以对情绪调节和移动社交媒体广告回避进行跨文化研究。另外，研究其他样本群体的情绪调节反应也可能是有意义的，因为以前的文献已经表明，不同性别和年龄的人在情绪调节方面的行为是不同的（Blanchard-Fields et al.，2004）。其次，通过三维情感（PAD）框架研究情绪，主要依据情绪变量的数值大小。尽管三维情感是一个普适性的情绪框架，但我们相信未来的研究可以基于其他的情绪模型或理论进行探讨，例如效价理论（Lau-Gesk & Mey-ers-Levy，2009）或强度理论（Moore et al.，1995）。再次，本章主要集中在基于情绪相关意识的个体调节上。尽管基于情感的调节是个人心理调节的一个基本

机制，但我们认为调节是基于人们的认知状态，比如人们的心理（Kim & Han 2014；Martins et al., 2019）、认知专注性（Chang，2009）和社会相关的调节（Bessenoff，2006；Van Deursen et al., 2015）。这些领域仍然没有得到很好的研究，但却有非常大的研究价值。最后，本研究是基于用户个人自我报告的情绪、注意力或广告回避方法，被试者依据自己在问卷调查时的真实感受来填写问卷，得到的数据有一定的主观性。未来可以采用更加严谨的定量研究方法，如行为指示器观察（Yani-de-Soriano & Foxall，2006）、眼球追踪（Zamani et al., 2016）和脑电波实验（Wei et al., 2018），结合新技术的实验方法，使其越来越多地参与这一领域的研究，从而更准确地测量用户个体的实时情绪状态和注意力或回避反应。

参考文献

ADELAAR T, CHANG S, LANCENDORFER K M, et al., 2003. Effects of media formats on emotions and impulse buying intent [J]. Journal of Information Technology, 18 (4): 247-266.

ALALWAN A A, 2018. Investigating the impact of social media advertising features on customer purchase intention [J]. International Journal of Information Management, 42: 65-77.

ARLI D, DIETRICH T, 2017. Can social media campaigns backfire? Exploring consumers' attitudes and word-of-mouth toward four social media campaigns and its implications on consumer-campaign identification [J]. Journal of Promotion Management, 23 (6): 834-850.

AZIZI S, 2013. A model for short message service advertising avoidance determinants-and Iranian experience [J]. Management & Marketing, 8 (4): 655-668.

BAEK T H, MORIMOTO M, 2012. Stay away from me examining the determinants of consumer avoidance of personalized advertising [J]. Journal of Advertising, 41 (1): 59-76.

BANG H, KIM J, CHOI D, 2018. Exploring the effects of ad-task relevance and ad salience on ad avoidance: The moderating role of internet use motivation [J]. Computers in Human Behavior, 89: 70-78.

BEER D, 2012. The comfort of mobile media: Uncovering personal attachments with everyday devices [J]. Convergence, 18 (4): 361-367.

BERNE-MANERO C, MARZO-NAVARRO M, 2020. Exploring how influencer and relationship marketing serve corporate sustainability [J]. Sustainability, 12 (11): 4392.

BESSENOFF G R, 2006. Can the media affect us? Social comparison, self-discrepancy, the thin ideal [J]. Psychology of Women Quarterly, 30 (3): 239-251.

BLANCHARD-FIELDS F, STEIN R, WATSON T L, 2004. Age differences in emotion-regulation strategies in handling everyday problems [J]. The Journals of Gerontology Series B: Psychological Sciences and Social Sciences, 59 (6): 261-269.

BRADLEY M M, CODISPOTI M, CUTHBERT B N, et al., 2001. Emotion and motivation I: Defensive and Appetitive reactions in picture processing [J]. Emotion, 1 (3): 276.

BRISLIN R W, 1970. Back-translation for cross-cultural research [J]. Journal of Cross-Cultural Psychology, 1 (3): 185-216.

BUES M, STEINER M, STAFFLAGE M, et al., 2017. How mobile in-store advertising influences purchase intention: Value drivers and mediating effects from a consumer perspective [J]. Psychology & Marketing, 34 (2): 157-174.

BURNELL K, KUTHER T L, 2016. Predictors of mobile phone and social networking site dependency in adulthood [J]. Cyberpsychology, Behavior, Social Networking, 19 (10):621-627.

BUSH A J, SMITH R, MARTIN C, 1999. The influence of consumer socialization variables on attitude toward advertising: A comparison of African-Americans and Caucasians [J]. Journal of Advertising, 28 (3): 13–24.

CHANG C, 2009. 'Being hooked' by editorial content: The implications for processing narrative advertising [J]. Journal of Advertising, 38 (1): 21-34.

CHINCHANACHOKCHAI S, DE GREGORIO F, 2020. A consumer socialization approach to understanding advertising avoidance on social media [J]. Journal of Business Research, 110: 474-483.

CHO C H, CHEON H J, 2004. Why do people avoid advertising on the internet? [J]. Journal of Advertising, 33 (4): 89-97.

CHO S, HUH J, FABER R J, 2014. The influence of sender trust and advertiser trust on multistage effects of viral advertising [J]. Journal of advertising, 43 (1): 100-114.

CHOI B, CHOI U, SONG J H, 2021. Multitasking and location-based advertising: Effects of perceived intrusiveness, location proximity, product durability on avoidance [J]. International Journal of Advertising, 40 (8): 1385-1401.

CHUNG Y J, KIM E, 2021. Predicting consumer avoidance of native advertising on social networking sites: A survey of Facebook users [J]. Journal of Promotion Management, 27 (1): 1-26.

CIALDINI R B, DARBY B L, VINCENT J E, 1973. Transgression and altruism: A case for hedonism [J]. Journal of Experimental Social Psychology, 9 (6): 502-516.

DAFONTE-GÓMEZ A, MÍGUEZ-GONZÁLEZ M I, CORBACHO-VALENCIA J M, 2020. Viral dissemination of content in advertising: Emotional factors to reach consumers [J]. Communication & society, 33 (1): 107-120.

DAVIS F, 2004. Improving computer skill training: Behavior modeling, symbolic mental rehearsal, the role of knowledge structures [J]. Journal of Applied Psychology, 89 (3): 509-523.

DE GREGORIO F, JUNG J H, SUNG Y, 2017. Advertising Avoidance: A Consumer Socialization Perspective [J]. Online Journal of Communication and Media Technologies, 7 (3): 1-26.

DEMIRCI K, AKGÖNÜL M, AKPINAR A, 2015. Relationship of smartphone use severity with sleep quality, depression, anxiety in university students [J]. Journal of Behavioral Addictions, 4 (2): 85-92.

DODOO N A, WEN J, 2021. Weakening the avoidance bug: The impact of personality traits in ad avoidance on social networking sites [J]. Journal of Marketing Communications, 27 (5): 457-480.

DONOVAN R J, ROSSITER J R, MARCOOLYN G, et al., 1994. Store atmosphere and purchasing behavior [J]. Journal of Retailing, 70 (3): 283-294.

EDWARDS S M, LI H, LEE J H, 2002. Forced exposure and psychological reactance: Antecedents and consequences of the perceived intrusiveness of pop-up ads [J]. Journal of Advertising, 31 (3): 83-95.

EKELUND R B, MIXON F G, RESSLER R W, 1995. Advertising and information: an empirical study of search, experience and credence goods [J]. Journal of Economic Studies, 22 (2): 33-43.

FAN S, LU Y, GUPTA S, 2017. Social media in-feed advertising: The impacts of consistency and sociability on ad avoidance [M]. In Pacific Asia Conference on Information Systems (ACIS) 2017 Proceedings. Article no. 190.

FERREIRA C, MICHAELIDOU N, MORAES C, et al., 2017. Social media advertising: Factors influencing consumer ad avoidance [J]. Journal of Customer Behaviour, 16 (2): 183-201 (19).

FISHER R J, DUBÉ L, 2005. Gender differences in responses to emotional advertising: A social desirability perspective [J]. Journal of Consumer Research, 31 (4): 850-858.

FRANSEN M L, SMIT E G, VERLEGH P W, 2015. Strategies and motives for resistance to persuasion: an integrative framework [J]. Frontiers in Psychology, 6: 1201.

FREDRICKSON L B, LEVENSON R W, 1998. Positive emotions speed recovery from the cardiovascular sequelae of negative emotions [J]. Cognition & emotion, 12 (2): 191-220.

FULLWOOD C, QUINN S, KAYE L K, et al., 2017. My virtual friend: A qualitative analysis of the attitudes and experiences of Smartphone users: Implications for Smartphone attachment [J]. Computers in Human Behavior, 75: 347-355.

GALLO I, TOWNSEND C, ALEGRE I, 2019. Experiential product framing and its influence on the creation of consumer reviews [J]. Journal of Business Research, 98: 177-190.

GARBARINO E C, EDELL J A, 1997. Cognitive effort, affect, choice [J]. Journal of Consumer Research, 24 (2): 147-158.

GLASER M, REISINGER H, 2021. Don't lose your product in story translation: How product–story link in narrative advertisements increases persuasion [J/OL]. Journal of Advertising, 52 (2): 188-205.

GOH K Y, CHU J, WU J, 2015. Mobile advertising: An empirical study of temporal and spatial differences in search behavior and advertising response [J]. Journal of Interactive Marketing, 30: 34-45.

GROSS J J, 2015. Emotion regulation: Current status and future prospects [J]. Psychological Inquiry, 26 (1): 1-26.

GROSS J J, THOMPSON R A, 2007. Emotion regulation: Conceptual foundations [M]. In Gross J. J, Ed.), Handbook of Emotion Regulation. New York, US: Guilford Press.

GUARDIA F R, 2009. A generalization of advertising avoidance model on social network. Available at https://dee.uib.cat/digitalAssets/313/313123_Rejon1.pdf.

GUARDIA R F, MARTÍNEZ-LÓPEZ F J, 2014. Online advertising intrusiveness and consumers' avoidance behaviors. In Woodside, A. G., & LaPlaca, P. J. (Eds.), Handbook of Strategic E-Business Management (pp. 565-586). Berlin, Heidelberg: Springer.

HAMELIN N, EL MOUJAHID O, THAICHON P, 2017. Emotion and advertising effectiveness: A novel facial expression analysis approach [J]. Journal of Retailing and Consumer Services, 36: 103-111.

HARVEY M, POINTON M, 2017. Searching on the go: The effects of fragmented attention on mobile web search tasks [C]. In Proceedings of the 40th International ACM SIGIR Conference on Research and Development in Information Retrieval:155-164.

HAVLENA W J, HOLBROOK M B, 1986. The varieties of consumption experience: Comparing two typologies of emotion in consumer behavior [J]. Journal of Consumer Research, 13 (3): 394-404.

HAWKINS D, MOTHERSBAUGH D, 2010. Consumer Behaviour: Building Marketing Strategy (11th Edition) [M]. New York, US: McGraw Hill Irwin.

HERREWIJN L, POELS K, 2013. Putting brands into play: How game difficulty and player experiences influence the effectiveness of in-game advertising [J]. International Journal of Advertising, 32 (1): 17-44.

HERVET G, GUÉRARD K, TREMBLAY S, et al., 2011. Is banner blindness genuine? Eye tracking internet text advertising [J]. Applied Cognitive Psychology, 25 (5): 708-716.

HIGUERA-TRUJILLO J L, MALDONADO J L T, MILLÁN C L, 2017. Psychological and physiological human responses to simulated and real environments: A comparison between Photographs, 360 Panoramas, Virtual Reality [J]. Applied Ergonomics, 65: 398-409.

HODAK B, 2018. As Gen Z reshapes the social media landscape, marketers need to be open to change [EB/OL]. [2019-06-12]. https: //www.adweek.com/brand-marketing/as-gen-z-reshapes-the-social-media-landscape-marketers-need-to-be-open-to-change/.

HOLBROOK M B, BATRA R, 1987. Assessing the role of emotions as mediators of consumer responses to advertising [J]. Journal of Consumer Research, 14 (3): 404-420.

HOLLENSTEIN T, 2015. This time, it's real: Affective flexibility, time scales, feedback loops, the regulation of emotion [J]. Emotion Review, 7 (4): 308-315.

HUANG S, ARAL S, HU Y J, et al., 2020. Social advertising effectiveness across products: A large-scale field experiment [J]. Marketing Science, 39 (6): 1142-1165.

HUH J, DELORME D E, REID L N, 2015. Do Consumers Avoid Watching Over-the-Counter

Drug Advertisements? An Analysis of Cognitive and Affective Factors That Prompt Advertising Avoidance [J]. Journal of Advertising Research, 55 (4): 401-415.

HUMPHREYS L, 2013. Mobile social media: Future challenges and opportunities [J]. Mobile Media & Communication, 1 (1): 20-25.

HUPPERTZ J W, ARENSON S J, EVANS R H, 1978. An application of equity theory to buyer-seller exchange situations [J]. Journal of Marketing Research, 15 (2): 250-260.

HUSSAIN D, LASAGE H, 2014. Online video advertisement avoidance: Can interactivity help? [J]. Journal of Applied Business Research, 30 (1): 43-50.

JAIN G, RAKESH S, CHATURVEDI K R, 2018. Online video advertisements' effect on purchase intention: An exploratory study on youth [J]. International Journal of E-Business Research, 14 (2): 87-101.

JIANG H, TAN H, LIU Y, et al., 2020. The impact of power on destination advertising effectiveness: The moderating role of arousal in advertising [J]. Annals of Tourism Research, 83: 102926.

JOHNSON J P, 2013. Targeted advertising and advertising avoidance [J]. The RAND Journal of Economics, 44 (1): 128-144.

KAPLAN A M, 2012. If you love something, let it go mobile: Mobile marketing and mobile social media 4x4 [J]. Business Horizons, 55 (2): 129-139.

KAPOOR P S, BALAJI M S, JIANG Y, 2021. Effectiveness of sustainability communication on social media: Role of message appeal and message source [J]. International Journal of Contemporary Hospitality Management, 33 (3): 949-972.

KAUR S, 2016. Social media marketing [J]. Asian Journal of Multidimensional Research, 5 (4): 6-12.

KELLY L, KERR G, DRENNAN J, 2010. Avoidance of advertising in social networking sites: The teenage perspective [J]. Journal of Interactive Advertising, 10 (2): 16-27.

KELLY, L., KERR, G., DRENNAN, J., FAZAL-E-HASAN, S. M, 2021. Feel, think, avoid: Testing a new model of advertising avoidance [J]. Journal of Marketing Communications, 27 (4): 343-364.

KEMP E, COWART K, BUI M M, 2020. Promoting consumer well-being: Examining emotion regulation strategies in social advertising messages [J]. Journal of Business Research, 112: 200-209.

KIM T, BARASZ K, JOHN L K, 2019. Why am I seeing this ad? The effect of ad transparency on ad effectiveness [J]. Journal of Consumer Research, 45 (5): 906-932.

KIM Y J, HAN J, 2014. Why smartphone advertising attracts customers: A model of Web advertising, flow, personalization [J]. Computers in Human Behavior, 33): 256-269.

KO I, WEI X, AN N, 2019. An exploratory study for perceived advertising value in the relationship between irritation and advertising avoidance on the mobile social platforms [C]. In Proceedings of the 52nd Hawaii International Conference on System Sciences. Available at: 10.24251/HICSS.2019.045.

KOLSAKER A, DRAKATOS N, 2009. Mobile advertising: The influence of emotional attachment to mobile devices on consumer receptiveness [J]. Journal of Marketing Communications, 15 (4): 267-280.

KONOK V, GIGLER D, BERECZKY B M, et al., 2016. Humans' attachment to their mobile phones and its relationship with interpersonal attachment style [J]. Computers in Human Behavior, 61: 537-547.

LANG A, 2000. The limited capacity model of mediated message processing [J]. Journal of Communication, 50 (1): 46-70.

LAROCHE M, LI R, RICHARD M O, et al., 2022. An investigation into online atmospherics: The effect of animated images on emotions, cognition, purchase intentions [J]. Journal of Retailing and Consumer Services, 64: 102845.

LAU-GESK L, MEYERS-LEVY J, 2009. Emotional persuasion: When the valence versus the resource demands of emotions influence consumers' attitudes [J]. Journal of Consumer Research, 36 (4): 585-599.

LEE K Y, 2020. The impact of privacy concerns on smartphone-based ad blocker use intent: Mediated moderating effect of smartphone literacy via attitude toward online video advertising [J]. The Journal of Digital Contents Society, 21 (1): 111-119.

LI B, YIN S, 2021. How perceived control affects advertising avoidance intention in a skippable advertising context: A moderated mediation model [J]. Chinese Journal of Communication, 14 (2): 157-175.

LI X, WANG C, ZHANG Y, 2020. The dilemma of social commerce: Why customers avoid peer-generated advertisements in mobile social networks [J]. Internet Research, 30 (3): 1059-1080.

LI Y, 2019. User perception affects search engine advertising avoidance: Moderating role of user characteristics [J]. Social Behavior and Personality: An International Journal, 47 (4): 1-12.

LI Y, YANG S, ZHANG S, et al., 2019. Mobile social media use intention in emergencies among Gen Y in China: An integrative framework of gratifications, task-technology fit, media dependency [J]. Telematics and Informatics, 42: 101244.

LIU Z, LIN X, WANG X, et al., 2020. Self-Regulation deficiency in predicting problematic use of mobile social networking apps: The role of media Dependency [C]. Decision Sciences.

MARTINS J, COSTA C, OLIVEIRA T, et al., 2019. How smartphone advertising influences consumers' purchase intention [J]. Journal of Business Research, 94: 378-387.

MATTKE J, MÜLLER L, MAIER C, et al., 2018. Avoidance of social media advertising: A latent profile analysis [C]. In Proceedings of the 2018 ACM SIGMIS Conference on Computers and People Research: 50-57.

MATUKIN M, OHME R, BOSHOFF C, 2016. Toward a better understanding of advertising stimuli processing: Exploring the link between consumers' eye fixation and their subconscious responses [J]. Journal of Advertising Research, 56 (2): 205-216.

MAZAHERI E, RICHARD M O, LAROCHE M, 2012. The role of emotions in online consumer behavior: A comparison of search, experience, credence services [J]. Journal of Services Marketing, 26 (7): 535-550.

MEHRABIAN A, 1995. Framework for a comprehensive description and measurement of emotional states [J]. Genetic, Social, General Psychology Monographs, 121 (3): 339-361.

MEHRABIAN A, RUSSELL J A, 1974. An Approach to Environmental Psychology [M]. Cambridge, MA: the MIT Press.

MELUMAD S, PHAM M T, 2020. The smartphone as a pacifying technology [J]. Journal of Consumer Research, 47 (2): 237-255.

MIKULINCER M, SHAVER P R, 2019. Attachment orientations and emotion regulation [J]. Current Opinion in Psychology, 25: 6-10.

MINIERO G, RURALE A, ADDIS M, 2014. Effects of arousal, dominance, their interaction on pleasure in a cultural environment [J]. Psychology and Marketing, 31 (8): 628–634.

MIRON A M, BREHM J W, 2006. Reactance theory-40 years later [J]. Zeitschrift für Sozialpsychologie, 37 (1): 9-18.

MOORE D J, HARRIS W D, CHEN H C, 1995. Affect intensity: An individual difference response to advertising appeals [J]. Journal of Consumer Research, 22 (2): 154-164.

MORRIS J D, KLAHR N J, SHEN F, et al., 2009. Mapping a multidimensional emotion in response to television commercials [J]. Human Brain Mapping, 30 (3): 789-796.

MPINGANJIRA M, MADUKU D K, 2019. Ethics of mobile behavioral advertising: Antecedents and outcomes of perceived ethical value of advertised brands [J]. Journal of Business Research, 95: 464-478.

NIU X, WANG X, LIU Z, 2021. When I feel invaded, I will avoid it: The effect of advertising invasiveness on consumers' avoidance of social media advertising [J]. Journal of Retailing and Consumer Services, 58 (2): 102320.

NOGUTI V, WALLER D S, 2020. Motivations to use social media: Effects on the perceived informativeness, entertainment, intrusiveness of paid mobile advertising [J]. Journal of Marketing Management, 36 (15-16): 1527-1555.

NYHEIM P, XU S, ZHANG L, et al., 2015. Predictors of avoidance towards personalization of restaurant smartphone advertising: A study from the Millennials' perspective [J]. Journal of Hospitality and Tourism Technology, 6 (2): 145-159.

OKAZAKI S, MOLINA F J, HIROSE M, 2012. Mobile advertising avoidance: Exploring the role of ubiquity [J]. Electronic Markets, 22 (3): 169-183.

OLNEY T J, HOLBROOK M B, BATRA R, 1991. Consumer responses to advertising: The effects of ad content, emotions, attitude toward the ad on viewing time [J]. Journal of Consumer Research, 17 (4): 440-453.

PODSAKOFF P M, MACKENZIE S B, LEE J Y, et al., 2003. Common method biases in behavioral research: a critical review of the literature and recommended remedies [J]. Journal of Applied Psychology, 88 (5): 879.

PRENDERGAST G, CHEUNG W L, WEST D, 2010. Antecedents to advertising avoidance in China [J]. Journal of Current Issues & Research in Advertising, 32 (2): 87-100.

PUTREVU S, LORD K R, 2003. Processing Internet communications: A motivation, opportunity and ability framework [J]. Journal of Current Issues & Research in Advertising, 25 (1): 45-59.

RAFIEIAN O, YOGANARASIMHAN H, 2021. Targeting and privacy in mobile advertising [J]. Marketing Science, 40 (2): 193-218.

RAU P L P, ZHOU J, CHEN D, et al., 2014. The influence of repetition and time pressure on effectiveness of mobile advertising messages [J]. Telematics and Informatics, 31 (3): 463-476.

ROZENDAAL E, FIGNER B, 2019. Effectiveness of a school-based intervention to empower children to cope with advertising [J]. Journal of Media Psychology, 32 (3): 107-118.

SAMAHA M, HAWI N S, 2016. Relationships among smartphone addiction, stress, academic performance, satisfaction with life [J]. Computers in Human Behavior, 57: 321-325.

SCHIVINSKI B, DABROWSKI D, 2016. The effect of social media communication on consumer perceptions of brands [J]. Journal of Marketing Communications, 22 (2): 189-214.

SCHMITT B, BRAKUS J, ZARANTONELLO L, 2015. From experiential psychology to consumer experience [J]. Journal of Consumer Psychology, 25 (1): 166–171.

SEYEDGHORBAN Z, TAHERNEJAD H, MATANDA M J, 2016. Reinquiry into advertising avoidance on the internet: A conceptual replication and extension [J]. Journal of Advertising, 45 (1): 120-129.

SHIFFRIN R M, WALTER S, 1977. Controlled and automatic human information processing: I. detection, search, attention [J]. Psychological Review, 84 (1): 1.

SHIN W, LIN T T C, 2016. Who avoids location-based advertising and why? Investigating the relationship between user perceptions and advertising avoidance [J]. Computers in Human Behavior, 63: 444-452.

SINGH S N, CHURCHILL JR G A, 1987. Arousal and advertising effectiveness [J]. Journal of Advertising, 16 (1): 4-40.

SÖLLNER J, DOST F, 2019. Exploring the selective use of ad blockers and testing banner appeals to reduce ad blocking [J]. Journal of Advertising, 48 (3): 302-312.

SPECK P S, ELLIOTT M T, 1997. Predictors of advertising avoidance in print and broadcast media [J]. Journal of Advertising, 26 (3): 61-76.

SREEJESH S, PAUL J, STRONG C, et al., 2020. Consumer response towards social media advertising: Effect of media interactivity, its conditions and the underlying mechanism [J].

International Journal of Information Management, 54: 102155.

SUNDAR S S, KALYANARAMAN S, 2004. Arousal, memory, impression-formation effects of animation speed in web advertising [J]. Journal of Advertising, 33 (1): 7-17.

SWEENEY J C, SOUTAR G N, 2001. Consumer perceived value: The development of a multiple item scale [J]. Journal of Retailing, 77 (2): 203-220.

TAN G W H, LEE V H, HEW J J, et al., 2018. The interactive mobile social media advertising: an imminent approach to advertise tourism products and services? [J]. Telematics and Informatics, 35 (8): 2270-2288.

TANTANATEWIN W, INKAROJRIT V, 2018. The influence of emotional response to interior color on restaurant entry decision [J]. International Journal of Hospitality Management, 69: 124-131.

TEIXEIRA T, WEDEL M, PIETERS R, 2012. Emotion-induced engagement in internet video advertisements [J]. Journal of Marketing Research, 49 (2): 144-159.

TERBURG D, VAN HONK J, 2013. Approach–avoidance versus dominance–submissiveness: A multilevel neural framework on how testosterone promotes social status [J]. Emotion Review, 5 (3): 296-302.

UM N H, 2019. Predictors of mobile advertising avoidance: What makes people avoid mobile advertising? [J]. International Journal of Contents, 15 (4): 44-49.

VAKRATSAS D, AMBLER T, 1999. How advertising works: what do we really know? [J]. Journal of Marketing, 63 (1): 26-43.

VAN DEN BROECK E, POELS K, WALRAVE M, 2018. An experimental study on the effect of ad placement, product involvement and motives on Facebook ad avoidance [J]. Telematics and Informatics, 35 (2): 470-479.

VAN DER GOOT M J, ROZENDAAL E, OPREE S J, et al., 2018. Media generations and their advertising attitudes and avoidance: A six-country comparison [J]. International Journal of Advertising, 37 (2): 289-308.

VAN DEURSEN A J, BOLLE C L, HEGNER S M, et al., 2015. Modeling habitual and addictive smartphone behavior: The role of smartphone usage types, emotional intelligence, social stress, self-regulation, age, gender [J]. Computers in Human Behavior, 45: 411-420.

VERKIJIKA S F, DE WET L, 2019. Understanding word-of-mouth (WOM) intentions of mobile app users: The role of simplicity and emotions during the first interaction [J]. Telematics and Informatics, 41: 218-228.

VOORVELD H A, VAN NOORT G, MUNTINGA D G, et al., 2018. Engagement with social media and social media advertising: The differentiating role of platform type [J]. Journal of Advertising, 47 (1): 38-54.

WEATHERS D, SHARMA S, WOOD S L, 2007. Effects of online communication practices on consumer perceptions of performance uncertainty for search and experience goods [J]. Journal of Retailing, 83 (4): 393-401.

WEGENER D T, PETTY R E, SMITH S M, 1995. Positive mood can increase or decrease message scrutiny: The hedonic contingency view of mood and message processing [J]. Journal of Personality and Social Psychology, 69 (1): 5-15.

WEI Z, WU C, WANG X, et al., 2018. Using support vector machine on EEG for advertisement impact assessment [J]. Frontiers in Neuroscience, 12: 76.

WIJENAYAKE S, PATHIRANA I, 2019. A study on factors influencing online behavioral advertising avoidance (Oba) : Special reference to Sri Lankan online advertising [J]. Management Science Letters, 9 (8): 1281-1288.

WILBUR K C, 2016. Advertising content and television advertising avoidance [J]. Journal of Media Economics, 29 (2): 51-72.

WOODSIDE A G, 2010. Brand-consumer storytelling theory and research: Introduction to a Psychology and Marketing special issue [J]. Psychology and Marketing, 27 (6): 531-540.

YANI-DE-SORIANO M M, FOXALL G R, 2006. The emotional power of place: The fall and rise of dominance in retail research [J]. Journal of Retailing and Consumer Services, 13 (6): 403-416.

YEU M, YOON H S, TAYLOR C R, et al., 2013. Are banner advertisements in online games effective? [J]. Journal of Advertising, 42 (2-3): 241-250.

YOO C Y, KIM K, 2005. Processing of animation in online banner advertising: The roles of cognitive and emotional responses [J]. Journal of Interactive Marketing, 19 (4): 18-34.

YOUN S, KIM S, 2019. Understanding ad avoidance on Facebook: Antecedents and outcomes of psychological reactance [J]. Computers in Human Behavior, 98: 232-244.

YOUN S, SHIN W, 2019. Teens' responses to Facebook newsfeed advertising: The effects of cognitive appraisal and social influence on privacy concerns and coping strategies [J]. Telematics and Informatics, 38: 30-45.

ZAMANI H, ABAS A, AMIN M K M, 2016. Eye tracking application on emotion analysis for marketing strategy [J]. Journal of Telecommunication, Electronic and Computer Engineering, 8 (11): 87-91.

ZHANG J Q, CRACIUN G, SHIN D, 2010. When does electronic word-of-mouth matter? A study of consumer product reviews [J]. Journal of Business Research, 63 (12): 1336-1341.

ZORN S, OLARU D, VEHEIM T, et al., 2012. Impact of animation and language on banner click-through rates [J]. Journal of Electronic Commerce Research, 13 (2): 173-183.

代宝，杨泽国，2022. 社交媒体用户信息回避行为的影响因素分析 [J]. 信息资源管理学报，12（2）：13-24.

段秋婷，吴婷，2021. 时间压力与任务复杂度对网络广告回避的影响——基于情境理论的路径 [J]. 现代传播（中国传媒大学学报），43（2）：135-140.

郭媛媛，陆珍珍，王朝友，2021. 社会化商务中同伴特征对用户社会化分享意愿的作用机理研究 [J]. 情报杂志，40（5）：201-207，170.

第 7 章
面向社交媒体平台投票活动的
回避行为 *

7.1 背 景

随着智能手机等移动终端的普及，移动社交媒体在世界范围内被广泛使用，并引领网络世界的进步和发展（Kaplan，2012）。移动社交媒体彻底改变了人们日常生活中沟通和互动的方式，并组织以各种形式扩大其营销范围，例如状态更新（Ju & Tao，2017）、移动广告（Andrews et al.，2016）和在线投票（Suki & Suki，2017；Zhou et al.，2018）。作为互联网的附属产品，在线投票是指由组织在社交媒体平台上发起的投票活动，它已经成为社交平台上的一个流行功能及内部竞选活动的一个重要组成部分，并被企业、学校和公共机构等不同组织所采用。如微博、微信等社交平台已经开始授权组织进行自己的投票活动，组织可以自由地对所关注的话题发起投票，并自定义投票选项。用户可以通过加入不同的兴趣群体参与投票，也可以通过朋友推荐或邀请参与投票。参与的用户可以通过在线投票分享他们对各种感兴趣的话题的观点，从民生问题到娱乐新闻（Wang et al.，2017）。通过这种方式，投票活动可以沿着社交路径在网络上得到广泛的传播。

---

* 本章内容改编自期刊论文：Zhang Shengliang，Chen Yuan，Li Xiaodong，Dou Guowei. Determinants of voting avoidance on mobile social media：Evidence from wechat in china [J]. Kybernetes，2020，49（5）：1445-1464.

在线投票凭借其制作简单、操作便捷和覆盖大量受众的优势得到了快速的发展，并引起了经济组织的广泛关注（Zhou et al.，2018）。相比于传统的投票方式，在线投票借助互联网和社交媒体的优势，使用户只需动动手指便可参与其中，极大提高了投票的便利性。同时，网络传播的速度快，面向人群广泛，使得在线投票活动可以通过社交媒体进行宣传，并通过不断的裂变使信息得到快速地扩散，从而提高了投票的效率。然而，随着社交媒体投票活动的泛滥，其中的问题也逐渐显现出来。尽管在线投票的初衷是为了开展更民主、更透明和更公平的评选活动，但由于网络技术的缺陷和人性的弱点，在线投票逐渐演变成参选人"关系网""朋友圈"等拉票能力的竞争。"金钱绑架"和"人情绑架"使得用户的投票偏离了他们的初衷。甚至有部分组织以在线投票的名义进行客户积累，要求用户在投票时需要先关注组织的公众号，此种举措更增加了人们对在线投票的抵制和厌恶。杰曼和塞尔杜尔特（Germann & Serdült，2017）在瑞士的一项调查研究发现，相比于线下投票，在线投票并没有增加人们的投票参与率。因此，在线投票活动的表现可能并不如用户和组织所期望的那样出色。

以往的研究考察了在线社交网络上用户的投票参与过程和实施在线电子投票的动机。例如，一个在脸书上参与网络政治活动的人可能会在总统选举中投出更明智的一票（Settle et al.，2016）。苏琪（Suki，2017）研究了在线校园电子投票，以识别学生投票决策和满意度的决定因素，并考察信任在其中的调节作用。然而，随后的研究发现，用户有时不愿意参与投票，因为他们认为在线投票的规则和结果不公平（Zhou et al.，2018）。一些用户由于来自朋友的社交压力而不情愿地参与投票（Huang et al.，2012），这可能会扭曲了他们最初的投票意向。周等人（Zhou et al.，2018）研究表明，开放式的在线投票已经演变成了一个人们被人情关系所"绑架"而非基于公平和意愿来做出判断的活动。此外，用户可能会回避带有显式评分的在线投票，因为此类评分会受到许多不可预测因素的影响，例如情绪、天气和其他人的投票（Yang et al.，2013）。有时，参与者会跳过候选人信息直接将票投给目标候选人，又或者因为感到受"侵犯"而回避投票（Jung et al.，2013）。

虽然投票回避行为在实践中已经广泛存在，且部分研究也对此现象提供了一定的见解，但关于移动社交媒体上用户的投票回避行为及其前因的学术研究仍然是缺乏的。面对多样化的投票形式以及不容乐观的投票参与程度，识别用户投票回避行为的驱动因素将有助于帮助组织和广告商进一步优化投票系统，从而提升用户体验，最大化用户对投票的参与度，实现组织的价值和营销的目标。因此，本章采用角色期望理论（Biddle，1986）对移动社交媒体上的投票回避行为进行研究。具体而言，通过在移动用户所扮演的角色之间进行整合和转换，识别出五个被认为对用户投票回避行为具有不同程度的影响因素（即不公平竞争、感知不真实性、感知信息不安全性、人情过度消费和组织植入）。在此基础上，构建相应的理论模型，并通过问卷调研和结构方程模型分析对其进行检验，最终得出了五个因素对投票回避行为的影响路径和效果。研究结果所识别出的决定投票回避行为的关键因素，不仅丰富了移动社交媒体文献中与用户投票回避行为相关的研究内容，还为广告商和组织者提供了有效的投票策略。本章还提出了切实可行的方法来帮助减少移动社交媒体上的投票回避行为，以确保更多的用户参与到投票活动中来，并为投票活动的未来发展奠定基础。

7.2　理论基础与研究假设

7.2.1　移动社交媒体上的投票行为

在世纪之交，人们对网络的热情高涨，在线投票被誉为能够吸引更多人参与的"神奇的投票"，在美国、英国、加拿大和瑞士等欧美国家开始得以应用（Alvarez et al.，2009）。例如，美国亚利桑那州的选举活动在 2000 年实施了在线投票后，投票率高达 93%，相较于 1996 年增长了 600%。吉布森（Gibson，2001）认为，在线投票通常可以被理解为虚拟世界中的一种以投票为中心的活动，投票的统计和显示完全由移动应用程序控制。移动社交媒体作为一种流行的沟通渠道，凭借其快速传播、便捷性和普及性等优势，逐渐成为在线投票不可或缺的工具。张铮和陆轶男（2015）将在线投票的过程分为发起、动员和结果产生等阶段。组织发起在线投票活动并定制投票选项，用户转发并参与投票，可以在他们的朋友圈中显示出来。通过这种方式，投票活动可以得到广泛的传播。此外，个人对各种问题的偏好、兴趣和态度可能会通过参与投票活动而显示出来（Wang et al.，2017；Yang et al.，2013）。

投票活动涉及社会生活的方方面面，形式多样，如娱乐或专业评估，并有可能附带或不附带奖励（People's Daily，2017）。无论是如"感动中国人物"等公益性质的评选，还是"全民制作人"等商业性质的选秀，甚至是一些党政机关政务量化考核的评比，都可以依托移动社交媒体平台来进行高效、便捷的投票。通过梳理已有研究发现，组织通常出于三个原因使用在线投票。第一，社交媒体能够以有效的方式支撑公平且透明的投票（Ayo et al.，2015），这对于建立一个组织的形象至关重要。与传统的专家评定不同，在线投票可以解决专家认知的固有局限性问题，并减少专家与参选者蓄意串通的风险。因此，组织传达了一种公平的形象。第二，在线投票被认为是获取客户相关知识的便捷工具。客户的参与和投票选择反映了他们对候选人和组织的态度和行为倾向（Wang et al.，2017）。因此，组织利用投票活动来听取客户的意见，并从多个视角获取最新的资料。第三，许多组织，特别是企业，使用在线投票作为一种实现他们期望的营销结果的工具（Zhou et al.，2018）。转发和点击投票链接是一种将用户拉进共同创造和关系营销的有效说服方式（Zhou et al.，2018），从而可以提高用户参与营销活动的热情。基于以上讨论，参与投票活动的移动用户可能会扮演多种角色，包括评委、朋友和广告信息接收者。

然而，在线投票在飞速发展和广泛普及的同时也带来了不可避免的负面影响，使其逐渐沦为形式主义的工具。例如，当前网络刷票现象猖獗，付费刷票企业比比皆是，违背了投票公正性的同时，涉及庞大的个人利益（张铮，陆轶男，2015）。同时，利用社会关系进行"人情绑架"的现象甚嚣尘上，铺天盖地的营销广告链接存在于投票界面中，严重影响了参与者参与投票的初衷。浙江省教育厅在 2018 年明确表示涉及学生个人荣誉的各项评选活动原则上不得采用面向社会的网络投票；而在 2022 年的全国人民代表大会上，甚至有人大代表呼吁"取消网络投票"。因此，不同于最初的热情，人们对投票逐渐转向消极和负面的情绪，甚至出现了大量的投票回避行为。

7.2.2　投票回避行为

回避行为被定义为感到焦虑的个人所采用的一种应对策略（LeDoux et al., 2017），其一直是营销者和广告商关注的焦点。回避行为涉及一种心理防御机制，即防止令人不安或混乱的心理或情绪内容；它的特点是一旦被认为与威胁有关的线索出现，就把注意力从其身上移开（Rojas-Méndez et al., 2009）。对于个体而言，回避不相关或不想要的信息的方式或策略有多种。例如，戈尔曼等人（Golman et al., 2017）指出，信息回避的方式主要有身体（物理）回避（physical avoidance）、控制注意力（inattention）、对信息的偏见解释（biased interpretation of information）、遗忘和自我妨碍（self-handicapping）五种；姜婷婷（2020）等人认为，信息回避的策略有以下几种，即规避信息源 / 物理规避、控制注意力、推迟获取、遗忘和否认信息（对信息进行偏差性的理解）；内本等人（Neben et al., 2013）从过程视角将信息回避分为暴露回避、吸收回避和使用回避三种。所以，个体在获取信息的不同阶段使用不同的策略来回避信息，一方面在信息获取时，可以采用物理回避的方式（如看到广告时暂时离开去做其他事情），也可以在不离开信息源的情况下通过做其他事情转移注意力（比如说话、浏览其他电子设备），还可以通过延迟获取来回避即将接收的信息（比如拿到体检报告暂时不打开）；另一方面，在信息获取后，则可以通过忽略、曲解、遗忘等方式回避对信息的解读。另外还可以根据不同情境分类回避行为，比如广告回避、新闻回避（Skovagaard et al., 2020）等。目前，有大量针对广告回避（Baek & Morimoto, 2012；Cho & Cheon, 2004；Shin & Lin, 2016；Speck & Elliott, 1997）和品牌回避（Kim et al., 2016；Lee et al., 2009；Rindell et al.，2014）的研究。广告回避被定义为媒体用户采取的所有不同程度地减少他们对广告内容接触的行为（Speck & Elliott，1997）；品牌回避则更具体地关注于对品牌的故意拒绝（Lee et al.，2009）。相比之下，现有文献很少提及投票回避的概念，也没有对其提供正式的定义。鉴于用户在移动社交媒体上回避投票活动的方式与回避网络广告的方式相似，因此根据对广告回避的定义（Cho & Cheon，2004；Speck & Elliott，1997），投票回避可以被视为移动用户所采取的减少他们接触投票活动的任何行动，例如明确拒绝参与、无视投票链接、假意参与点击后退出，等等。

先前的研究表明，如果营销者理解消费者为什么会回避广告和品牌，以及消费者在这一过程中所扮演的角色，那么关于回避行为的营销目标就可以很容易地实现。已经有许多因素被提出用于解释用户的回避行为。王琮（2018）的研究表明，微信中信息流广告的互动性特性显著负向影响用户的广告回避。斯科夫加尔德等人（Skovsgaard et al.，2020）对新媒体环境下新闻回避行为的研究指出，导致消费者回避新闻的一个重要原因是他们认为新闻的可信度低。凯莉等人（2010）研究表明，用户回避社交网站上的广告，是因为他们有负面的体验，且收到不相关的广告信息，也是因为他们对广告信息和在线社交网络作为广告媒介持怀疑的态度。荣格（2017）论证了社交媒体上广告回避行为受到感知广告相关性和隐私担忧的影响。同样，李等人（2009）研究发现，当消费者有负面的直接消费体验，他们的个人信仰与某些品牌的价值或联想发生冲突，以及当他们的身份与品牌形象不一致时，这些品牌可能会被消费者所回避。基姆等人（Kim et al.，2016）识别出对社会比较信息的关注是消费者品牌回避行为的一个决定因素。

在在线投票的背景下，由于用户在不同情景中的期望角色存在差异，所提出的广告和品牌回避的前因并不足以解释移动社交媒体上的用户投票回避行为。以前的研究至少存在两方面局限性。一方面，与在线投票中用户扮演的多重角色（如评委或朋友）相比，回避在线广告时，用户只能扮演广告信息接收者的角色（Baek & Morimoto，2012；Cho & Cheon，2004；Shin & Lin，2016）。此外，消费者抵制某些品牌是因为他们仅仅从消费者的角度来考虑品牌问题（如之前的经历和现有的身份）（Lee et al.，2009）。另一方面，在广告和品牌回避方面，用户角色冲突的可能性很小，因为个人只扮演一种角色（Baek & Morimoto，2012；Lee et al.，2009；Shin & Lin，2016）。然而，由于不可能同时满足不同的角色期望，移动用户在在线投票情境中会经历角色冲突。例如，对于选民而言，在线投票系统被期望作为实现公平投票的重要工具（Pan et al.，2014；Wang et al.，2015）。作为候选人的朋友或亲戚，用户希望投票行为基于适当的人情（Zhou et al.，2018）。组织者还希望引起用户在使用社交媒体进行在线电子投票时所享受的安全感（Shat & Pimenidis，2017）。此外，广告信息接收者认为投票系统可以提供如植入式广告等多种形式的在线服务（Tang & Yuan，2016）。因此，当用户面对投票活动时，他们的角色结合了评委、朋友和广告消息接收者的元素。相反，当用户浏览广告或选定品牌时，他们只是消息接收者或消费者。

7.2.3　角色期望理论

卡茨和卡恩（Katz & Kahn，1978）指出，角色期望表现为在自愿和有偿的工作中，参与者通常被期望作为团队的一部分，并有效地定义、接受和实施与任务相关的职位，以实现组织目标。因此，角色与社会地位相联系，考虑需要执行什么、如何执行及为什么执行。角色期望，特别是那些关于角色应该如何运作及如何促进其运作的期望，不仅是通过正式的组织要求而设定的，也是通过承担其他工作的非正式组织而设定的（Keränen，2017）。比德尔（Biddle，1986）的角色期望理论表明，当社会、特定群体和其他人对一个人的行为没有达成一致的期望时，这个人就会经历负面情绪，例如角色冲突。负面情绪一旦产生，个人的行为就会受到干扰，可能会表现为回避解决问题。

在移动社交媒体的投票活动中，存在着对某些角色的期望。例如，在投票活动中需要一个公正的评委（Amer & El-Gendy，2013）。沙特和艾伯特（Shat & Abbott，2017）表示，投票结果应真实、透明和可靠，否则选民可能不会信任投票系统。在朋友之间，适当的人情消费被认为是可取的。然而，如果朋友不愿意被人情"绑架"或"束缚"，在线投票就很难实现（Zhou et al.，2018）。与电子投票不同，由于网络不安全的原因，人们通常不太希望自己参与在线投票（Shat & Abbott，2017）。参与投票的客户预期会接触到嵌入在投票页面的软广告（Zhou et al.，2018）。在此背景下，角色期望理论整合了一系列动机因素（如不公平竞争、感知不真实性、感知信息的不安全性、人情过度消费和组织植入），以提供关于移动用户为什么抵制不必要的投票的通常解释。将这一理念延伸到移动社交媒体的投票情境中，可以看到用户扮演着不同的角色：评委、人情投资者、广告信息接收者和普通选民。这些角色被相互整合或转换，从而导致了困惑和焦虑。

从组织者的角度来看，为了防止参选者和组织者之间的权力和金钱交易，所有参与的用户都必须充当评委（Shat & Abbott，2017）。这种预防措施保障了投票的公平和正义。但是，如果受到金钱、礼物、特殊待遇或社会地位的驱使（Zhou et al.，2018），选民可能会将选票直接投给与自己利益有关的相关者，从而违背评委的职能。因此，当作为评委的用户发现投票过程中存在不公平竞争时，他们就会经历角色冲突，从而导致投票回避行为。

那些旨在为他们的品牌创造意义的广告商希望用户能够有效地扮演广告信息接收者的角色（Elliott & Wattanasuwan，1998）。但是，由于植入式广告的存在，投票网页中隐藏了太多包含广告和软性文章的链接（Zhou et al.，2018）。当关注官方账号时，在投票中添加一个强制性的中间链接也会阻止用户投票。因此，出现在投票界面中的组织植入（产品植入在移动社交媒体上的延伸和发展）与用户作为广告信息接收者的角色理念相违背，这可能使其与用户的投票回避行为有关。

用户作为普通选民，他们认为自己所参与的投票的结果必须可靠、准确和真实（Kumar et al.，2017），否则他们会感到参与毫无意义。然而，互联网的开放性使得在线投票容易受到恶意的技术刷票的影响，从而产生不真实的投票结果。此外，个人信息和限制性信息不应该被窃取或不当使用（Shahandashti & Hao，2016）。然而，候选人和投票管理者（组织或社交平台）可以修改或伪造原始投票结果，以服务于自己的利益（Amer & El-Gendy，2013）。此外，投票平台在寻求授权访问设备账号、个人资料和位置等私人信息时，并没有承诺保护个人信息。因此，不真实的结果和信息不安全可能导致作为普通选民的用户产生投票回避行为。

在现实生活中，很多用户是候选人的熟人、朋友、同事、亲戚和同学（Zhou et al.，2018）。用户希望他们的关系不会因为过多的人情（即人情过度消费）而被破坏。然而，如网络红包和实物礼物等奖励被频繁和过度地发送给用户，以换取他们的投票（Zhou et al.，2018）。因此，人情过度消费的目的纯粹是为了影响用户的投票决定，而不是为了维护用户与参选者的关系。人情的过度支出与用户作为朋友的身份相冲突，增加了用户对投票的抵制，从而导致了投票回避行为。

基于上述理论分析，本章提取了五个与用户角色相关的因素，并构建了基于角色期望理论的研究模型，以捕捉移动社交媒体上投票回避行为的前因，并产生如下的研究假设（图 7-1）。

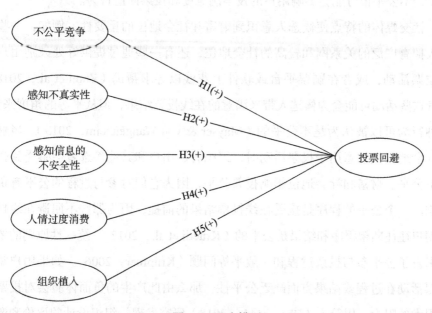

图 7-1　研究模型

7.2.4　用户投票回避行为的前因

7.2.4.1　不公平竞争

科雷亚（Correa，2002）研究发现，不公平的概念是相对于一个特定社会在某一特定时间点的价值观。道德是不公平竞争的根源，它反映了以一个特定社区的精神为基础的习俗和习惯（Ladas，1975）。将科雷亚（Correa，2002）的定义应用到在线投票的情境中，不公平竞争的特征体现为在竞选活动中任何违背平等参与在线投票过程的竞争行为。韩等人（Han et al.，2010）认为，财富和社会地位是密不可分的，地位是财富的证明。然而，故意利用这些因素来影响在线投票违背了公平原则（Zhou et al.，2018），表明参选者之间的不公平竞争是不可避免的。马丁内斯图尔等人（Martinez-Tur et al.，2006）认为，个体以公平作为衡量其满意度的基本标准。塞德斯和贝瑞（Seiders & Berry，1998）则表示，对不公平的感知会导致个体的报复反应。福兰特等人（Faullant et al.，2017）认为，不公平的待遇可能导致未来竞争中参与者的减少，甚至不再参与。因此，不公平很可能会影响用户的投票满意度和投票回避行为。

社交媒体的特点使候选人意识到财富和社会地位的重要性。例如，一些候选人拥有广泛的关系网和较高的社会地位，还有一些通过提供好处鼓励用户参与拉票活动，或者在刷票平台或软件上花钱以寻求帮助（Zhou et al.，2018）。尽管这些活动可能会为候选人带来满意的在线投票结果，但从平等的角度来看，此种行为可以被认为是不公平的（Mayser & von Wangenheim，2013）。当财富和社会地位被故意用于投票活动时，组织者、用户和其他参选者会感受到强烈的不公平。财富和社会地位影响投票公平，因为它们对参与过程的公平有负面影响。一个公平的程序是接受在线投票结果的前提，因为那些不回避在线投票的用户往往期望程序和结果是公平的（Kruetli et al.，2012）。统一性原则的要求也引发了公平参与投票过程和一般平等问题（Krimmer，2006）。如果用户觉得投票活动在过程或结果方面缺乏公平性，那么由此产生的负面体验会对投票产生很大的阻力。周等人（Zhou et al.，2018）研究发现，组织设计的评价和激励机制往往被认为是不公平和有偏见的。由在线投票决定的候选人不一定是最佳候选人，投票甚至可能导致社会资源的错配。因此，用户可能倾向于不参与投票，最终导致投票回避行为。里佐等人（Rizzo et al.，1970）研究表明，当个体行为与期望不一致时，或者当不同的期望发生冲突时，用户可能会感受到压力，变得不满意，从而表现不佳。如果可以防止不公平竞争，那么用户就可以积极参与投票。据此，提出以下假设：

H1：不公平竞争与用户投票回避行为呈正相关。

7.2.4.2　感知不真实性

海德格（Heidegger，1962）认为，不真实性是只顾自己的利益和所关心的问题而忽视他人关心的结果。费多罗娃（Fedorova，2016）将感知不真实性定义为用户或组织忽视或否认现实真实本质的状态。在感知真实性的在线投票情境下，候选人非常积极地想要了解投票结果，用户认为为他们投票是值得的。库默和考什克（Kumar & Kaushik，2022）指出，感知真实性会正向地影响用户的参与以及使用意愿。艾根拉姆等人（Eigenraam et al.，2021）的研究也发现了用户对数字参与计划的真实性感知将影响他们对该计划的评价和持续参与。因此，感知真实性在用户投票参与过程中很可能发挥着重要的作用。然而，实践中的情况正好相反。克里梅尔（Krimmer，2006）认为，投票结果的不正确或不可信在在线投票时可能被忽视，随着用户意识到在线投票的结果可以被随意改变，他们对投票不真实的看法可能会逐渐形成。

阿默尔和埃尔根迪（Amer & El-Gendy，2013）认为，对结果进行伪造导致的不真实性是用户在在线投票时遇到的最棘手的问题之一。组织者有可能通过进行在线投票来提高他们的组织影响力并引起公众的注意，他们可能与专门为特定利益拉票的公司串通，弄虚作假，通过"买票""刷票"等暗箱操作导致不公平的投票结果。例如，在某些地区的评比中，甚至出现过"两三万人口的乡镇投出七万张票"的乱象，不仅增加了组织的负担，更助长了形式主义的风气。因此，当投票结果被候选人或投票管理员伪造时（Amer & El-Gendy，2013），用户可能会认为结果不可靠，从而放弃或拒绝参与投票活动。周等人（2018）研究发现，当用户的投票行为偏离了最初的投票意图就引起了投票造假的问题。随后，用户可能会对投票过程感到不满、失望或恼怒，从而导致更多的回避行为。甚至还出现了许多投票诈骗的案例，使得用户对在线投票的信任度持续下降，进而回避一切投票活动。投票回避并不符合用户的期望，反映了组织者没有对投票活动承担应有的责任。因此，感知不真实性高的用户倾向于对投票做出负面反应，包括回避投票。因此，提出以下假设：

H2：感知不真实性与用户投票回避行为呈正相关。

7.2.4.3 感知信息的不安全性

正如佩因等人（Paine et al.，2007）所指出的那样，互联网用户的信任不断受到数据隐私和安全问题的挑战。感知信息不安全性是指用户个人信息没有得到适当的存储或操纵的主观概率。这些信息可能在传输或储存过程中被不适合的人以一种与用户期望不一致的方式进行查看（Chellappa & Pavlou，2002）。社交网络通常提供不同程度的隐私保护，因此当用户投票时，他们觉得自己的个人信息是安全的。不幸的是，攻击者会将来自多个网络用户的不同信息组合在一起，社交网络无法保护用户免受他们的攻击。例如，尽管在线投票会关注网络安全，但媒体平台或移动设备上的漏洞可能仍然会导致信息安全问题（Kumar et al.，2015）。2021年上半年，工业和信息化部网络安全威胁和漏洞信息共享平台总计接报网络安全事件4.9万件，其中个人信息泄露的比例最高，达到了22.8%。苏坦托等人（Sutanto et al.，2013）表示，当组织采取明确的行动来解决客户的隐私问题以保护其信息安全时，他们成功地创造了一个积极的组织形象。阿尔哈比等人（Alharbi et al.，2013）也表明，对信息安全的感知通常被认为是组织的一种附加价值。毕马威的一项研究显示，解决信息安全问题与客户满意度密不可分，全球55%的用户强调了他们对使用网络过程中隐私安全的重视。因此，降低用户的感知信息不安全性很可能减少用户的在线投票回避行为。

此外，在线投票的安全性本身并不是一个目标（Gibson et al.，2016）。感知信息不安全性可能导致移动社交媒体上的投票回避行为，从而无法实现其真正的目的（因为信息安全问题与已经探讨过的投票系统安全问题不同）。当用户被允许在自己的个人设备上投票时，可能会发生可怕的信息安全问题（Kumar et al.，2015）。当用户使用移动设备登录到投票界面时，个人信息会被泄露，这可能会让用户担心失去对个人信息使用的控制，而强制暴露所引发的侵扰很可能会导致用户回避行为（Baek & Morimoto，2012）。此外，如果用户意识到个人信息被某个组织非法出售或被第三方窃取，他们会认为对个人信息自主权的保护受到了限制。暴露的个人资料，例如身份证号及密码，可被用于仿造；联系信息，如电子邮件地址和电话号码，可能会导致收到垃圾邮件和骚扰电话（Chothia et al.，2013）。这些情况均会导致对投票的消极反应，包括投票回避。《中国青年报》社会调查中心 2022 年发布的一项调查显示，75.6% 的受访者对朋友圈中的拉票行为感到困扰，而其中 63.9% 的人表示信息不安全是令他们感到困扰的原因之一。当用户意识到他们的信息安全没有得到保障时，他们会产生具有攻击性的反应（如跳过投票链接、忽略投票活动或屏蔽投票信息）。因此，提出以下假设：

H3：感知信息不安全性与用户投票回避行为呈正相关。

7.2.4.4　人情过度消费

人情是中国人关系的重要代表（Zhou et al.，2018），是与他人交往、建立关系的主要依据和准则（李伟民，1996）。辛和皮尔斯（Xin & Pearce，1996）将人情定义为两个人通过一种内隐的心理契约而形成的一种特殊的纽带，以维持长期的关系和义务。黄（Hwang，1987）认为，人情是一种可以送给他人的社会礼物，或者是一个人在交往过程中必须遵守的社会规则。为了保持关系的质量（即所有的人际关系），中国人习惯于使用社交媒体来互相帮助，这是由人情所支撑的（Holmes et al.，2015；McAloon，2014）。根据李伟民（1996）的说法，人情关系存在"黏套作用"，即讲究互利互惠，它并非纯粹是基于双方利益得失的权衡比较或交换是否完全公平公正，而是根据双方之间情谊的深厚程度衡量的。

在这个社交媒体无处不在的时代，用户经常在社交互动中依靠人情（Lisha et al.，2017）。例如，在特殊场合（如在线捐赠或在线投票），用户可以通过微信红包向施助者返还人情（Lisha et al.，2017）。然而，在移动投票的情境中，人情可能被候选人过度使用或滥用。在这种情况下，用户可能会对投票活动感到厌恶和疲劳。《中国青年报》的社会调查结果显示，45.6% 的受访者表示曾参与过朋友圈的投票活动，而 44.7% 的受访者表示绑架式的朋友圈投票让人感到烦恼，57.2% 的受访者认为这种行为容易消耗人们之间的感情。黄（1987）指出，人们在处理生活事件时，应该坚持公平原则，而不是仅仅以人为本。为了获得众多用户的大力支持，候选人经常通过"超支"人情的方式要求用户参与投票（如频繁转账、送礼等）。这种行为很容易引发用户的负面情绪，比如疲劳和对关系的怀疑。因此，用户可能会抵制不请自来的在线投票，甚至退出投票。此外，候选人可能会利用获胜心理来约束选民，而不是与他们交换好处（Zhou et al.，2018），这可能会引起用户的失望和随之而来的压抑感，从而导致对在线投票的负面反应（甚至导致反对投票活动）。因此，提出以下假设：

H4：人情过度消费与用户投票回避行为呈正相关。

7.2.4.5　组织植入

已有的关于植入式广告的研究探讨了广泛的主题和媒体情境（Grzyb et al.，2018；Paluck et al.，2015；Tessitore & Geuens，2019）。然而，植入式广告可能会失去它的新鲜感，且可能会吸引近几十年来广告所特有的混乱（Hudson et al.，2008）。组织机构已经习惯于在投票内容中植入产品，而在某些投票活动中，还会要求参与者关注和订阅以文字、图片和视频形式发布企业状态更新的官方账号。因此，本研究将植入式广告及关注和订阅组织账号视为组织植入（即植入式广告在移动社交媒体的延伸和发展）的一部分。基于纽厄尔等人（Newell et al.，2006）对植入式广告的定义，组织植入可以被定义为在投票链接中以文本、图片或视频的形式出现的消费产品和服务，并要求在投票过程中关注和订阅组织的官方账户。组织植入是为了实现有效和精准的市场营销，因此从营销的角度来看，它对在线投票有很大的影响。

　　在线投票中使用组织植入被认为是正常且"不是什么新鲜事"。只要它不中断或不妨碍投票，且不是蓄意的，那么就会被认为是适当的。尽管产品植入比传统的广告情节更能有效地触及目标受众，因为他们不会跳过广告（Schonfeld & Borzo，2006），且此种营销方式成本低、传播快，能够在短时间内吸引大量用户关注，但组织植入仍能影响移动社交媒体上的用户投票回避行为。嵌入式的商业广告到处"轰炸"用户，植入投票内容的在线广告在用户任务期间频繁出现，导致信息超载（Ha & McCann，2008），最终可能导致投票混乱和回避行为。此外，组织经常使用组织植入（特别是以嵌入广告和软文章的形式）来快速赢得客户，而不考虑客户投票的初衷（Zhou et al.，2018）。然而，具有说服力和商业性质的在线投票也可以被纳入广告商的沟通关系链中。投票页面上的广告已经成为这个链条的重要组成部分，这违背了投票活动的初衷。此外，一些组织强迫不情愿的选民提前关注并订阅他们的官方账号，以了解最新消息，这是这个链条中额外的、不必要的一个环节。如果用户投票行为受到组织植入的限制，那么个人空间的自由就会被认为"挤压"到一个非常狭窄的区域（People's Daily，2017），用户更有可能回避投票。爱德华等人（2002）研究发现，一个人对广告信息的回避可以被理解为试图界定对其自由的威胁。沃切尔和布雷姆（Worchel & Brehm，1970）研究表明，当信息威胁到或试图限制个人自由时，个人会拒绝或消除说服性信息。一般来说，组织在投票平台上的植入越少，用户回避投票的可能性越低。据此，提出以下假设：

　　H5：组织植入与用户投票回避行为呈正相关。

7.3　研究方法

7.3.1　数据收集和抽样

　　鉴于中国作为全球在线投票中心的地位，本研究对中国的移动用户进行了地区性在线投票调查。社交网站为人们提供了一个通过互联网进行交流的虚拟空间，这也可能是社交的重要媒介（Vinerean et al.，2013）。在 2017 年，腾讯微信拥有 9.8 亿月度活跃用户，比 2016 年同期增长了 15.8%，其中中国用户占绝大多数（Tencent，2017）。在这个网络创新的时代，微信已经成为除了微博之外的一个优秀的企业营销工具（Jin et al.，2015）。在线投票越来越多地在微信上流行，而不是在微博或 QQ 上。因此，本调查选择微信作为样本对象，以理解在线投票及用户对投票活动的潜在响应机制。

本研究旨在调查手机网民（即微信用户），样本选择和数据收集的方法是基于微观意义上的个人用户。该数据来自中国东南部一个二线城市的手机用户样本，共招募了 15 名训练有素的市场营销学生来进行调查。在被调查者的允许下，针对他们之前微信投票的经历进行问卷调查，使用一份为公众设计的亲自填写的调查问卷。由于数据收集过程是这些受过训练的调查人员展开的，所以能够澄清定义中的任何含糊之处，并能答复被调查者的问题。作为完成问卷的奖励，参与者得到一个价值 30 元的鼠标。问卷被翻译成中文后又重新翻译成英文再翻译成中文，以确保语义清晰且不存在语言错误。这项调查于 2018 年 1 月初进行。在收集到的 673 份回复中，有 71 份不完整，因此，有 602 份可用的回复可供分析（完成率为 89.45%）。阿姆斯特朗和奥弗顿（Armstrong & Overton，1977）提出的方法被用于检测无反应偏差，即利用时间趋势外推无反应偏差。对每一问项使用 t 检验比较前 50 名和后 50 名受访者的构成（Zhang et al.，2015）。两组间没有显著性差异（$p>0.10$），可以得出本次调查不存在无反应偏差的结论。

根据中国国家统计局（National Bureau of Statistics of China，2016）的数据，2016 年男性占中国人口的 51%。在这项研究中，移动设备用户样本包括 47.01% 的女性和 52.99% 的男性。年龄分布如下：31.06% 在 20 岁以下，47.84% 在 21~30 岁，13.12% 在 31~40 岁，7.98% 在 40 岁以上。就受教育程度而言，近 3/4 的受访者（72.59%）至少拥有学士学位。此外，受访者中的学生、办公室职员、企业家和失业者分别占 55.64%、28.24%、8.64% 和 7.48%。受访者每月平均在线投票次数分布如下：17.28% 投票少于 1 次，47.67% 投票 1~3 次，19.93% 投票 4~6 次，15.12% 投票超过 6 次。

7.3.2　测　量

所有的测量都采用多项目量表和李克特式 7 分量表，该量表的范围固定在强烈不同意（1）和强烈同意（7）之间，所有测量的细节见表 7-1。在微信投票的背景下，不公平竞争的条目改编自马斯奇和格隆丁（Musch & Grondin，2001）、周等人（2018）。基于对在线投票回避的深入访谈，感知不真实性的量表采用那不勒斯等人（Napoli et al.，2014）、卢纳多和盖里尼（Lunardo & Guerinet，2007）。感知信息不安全性的项目来自切拉帕和帕夫卢（Chellappa & Pavlou，2002）、茜恩（Shin，2010）。人情过度消费采用钱等人（Qian et al.，2007）、周等人（2018）的四个项目进行测量。测量组织植入的项目改编自卡尔等人（Karrh et al.，2003）和周等人（2018）。用户投票回避行为使用改编自对广告回避的研究（Baek & Morimoto，2012；Cho & Cheon，2004；Shin & Lin，2016）和微信投票倾向的四个项目（Zhou et al.，2018）。

一开始，该调查根据对之前的文献的回顾和对初始量表测量项目的探索性深度访谈，生成了 40 个移动社交媒体上投票回避行为的初始项目。然后，随机挑选了 15 名移动用户，描述他们在社交媒体上的投票行为，并报告影响他们回避行为的因素。根据前测参与者的建议和反馈，对初始量表的每个测量项目进行了调整和重新表述，以提高语言表述的清晰度，并删除了一些收敛效度和区分效度不充分的项目。

文献表明，具有不同人口统计学特征的用户对广告的反应可能不同（Rojas-Mendez et al.，2009）。因此，本研究控制了性别、年龄和受教育程度等变量的影响。性别上女性编码为 1，男性编码为 0；年龄按年龄组进行编码；受教育程度如果低于本科水平编码为 1，本科水平编码为 2，硕士学位或以上编码为 3。

表 7-1 研究测量项目

		测量项目
不公平竞争	UNC1	在线投票将是对财富的竞争
	UNC2	在线投票将是对社会地位的竞争
感知不真实性	PEI1	实际的评分是可以伪造的
	PEI2	在线投票的结果可以随意改变
	PEI3	参选者或组织可以与专门拉票的公司串通
	PEI4	最终结果不能真正反映民意
感知信息的不安全性	PII1	个人信息数据容易被阅读
	PII2	个人详细信息可能会被他人使用
	PII3	信息可以通过投票平台非法出售
	PII4	如果投票链接中存在病毒或欺诈，则信息可能会泄露
人情过度消费	REC1	在线投票将社交圈捆绑在一起
	REC2	在线投票实际上是对人的压迫
	REC3	由于人情的原因，在线投票需要朋友参与
	REC4	在线投票使用获胜的心态"绑架"选民
	REC5	在线投票改变了人们的正常社交活动
组织植入	ORP1	在线投票已成为一种传销（多层次营销）的商业活动
	ORP2	在线投票属于网络营销的传播链
	ORP3	在线投票隐藏着疯狂的商业广告"轰炸"
	ORP4	在线投票是一种伪装的植入式广告
投票回避行为	VOA1	我经常跳过可疑投票信息的链接
	VOA2	我故意忽略了在线投票的信息
	VOA3	在点击在线投票链接后我不投票
	VOA4	如果可能的话，我会屏蔽在线投票的信息

7.4 结 果

7.4.1 测量模型

本研究采用 MPLUS 7.0 软件进行验证性因子分析，以评估六个构念的心理测量特性。测量模型的结果显示了一个可接受的拟合优度水平：卡方检验结果为 345.276（自由度 = 215，卡方/自由度 = 1.606），对应的 p 值为 $p \leqslant 0.000$。比较拟合指数（CFI）为 0.977，塔克 – 刘易斯系数指数（TLI）为 0.973，标准均方根残差（SRMR）为 0.031，近似均方根误差（RMSEA）为 0.033，表明模型拟合较好。此外，本研究还在项目层面上评估了量表的收敛效度、信度和区分效度。如表 7-2 所示，验证性因子分析结果证实了量表的收敛效度；与基础结构相关的指标的所有估计载荷均大于推荐的 0.500 临界值，且在 0.001 水平上具有统计学显著性（Hair et al., 1994）。信度采用组合信度进行检验，每个构念的组合信度系数均超过 0.600。每个构念的平均方差提取值均超过了 0.500 的推荐水平，因此在这些项目中观察到的超过一半的差异是由他们的假设构念所解释的。为了检验区分效度，我们使用个体因素的平均方差提取值来比较各因素间的共享方差；前者低于后者，从而证实了区分效度（表 7-3）。因此，测量模型表现出了足够的收敛效度、区别效度和信度。

表 7-2　因子载荷、信度和平均方差提取值

项　　目	因子载荷	组合信度	平均提取方差值
UNC1	0.730	0.734	0.580
UNC2	0.792	—	—
PEI1	0.721	0.833	0.555
PEI2	0.750	—	—
PEI3	0.774	—	—
PEI4	0.734	—	—
PII1	0.717	0.833	0.556
PII2	0.809	—	—
PII3	0.772	—	—
PII4	0.677	—	—
REC1	0.741	0.850	0.532
REC2	0.783	—	—
REC3	0.760	—	—

项 目	因子载荷	组合信度	平均提取方差值
REC4	0.699	—	—
REC5	0.658	—	—
ORP1	0.768	0.831	0.552
ORP2	0.782	—	—
ORP3	0.735	—	—
ORP4	0.684	—	—
VOA1	0.826	0.856	0.607
VOA2	0.836	—	—
VOA3	0.716	—	—
VOA4	0.730	—	—

注：所有载荷在 0.001 水平上显著。

表 7-3 区分效度和相关矩阵

变 量	1	2	3	4	5	6
不公平竞争	**0.762**					
感知不真实性	0.366	**0.745**				
感知信息的不安全性	0.280	0.432	**0.746**			
人情过度消费	0.318	0.572	0.559	**0.729**		
组织植入	0.306	0.438	0.453	0.561	**0.748**	
投票回避行为	0.413	0.522	0.463	0.525	0.521	**0.779**

注：次对角线列表中的数字是相关系数，而黑体的数字表示平均提取方差值的平方根。

7.4.2 结构模型

本研究使用 MPLUS 7.0 软件的结构方程模型计算了假设模型的路径估计。与推荐标准相比，结构模型中的所有拟合度量都与数据具有良好的拟合（卡方 = 345.276，自由度 = 215，卡方／自由度 = 1.606，比较拟合指数 = 0.977，塔克－刘易斯指数 = 0.973，标准均方根残差 = 0.031，近似误差均方根 = 0.033）。控制变量（性别、年龄、受教育程度和职业）对在线投票回避行为没有显著影响。估计的标准化结构系数之间的假设关联的结构及其显著性显示在图 7-2 中。

正如预期的那样，根据角色期望理论，研究结果表明不公平竞争（$\gamma = 0.181$，$p < 0.001$）、感知不真实性（$\gamma = 0.217$，$p < 0.001$）、感知信息不安全性（$\gamma = 0.137$，$p < 0.050$）、人情过度消费（$\gamma = 0.136$，$p < 0.010$）、组织植入（$\gamma = 0.233$，$p < 0.001$），对移动社交媒体上的投票回避行为均有显著的正向影响。因此，假设 H1~ H5 得到支持。关于预测变量对响应变量的相对重要性，组织植入是用户投票回避行为的最强预测因子（$\gamma = 0.233$），其次是感知不真实性（$\gamma = 0.217$）、不公平竞争（$\gamma = 0.181$）和感知信息不安全性（$\gamma = 0.137$）。出乎意料的是，无论用户是否被过度的人情"包围"，人情过度消费（$\gamma = 0.136$）对在线投票回避行为的影响最低。该模型的可接受拟合在很大程度上支持了上述假设，表明在线投票回避行为由五个成分变量组成。

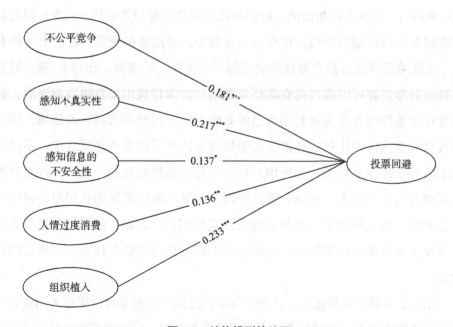

图 7-2 结构模型的结果

注：*** $p < 0.001$，** $p < 0.010$，* $p < 0.050$。

7.5 讨 论

第一，本研究通过对移动用户的在线投票情况的现场调查，验证了假设的模型并确定了进一步的影响，提供了关于影响移动社交媒体上用户投票回避行为的潜在决定因素，以及对它们相互关系的见解。本研究的结果不仅丰富了移动社交媒体文献中与投票回避行为相关的理论研究，还为微信等中国社交媒体环境中的用户投票回避行为提供了重要的实证证据。结果表明，不公平竞争、感知不真实性、感知信息的不安全性、人情过度消费和组织植入对用户投票回避行为有显著的正向影响。

第二，本研究结果表明，由于候选人之间存在不公平竞争，在移动社交媒体上的投票用户会回避。许多候选人获胜的结果是意料之外的，可能是由于他们利用了经济财富和社会地位，这是违背公平和正义的。因此，不公平竞争可能表现为对经济财富和社会地位等外部资源的不当使用。正如德波顿（De Botton，2008）所指出的，财富与社会地位的密切关系使其成为控制有价值资源和获得技能的手段。在投票的过程中，参选者的资金、社会资本持有量、人际关系网成为拉票数量的决定因素（张铮，陆轶男，2015）。拥有财富与资金的参选者可以通过向刷票公司等第三方支付费用来获得高额选票，而拥有社会地位的参选人则利用自己的影响力主导用户的选择。间接地，根据财富和社会地位的比较进行投票表明候选人违反了原来的投票规则，不仅造成了不公平的投票结果，也使用户丧失了自由选择的权利，从而导致用户投票回避行为。周等人（2018）研究发现，如果在线投票规则在用户心目中是不公平的，那么赢得第一名并不能激励其他用户。因此，保证公平竞争有助于减少在线投票的回避行为，过程的公平性与结果的公平性对用户来说同样重要。

第三，本研究结果证实，感知不真实性是用户在移动社交媒体上回避投票的另一个决定因素。随着越来越多的用户在互联网上行使他们的投票自由，人们对投票结果的可信度和可靠性提出了合理的担忧（Pan et al.，2014）。扎尔（Zare，2016）指出对不真实性的判断是主观的。因此，组织和用户可能对投票结果的真实性有不同的看法，组织应该承担确保投票结果真实性的社会责任。然而，诸如"权力票""关系票""人情票""红包票"等外在因素的介入，使得投票结果在许多情况下无法真实反映用户的选择；由于随机变化和伪造投票结果而对投票的整体失望和愤怒，感知不真实性增加了用户不愿意参与投票活动的行为，如回避和拒绝。因此，保证投票结果的真实性有助于减少在线投票回避行为。

第四，最值得注意的是感知信息的不安全性的主要影响。信息安全是必要的，因为应用于用户信息的技术存在固有的风险（Blakley et al.，2001）。一个百分之百安全的社交网络不太可能实现，而且无论如何也不划算，因此回避在线投票是不可避免的（Praditya & Janssen，2015）。相反，应该选择可达到的安全级别，并且应该接受一定程度的不安全。正如泽加拉纳瓦罗等人（Cegar-ra-Navarro et al.，2019）证实了解决信息安全和隐私问题可以帮助改善组织的绩效，组织应该在最大程度上保障在线投票的安全性。还应该指出的是，用户对信息不安全的感知越大，对控制其个人信息的自由的感知威胁就越大，那么对投票活动的不信任也就越大。茜恩（2010）提出，感知安全和信任可以用来解释用户对社交网络服务的接受程度。因此，对信息安全的保证有助于减少在线投票回避行为。

第五，本研究发现，人情过度消费与投票回避行为之间存在很强的相关性，揭示了用户投票回避行为的主要决定因素。这一结果与之前的研究结果一致，即用户不打算参与网上投票是因为"人情关系"让他们感到措手不及（Zhou et al.，2018）。发展人情是建立和利用关系的前提，但优势是双向的（Qian et al.，2007）。个人享受关系网络提供的利益，并有义务在未来"偿还"这些利益（Hwang，1987）。然而，如果人情"消耗"过于频繁（如发送过多的个人投票信息或"捆绑"用户的社交圈），发送人与用户之间的关系可能会恶化，此时用户会回避投票。随着"拉票集赞"成为互联网时代的一个灰色符号，其也成了朋友圈中的一种"人情病毒"。适当的拉票能够帮助增进人与人之间的联系、加强双方的关系，但透支消耗感情只会让用户感到厌倦和反感。因此，适当的人情消费有助于减少在线投票回避行为。

第六，本研究的结果表明，组织植入对用户投票回避有显著的正向影响。宋等人（2009）认为，总体而言，消费者对植入式广告持积极态度，认为植入式广告对他们的态度和行为影响较小。然而，考虑回避的本质与抵制的结果，本研究发现无处不在的组织植入可能威胁到用户参与投票活动的自由。用户可能会无意识地参与到商业行为中，例如后续购买产品和服务。因此，投票活动正演变为强加于用户的消费者购买行为，因为某些组织似乎已经从投票中获得了可观的利润（Zhou et al.，2018）。随着投票活动的增加，在线投票平台成了企业营销的土壤，市面上出现了许多公司，他们通过提供免费的投票通道，以此来植入广告，实现营销的目的。因此，组织植入的设置可能会引发人们对投票的消极行为反应，即投票回避行为。

7.6 研究意义和局限性

7.6.1 理论意义

通过对相关的文献进行梳理可以发现，以往在这个领域的研究集中于在线投票系统的技术改进（Amer & El-Gendy，2013；Wang et al.，2017）和接受在线投票的前因（Suki & Suki，2017；Zhou et al.，2018）。相比之下，本章使用角色期望理论所阐明的移动社交媒体上用户投票的回避机制，对以下三个理论做出了贡献。

第一，本章扩大了在线投票的研究范围，关注用户的负面行为反应。以往尚未有关在线投票中用户回避行为的研究内容，本研究通过研究用户投票回避行为的前因（不公平竞争、感知不真实性、感知信息的不安全性、人情过度消费和组织植入），并识别出哪个前因是用户投票回避行为的最强预测因子，增强了对用户投票回避行为的理解。本章所提出的五个因素来自对在线投票过程中用户所扮演的角色进行转换和整合，这与之前仅侧重于单一角色的广告回避（Baek & Morimoto，2012；Cho & Cheon，2004；Shin & Lin，2016）和品牌回避（Kim et al.，2016；Lee et al.，2009；Rindell et al.，2014）的研究形成对比，更加全面地反映了用户回避行为的可能决定因素。相比于之前的研究，本章更进一步地探索了移动社交媒体上用户投票回避行为的来源，诸如"不公平竞争""人情过度消费"和"组织植入"等因素为用户回避行为提供了更详细的解释，从而得出了与之前研究显著不同的结果。

第二，通过对用户投票回避行为与其前因之间关系的适当构建，本章表明角色期望理论可以用来预测和影响用户投票回避行为，从而进一步丰富了角色期望理论的研究内容。同样，基于所提出的模型，本章确定了移动用户在投票中所扮演的不同角色及角色之间的冲突，从而扩大了理论的应用范围。以往关于角色期望的研究更多侧重于心理学领域的研究，本研究将角色期望理论延伸至移动社交媒体，实现了知识的跨学科整合，为以后角色领域进一步研究社交媒体平台的用户角色行为（如角色冲突和角色模糊）奠定了一定的理论基础。

第三，在线投票作为一种间接的互动营销方式已经引起了许多组织的注意，本章的研究结果有助于进一步加强市场营销领域对在线投票作为一种新型网络营销方式的认知。营销渠道是企业最重要的资产之一，对于营销领域的研究来说，识别渠道的作用至关重要。投票活动作为网络营销的一种特殊形式，通过获取大数据来帮助企业强化营销目标，挖掘潜在客户，提升营销效果，从而在品牌影响力和经济效益方面实现双赢。周等人（2018）发现微信投票的实质是关系营销企业利用用户积累的社会资本和人际关系来传播信息、推广产品和服务。当公平竞争、结果真实性、信息安全、适当的人情、合理的组织植入等方面的期望得到满足时，用户就不再被动地参与投票活动。随着投票参与的增加，更多的用户被纳入营销目标范围，愿意接受营销活动。因此，在线投票可以在提高企业影响力和公众意识方面发挥适当的作用（Zhou et al.，2018），而本章所提出的模型为市场营销研究提供了一个减少用户回避行为的有效机制，也为后续研究相关营销渠道提供了值得参考的方向。

7.6.2　现实意义

社交媒体一直试图获得来自各种文化背景的人们的信任，它们似乎是提高在线参与和鼓励人们参与在线投票的一种手段（Shat & Pimenidis，2017）。面对不容乐观的在线投票回避的现状，研究结果对于营销人员应该考虑用户在移动社交媒体上的投票回避行为有许多实践意义。

第一，认识到公平竞争对减少投票回避行为的重要性，各组织应采取措施，以提高程序和结果的公平性改进其投票系统。例如，监督设备可用于记录竞选期间的所有投票交易，目的是防止不必要的投票纠纷，确保公平投票（Pan et al.，2014）。此外，对公平的承诺可以保护选民不受金钱和地位的不当利用，并可能反映出一种信念，即使是一个小小的行动，如果它是基于原则的，也可以让世界变得更美好、更公平（Zhou et al.，2018）。例如，加强在线投票监管制度的建设，明确投票发起方开展工作的责任、保密信息的责任以及违规制裁手段等；相关政策的出台、参选人公开的承诺及组织的相关制度保证，也能够在一定程度上提升选民对投票公平性的感知。鉴于公平性能够在很大程度上避免投票回避行为，因此维护在线投票的公平性是十分必要的。

第二，为了减轻组织植入广告（产品植入的延伸和发展）的负面影响，营销人员应该在投票内容中投放适量的广告。他们应该控制广告的数量和频率，以及广告内容的覆盖范围，应该通过删除关注和订阅官方账户的冗余链接来减少投票操作的烦琐。例如，优化投票界面，将相关的广告信息收藏在"规则栏目"中，给予选民一定的自主选择权。此外，当网络消费者被要求转发和打开广告或软链接时，可以要求营销人员以现金或产品折扣的方式奖励他们（Zhou et al.，2018）。例如，用户在转发和分享相关的投票链接时，可以根据分享的数量来获得相应的红包奖励，这样的利益获取可以用来减少消费者对投票活动的回避行为。

第三，社交网络服务的使用可能会受到安全问题的影响，因为它是一种无论何时进行在线交流都存在的环境威胁（Praditya & Janssen，2015）。因此，参与投票的用户可能会遇到隐私泄露等信息不安全问题（Shat & Pimenidis，2017）。用户和组织者应该敦促微信、QQ 和微博等平台升级投票安全系统，特别是要消除软件漏洞和解决审计缺陷（Gibson et al.，2016）。同时，积极投资开发基于隐私保护和信息安全的在线投票系统。有效的外部设备风险评估和控制对于最大限度地提高信息安全具有重要意义（Kumar et al.，2015）。

第四，虽然中国人在社交和商业交往中更喜欢使用人情和关系，但却没有充分考虑人情过度消费的影响。一个关键的要求是要确保人情消费尽可能地合理和适当，尤其不能破坏关系。例如，微信投票不需要立即响应，相互合作和有益交流应发挥作用（Zhou et al.，2018）。在利用人情关系进行在线投票时，要始终坚持特殊无限、对等互往、互惠互利的法则，即双方交往应该存在于特殊的范围之内，不可轻易越界或过度消耗，同时双方也应该是有来有往、互利互助的。鉴于人情是一种世俗化而非制度化的规范，其运作存在一定的弹性，在线投票中适度的人情消费是可取的，但也应警惕过度的透支所导致的回避行为。

第五，为了保证投票结果的真实性和可靠性，迫切需要一个具有法律约束力的防欺诈的在线投票系统（Amer & El-Gendy，2013）。用户需要与组织保持持续的沟通，并能对投票做出及时的反馈，这样个人就可以在防止贿赂和串通中发挥监督作用。除了确信他们的个人投票将保持隐私外，用户还应该能够检查他们的投票已经被正确计数（Kuesters，2014）。例如，在投票系统中设置对票数、设备、地址等的记录和监控，加之身份认证、平台建设和人工智能等手段的辅助，以及对各种违规行为进行责任追究，均可以在一定程度上防止恶意刷票的行为。

7.6.3　不足与展望

尽管本章提出了有价值的发现，但仍处于初步线索阶段，并存在一些局限性。未来研究可以在研究重点和研究设计方面做出不同的选择，以进一步丰富和强化本章所得出的理论模型。

第一个局限与抽样问题有关。本章使用来自中国的微信样本，对用户投票回避行为进行了单项研究，样本量可能不具有广泛的代表性。然而，微信可能会继续主要作为一种新技术在中国发展，以满足那些寻求亲密、个人和面向本地交流的公民的需求（Harwit，2017）。因此，营销人员组织的投票可能不是唯一值得关注的关键领域。未来研究可以通过不同的渠道来获取更加多样化的样本，以增强模型的说服力。此外，社交平台的特点和文化差异也可能是影响在线投票回避的前因，这限制了本章所提出的模型的通用性。例如，梅耶斯和冯·瓦根海姆（Mayser & von Wangenheim，2013）曾调研了美国和德国用户在感知公平性方面的差异，发现美国用户对公平性的偏好要强于德国用户。而不同社交平台在界面、功能和安全保障方面的性能也大不相同。因此，未来研究的一个富有成效的途径是检验所提出的模型是否可以应用于其他社交平台（如 QQ、微博、脸书、推特和聚友）和其他文化情境（如欧洲、美国和其他发达国家）。

第二个局限是，根据特定的用户情况和投票方式，回避投票的原因可能在性质和重要性上有所不同。在不同的投票背景和投票方式下，用户的行为模式可能会进一步发生改变。例如，组织内部的选举投票和商业活动中的娱乐投票存在着差异；而评分类的投票和点赞类的投票也可能带来不同的体验；在有限的时间内投票的用户对于回避在移动社交媒体上投票可能会有不同的理由（比如时间成本和不相关性），而那些使用社交媒体纯粹是为了娱乐的用户可能会因为觉得无聊而回避投票。因此，未来的研究应该尝试区分不同的投票背景和投票方式，在控制良好的实验中，操纵投票和移动用户情况的类型及模式的差异，以便严格检验前因对用户投票回避行为的影响，以进一步验证本章模型的通用性。

7.7　结　论

在线投票是内部竞选活动中的一个重要组成部分，用于选择最佳作品或最佳候选人，被认为是关系营销的一种有效方法（Zhou et al.，2018），且会对人们的日常生活产生影响。在线投票的负面影响不应成为制约其继续发展的因素；相反，应该充分研究和识别用户负面反应的产生机制和决定因素，从每一个因素和环节出发，科学有效地规范和引导在线投票活动的进行，从而减少用户的回避行为。虽然越来越多的用户参与到各种类型的在线投票和拉票活动中（Zhou et al.，2018），但对于移动社交媒体上用户投票回避行为的前因的研究仍然较少。本章运用角色期望理论，对在线投票回避行为的潜在机制和影响因素进行了实证研究。结果表明，不公平竞争、感知不真实性、感知信息不安全性、人情过度消费和组织植入对移动用户投票回避行为有着显著的正向影响。本章不仅丰富了对移动社交媒体背景下的用户投票行为的理解，并为营销人员如何通过满足用户期望来减少其投票回避行为提供了指导。

参考文献

ALHARBI I M, ZYNGIER S, HODKINSON C, 2013. Privacy by design and customers' perceived privacy and security concerns in the success of e-commerce [J]. Journal of Enterprise Information Management, 26 (6): 702-718.

ALVAREZ R M, HALL T E, TRECHSEL A H, 2009. Internet voting in comparative perspective: The case of estonia [J]. Political Science and Politics, 42 (3): 497-505.

AMER M, EL-GENDY H, 2013. Towards a fraud prevention e-voting system [J]. International Journal of Advanced Computer Science and Applications, 4 (4): 147-149.

ANDREWS M, LUO X, FANG Z, et al., 2016. Mobile ad effectiveness: hyper-contextual targeting with crowdedness [J]. Marketing Science, 35 (2): 218-233.

ARMSTRONG J S, OVERTON T S, 1977. Estimating nonresponse bias in mail surveys [J]. Journal of Marketing Research, 14 (3): 396-402.

AYO C, OLURANTI J, DURUJI M, et al., 2015. Credible elections and the role of social media: the case of nairaland in the 2014 Osun gubernatorial election [M]. In Proceedings of the 15th European Conference on eGovernment ECEG 2015, University of Portsmouth: 28-36.

BAEK T H, MORIMOTO M, 2012. Stay away from me: examining the determinants of consumer avoidance of personalized advertising [J]. Journal of Advertising, 41 (1): 59-76.

BIDDLE B J, 1986. Recent developments in role theory [J]. Annual Review of Sociology, 12 (1): 67-92.

BLAKLEY B, MCDERMOTT E, GEER D, 2001. Information security is information risk management [M]. In Proceedings of the 2001 Workshop on New Security Paradigms, ACM: 97-104.

CEGARRA-NAVARRO J G, PAPA A, GARCIA-PEREZ A, et al., 2019. An open-minded strategy towards eco-innovation: A key to sustainable growth in a global enterprise [J]. Technological Forecasting and Social Change, 148: 119727.

CHELLAPPA R K, PAVLOU P A, 2002. Perceived information security, financial liability and consumer trust in electronic commerce transactions [J]. Logistics Information Management, 15: 358-368.

CHO C H, CHEON H J, 2004. Why do people avoid advertising on the internet? [J]. Journal of Advertising, 33 (4): 89-97.

CHOTHIA T, KAWAMOTO Y, NOVAKOVIC C, 2013. A tool for estimating information leakage [M]. In International Conference on Computer Aided Verification, Springer, Berlin, Heidelberg: 690-695.

CORREA C M, 2002. Unfair competition under the TRIPS agreement: protection of data submitted for the registration of pharmaceuticals [J]. Chicago Journal of International Law, 3 (1): 69-85.

DE BOTTON A, 2008. Status Anxiety [M]. Vintage.

EDWARDS S M, LI H R, LEE J H, 2002. Forced exposure and psychological reactance: antecedents and consequences of the perceived intrusiveness of pop-up ads [J]. Journal of Advertising, 31 (3): 83-95.

EIGENRAAM A W, EELEN J, VERLEGH P W J, 2021. Let me entertain you? The importance of authenticity in online customer engagement [J]. Journal of Interactive Marketing, 54: 53-68.

ELLIOTT R, WATTANASUWAN K, 1998. Brands as symbolic resources for the construction of identity [J]. International Journal of Advertising, 17 (2): 131-144.

FAULLANT R, FUELLER J, HUTTER K, 2017. Fair play: Perceived fairness in crowdsourcing competitions and the customer relationship-related consequences [J]. Management Decision, 55 (9): 1924-1941.

GERMANN M, SERDÜLT U, 2017. Internet voting and turnout: Evidence from switzerland [J]. Electoral Studies, 47: 1-12.

GIBSON R, 2001. Elections online: assessing internet voting in light of the Arizona democratic primary [J]. Political Science Quarterly, 116 (4): 561-583.

GIBSON J P, KRIMMER R, TEAGUE V, et al., 2016. A review of e-voting: the past, present and future [J]. Annals of Telecommunications, 71: 279-286.

GOLMAN R, HAGMANN D, LOEWENSTEIN G, 2017. Information avoidance [J]. Journal of Economic Literature, 55 (1): 96-135.

GRZYB T, DOLINSKI D, KOZŁOWSKA A, 2018. Is product placement really worse than traditional commercials? Cognitive load and recalling of advertised brands [J]. Frontiers in Psychology, 9: 1519.

HA L, MCCANN K, 2008. An integrated model of advertising clutter in offline and online media [J]. International Journal of Advertising, 27 (4): 569-592.

HAIR J F, ANDERSON R E, TATHAM R L, et al., 1994. Multivariate Data Analysis with Readings [M]. Macmillan Publishing Company, London.

HAN Y J, NUNES J C, DREZE X, 2010. Signalling status with luxury goods: the role of Brand prominence [J]. Journal of Marketing, 74 (4): 15-30.

HARWIT E, 2017. WeChat: social and political development of china's dominant messaging app [J]. Chinese Journal of Communication, 10 (3): 312-327.

HEIDEGGER M, 1962. Being and Time Oxford [M]. Blackwell, Oxford.

HOLMES K, BALNAVES M, WANG Y, 2015. Red bags and WeChat (weixìn) : online collectivism during massive Chinese cultural events [J]. Global Media Journal: Australian Edition, 9 (1): 15-26.

HUANG J, CHENG X Q, SHEN H W, et al., 2012. Exploring social influence via posterior effect of word-of-mouth recommendations [M]. In Proceedings of the Fifth ACM International Conference on Web Search and Data Mining, ACM: 573-582.

HUDSON S, HUDSON D, PELOZA J, 2008. Meet the parents: a parents' perspective on product placement in children's films [J]. Journal of Business Ethics, 80 (2): 289-304.

HWANG K K, 1987. Face and favour: the Chinese power game [J]. American Journal of Sociology, 92 (4): 944-974.

JIN H, PARK S T, LI G, 2015. Factors influencing customer participation in mobile SNS: focusing on WeChat in China [J]. Indian Journal of Science and Technology, 8 (26): 1-8.

JU C, TAO W, 2017. Relationship strength estimation based on WeChat friends circle [J]. Neuro-computing, 253: 15-23.

JUNG A R, 2017. The influence of perceived ad relevance on social media advertising: an empirical examination of a mediating role of privacy concern [J]. Computers in Human Behaviour, 70: 303-309.

JUNG J H, SUNG Y, WEI-NA L, 2013. Smart choice: smartphone users' intentions to accept mobile advertising [J]. Online Journal of Communication and Media Technologies, 3 (2): 187.

KATZ D, KAHN R L, 1978. The social psychology of organisations [M]. Wiley, New York, US.

KAPLAN A M, 2012. If you love something, let it go mobile: mobile marketing and mobile social media 4x4 [J]. Business Horizons, 55 (2): 129-139.

KARRH J A, MCKEE K B, PARDUN C J, 2003. Practitioners evolving views on product placement effectiveness [J]. Journal of Advertising Research, 43 (2): 138-149.

KELLY L, KERR G, DRENNAN J, 2010. Avoidance of advertising in social networking sites: the teenage perspective [J]. Journal of Interactive Advertising, 10 (2): 16-27.

KERÄNEN O, 2017. Roles for developing public-private partnerships in centralized public procurement [J]. Industrial Marketing Management, 62: 199-210.

KIM E, RATNESHWAR S, ROESLER E, et al., 2016. Attention to social comparison information and Brand avoidance behaviours [J]. Marketing Letters, 27 (2): 259-271.

KRIMMER R, 2006. Electronic Voting 2006, GI Lecture Notes in Informatics [M]. Bonn, p. 86.

KRUETLI P, STAUFFACHER M, PEDOLIN D, et al., 2012. The process matters: fairness in repository siting for nuclear waste [J]. Social Justice Research, 25 (1): 79-101.

KUESTERS R, 2014. E-voting systems [J]. Software Systems Safety, 36: 135-164.

KUMAR R, BALA P K, VARMA N, et al., 2015. A framework for simple, secure and cost effective online voting system [C]. In Proceedings of the 15th European Conference On Egovernment: 158-167.

KUMAR M, KATTI C P, SAXENA P C, 2017. An identity-based blind signature approach for e-voting system [J]. national Journa Interl of Modern Education and Computer Science, 9 (10): 47-54.

KUMAR V, KAUSHIK A K, 2022. Engaging customers through brand authenticity perceptions: The moderating role of self-congruence [J]. Journal of Business Research, 138: 26-37.

LADAS S P, 1975. Patents trademarks and related rights: National and international protection [M]. Harvard University Press, Cambridge.

LEDOUX J E, MOSCARELLO J, SEARS R et al., 2017. The birth, death and resurrection of avoidance: a reconceptualization of a troubled paradigm [J]. Molecular Psychiatry, 22 (1): 24-36.

LEE M S W, MOTION J, CONROY D, 2009. Anti-consumption and Brand avoidance [J]. Journal of Business Research, 62 (2): 169-180.

LISHA C, GOH C F, YIFAN S, et al., 2017. Integrating guanxi into technology acceptance: an empirical investigation of WeChat [J]. Telematics and Informatics, 34 (7): 1125-1142.

LUNARDO R, GUERINET R, 2007. The influence of label on wine consumption: its effects on young consumers' perception of authenticity and purchasing behaviour [J]. International Marketing and Trade of Quality Food Products, 1: 279-291.

MARTINEZ-TUR V, PEIRO J M, RAMOS J, et al., 2006. Justice perceptions as predictors of customer satisfaction: the impact of distributive, procedural, and interactional justice [J]. Journal of Applied Social Psychology, 36 (1): 100-119.

MAYSER S, VON WANGENHEIM F, 2013. Perceived fairness of differential customer treatment: Consumers' understanding of distributive justice really matters [J]. Journal of Service Research, 16 (1): 99-113.

MCALOON P, 2014. Studying in China: A Practical Handbook for Students [M]. Tuttle Publishing, Clarendon.

MUSCH J, GRONDIN S, 2001. Unequal competition as an impediment to personal development: a review of the relative age effect in sport [J]. Developmental Review, 21 (2): 147-167.

NAPOLI J, DICKINSON S J, BEVERLAND M B, et al., 2014. Measuring consumer-based Brand authenticity [J]. Journal of Business Research, 67 (6): 1090-1098.

NATIONAL BUREAU OF STATISTICS OF CHINA, 2016. Summary table: population [EB/OL]. [2018-09-28]. http: //data.stats.gov.cn/easyquery.htm?cn=C01&zb=A0301&sj=2016.

NEWELL J, SALMON C T, CHANG S, 2006. The hidden history of product placement [J]. Journal of Broadcasting and Electronic Media, 50 (4): 575-594.

PALUCK E L, LAGUNES P, GREEN D P, et al., 2015. Does product placement change television viewers' social behaviour? [J]. PloS One, 10 (9).

PAINE C, REIPS U D, STIEGER S, et al., 2007. Internet users' perceptions of 'privacy concerns' and 'privacy actions' [J]. International Journal of Human-Computer Studies, 65 (6): 526-536.

PAN H, HOU E, ANSARI N, 2014. Enhanced name and vote separated e-voting system: an e-voting system that ensures voter confidentiality and candidate privacy [J]. Security and Communication Networks, 7 (12): 2335-2344.

PEOPLE'S DAILY, 2017. Do not let friends circle to vote as 'human abduction [EB/OL]. [2018-09-28]. http: //it.people.com.cn/n1/2017/0120/c1009-29037406.html.

PRADITYA D, JANSSEN M, 2015. Benefits and challenges in information sharing between the public and private sectors [M]. In Proceedings of the 15th European Conference on Egovernment: 246-253.

QIAN W, ABDUR RAZZAQUE M, AH KENG K, 2007. Chinese cultural values and gift-giving behaviour [J]. Journal of Consumer Marketing, 24 (4): 214-228.

RINDELL A, STRANDVIK T, WILEN K, 2014. Ethical consumers' Brand avoidance [J]. Journal of Product and Brand Management, 23 (2): 114-120.

RIZZO J R, HOUSE R J, LIRTZMAN S I, 1970. Role conflict and ambiguity in complex organizations [J]. Administrative Science Quarterly, 15 (2): 150-163.

ROJAS-MENDEZ J I, DAVIES G, MADRAN C, 2009. Universal differences in advertising avoidance behaviour: a cross-cultural study [J]. Journal of Business Research, 62 (10): 947-954.

SEIDERS K, BERRY L L, 1998. Service fairness: What it is and why it matters [J]. The Academy of Management Perspectives, 12 (2): 8-20.

SETTLE J E, BOND R M, COVIELLO L, et al., 2016. From posting to voting: the effects of political competition on online political engagement [J]. Political Science Research and Methods, 4 (2): 361-378.

SHAHANDASHTI S F, HAO F, 2016. DRE-ip: a verifiable e-voting scheme without tallying authorities [M]. In European Symposium on Research in Computer Security, Springer, Berlin: 223-240.

SHIN D H, 2010. The effects of trust, security and privacy in social networking: a security-based approach to understand the pattern of adoption [J]. Interacting with Computers, 22 (5): 428-438.

SHIN W, LIN T T C, 2016. Who avoids location-based advertising and why? investigating the relationship between user perceptions and advertising avoidance [J]. Computers in Human Behavior, 63 (5): 444-452.

SKOVSGAARD M, ANDERSON K, 2020. Conceptualizing news avoidance: Towards a shared understanding of different causes and potential solutions [J]. Journalism Studies, 21 (4): 459-476.

SPECK P S, ELLIOTT M T, 1997. Predictors of advertising avoidance in print and broadcast media [J]. Journal of Advertising, 26 (3): 61-76.

SUKI N M, SUKI N M, 2017. Decision-making and satisfaction in campus e-voting: moderating effect of trust in the system [J]. Journal of Enterprise Information Management, 30 (6): 944-963.

SUNG Y, DE GREGORIO F, JUNG J H, 2009. Non-student consumer attitudes towards product placement: implications for public policy and advertisers [J]. International Journal of Advertising, 28 (2): 257-285.

SUTANTO J, PALME E, TAN C H, et al., 2013. Addressing the personalization-privacy paradox: An empirical assessment from a field experiment on smartphone users [J]. MIS Quarterly: Management Information Systems, 37 (4): 1141-1164.

TANG S, YUAN J, 2016. Optimizing ad allocation in social advertising [M]. In Proceedings of the 25th ACM International on Conference on Information and Knowledge Management, ACM: 1383-1392.

TESSITORE T, GEUENS M, 2019. Arming consumers against product placement: a comparison of factual and evaluative educational interventions [J]. Journal of Business Research, 95: 38-48.

VINEREAN S, CETINA I, DUMITRESCU L, et al., 2013. The effects of social media marketing on online consumer behaviour [J]. International Journal of Business and Management, 8 (14): 66.

WANG H, LIU X, ZHAO S, et al., 2015. Multi-authority e-voting system based on group blind signature [J]. International Journal of Online Engineering (Ijoe) , 11 (9): 89-93.

WANG H, WANG J, ZHAO M, et al., 2017. Joint topic-semantic-aware social recommendation for online voting [M]. In Proceedings of the 2017 ACM on Conference on Information and Knowledge Management, ACM: 347-356.

WORCHEL S, BREHM J W, 1970. Effect of threats to attitudinal freedom as a function of agreement with the communicator [J]. Journal of Personality and Social Psychology, 14 (1): 18.

XIN K K, PEARCE J L, 1996. Guanxi: connections as substitutes for formal institutional support [J]. Academy of Management Journal, 39 (6): 1641-1658.

YANG Z, ZHANG Z K, ZHOU T, 2013. Anchoring bias in online voting [J]. EPL (Europhysics Letters) , 100 (6).

ZARE M, 2016. Deviance as inauthenticity: an ontological perspective [J]. Philosophy of Management, 15 (2): 151-159.

ZHANG K Z, BENYOUCEF M, ZHAO S J, 2015. Consumer participation and gender differences on companies' microblogs: a Brand attachment process perspective [J]. Computers in Human Behaviour, 44: 357-368.

ZHOU Y, YU Y, CHEN X, et al. （周等）, 2018. Guanxi or justice? an empirical study of WeChat voting [J]. Journal of Business Ethics, 164 (1): 1-25.

姜婷婷，权明喆，魏子瑶，2020. 信息规避研究：边界、脉络与动向 [J]. 中国图书馆学报，46（4）：99-114.

李伟民, 1996. 论人情——关于中国人社会交往的分析和探讨 [J]. 中山大学学报(社会科学版)，36（2）：57-65.

王琼，2018. 微信用户对信息流广告回避反应的实证研究 [M]. 重庆：重庆大学出版社.

张铮，陆轶男，2015. 手机网络投票的行为过程及其规范引导 [J]. 现代传播（中国传媒大学学报），37（8）：137-141.

第 8 章
面向社交媒体平台捐款要求的
回避机制 *

8.1 背 景

随着互联网技术和新媒体的发展，人们的生活和互动形式发生了极大的改变，其中，开展募捐和慈善活动的方式也在不断地演变着。近年来，社会慈善事业蓬勃发展，社会爱心人士和慈善组织纷纷践行公益、奉献爱心，对社会弱势群体进行帮扶。传统的捐赠主要是在街上或潜在捐赠者家门口面对面进行的（Cameron et al., 2013；Saxton & Wang, 2014）；而现在，货币捐赠的发起与给予可以通过互联网进行。例如，可以直接通过个人或组织的网站进行，也可以通过专业的众筹机构或捐赠平台进行。"网络社交＋公益"作为一种新兴的公益方式方兴未艾，与传统公益项目相比，它具有设立参与门槛低、公众参与度更高的优势（徐晓新和冯海洋，2021）。

在捐赠过程中，每个人都能够成为募捐的发起者和捐赠人，这既丰富了参与公益事业的形式，也促进了现代慈善事业的全民化及多元化。同时，与潜在捐赠者接触的途径也在不断演变着，从面对面的人际交往发展到大众媒体宣传

---

* 本章内容改编自 Li Xiaodong, Zhang Chen, Chen Juan, Zhang Shengliang. Avoiding the ask on social media: Investigating how process-related factors influence sns donation avoidance [J]. Internet Research, 2021, 31(3): 961-989.

和在线广告宣传。此外，在实践中，社交媒体作为一种传播捐赠请求和吸引潜在捐赠者的一种有效方式一直备受关注，众多捐赠平台正在与社交媒体相结合来开展捐赠活动。正如世界著名的捐赠平台多宝箱（Donorbox）的口号所表达的那样，社交媒体可以用来"向世界各地无数的捐赠者传播信息和分享信息"。根据《南方都市报》发布的数据，2014 年，新浪微公益、腾讯公益、支付宝 E 公益三大在线社交媒体捐赠平台及淘宝公益网店共募集善款 4.28 亿元，相比 2013 年增长了 42.6%。许多捐赠平台声称，他们提供了快速链接，以便将捐赠信息发布到脸书、推特和邻客等社交网站上，并自动对捐赠页面进行视觉调整，使之适合移动屏幕。因此，与社交媒体平台相结合的捐赠活动已经广泛融入人们的生活当中，并得到了组织和用户的关注。

本章将社交网络（social network sites，SNS）捐赠定义为一种新兴的捐赠流程，其通过社交网络和专业捐赠平台等代理商的参与，促进潜在的捐赠者和受赠者之间的信息沟通和资金转移。社交媒体网站提高了捐赠请求的分发效率（Ahn et al.，2019；Saxton & Wang，2014；Warren et al.，2014），而专业的捐赠平台则提高了捐赠资金的转移效率。因此，随着社交网络和专业捐赠平台等代理商参与捐赠流程，与捐赠相关的结果在很大程度上得到了改善，例如吸引了更多的捐赠者的兴趣，捐赠意识得以广泛普及并以更低的成本为潜在受赠者筹集更多的资金。此外，互联网使得捐赠更加的公开透明、贴近生活，提高了捐赠的便捷程度，增强了公益形式的多样化。因此，社交网络捐赠活动依靠社交平台门槛低、互动性强、效率高等优势，在实践中得到广泛的应用（樊亚凤等，2019）。

然而，随着此类捐赠活动的日益普及，出现了对捐赠请求最常见的反应，即回避行为（Pancer et al.，1979）。以往的一些研究从各种捐赠请求的情感或社会影响的自我调节的视角出发，对传统捐赠情境中的"回避捐赠请求的行为"进行了研究（Andreoni et al.，2017；DellaVigna et al.，2012；Gärtner & Sandberg，2017；Hibbert et al.，2007；Pentecost et al.，2017；Small & Verrochi，2009；Van Diepen et al.，2009）。值得注意的是，在线募捐时也会发生回避捐赠请求的行为（Adena & Huck，2019；Damgaard & Gravert，2018；Zhang et al.，2020）。事实上，回避捐赠已经成为社交网络捐赠的突出问题。一些求助者夸大病情、虚构困境等无视诚实信用的行为，不断消磨着人们的爱心和网络慈善的公信力，频频引发公众的信任危机。有些用户认为一些受益人发布的信息具有隐瞒性或者欺骗性，从而对社交网络捐赠产生不信任和回避；诸多类型的平台真假难辨、监管方面的欠缺及不尽如人意的后续反馈效果也使得人们对社交网络捐赠的热情逐渐降低，甚至存在个人或组织在以捐款之名赚取公众赞誉后拒绝履行捐赠义务的"诈捐"现象。社交网络捐赠回避意味着个体减少对社交网络的捐赠请求的接触，这将阻止他/她对捐赠相关信息的进一步处理，从而导致不捐赠的结果（Zhang et al.，2020）。此外，捐赠回避行为会切断个人通过社交媒体发布捐赠请求的途径，从而限制社交网络捐赠的效率，增加慈善机构和个人接触潜在捐赠者时所付出的成本。这使得捐赠请求者（往往是弱势群体）无法得到及时、有效的帮助，陷入缺乏资金、基本生存需要得不到保证的困境。

因此，需要更好地理解社交网络捐赠回避的原因，以便制定适当的干预措施，最大限度地发挥社交网络捐赠的社会和经济价值。然而，以往很多关于捐赠回避的文献只是简单地对捐赠请求进行研究，强调捐赠请求中包含的情感或社会信息的影响（Andreoni et al.，2017；Hibbert et al.，2007；Pancer et al.，1979）。相反的，最近的一些研究表明，捐赠回避可能是由于捐赠流程中的一些因素导致的，而不仅是与捐赠请求本身相关（Adena & Huck，2019；Liu et al.，2018）。因此，本章认为社交网络捐赠代理流程的复杂性和不确定性可能会导致捐赠回避行为。为弥补现有文献的不足，本章对社交网络捐赠代理流程中捐赠回避产生的影响因素及其潜在机制进行了综合分析。具体来说，本章旨在通过回答以下两个问题来丰富社交网络捐赠回避的研究：在社交网络捐赠的代理流程中，哪些因素会影响人们的捐赠回避行为？这些因素影响捐赠回避行为的具体机制是什么？

8.2　理论基础

8.2.1　社交网络捐赠

社交网络捐赠是一种新兴的捐赠流程，是一种将公益事业与社交网络相结合形成的一种新的发展模式，其通过社交网络和专业捐赠平台等代理商的参与，促进潜在的捐赠者和受赠者之间的信息沟通和资金转移。关于社交网络捐赠的定义，不同的学者有不同的界定。朱灏等人（2020）指出，社交网络捐赠是一种通过社交网络传播募捐或众筹信息以获得捐助的慈善活动，具有传播速度快、交互性强等特点。雷迪克和波诺马里奥夫（Reddick & Ponoariov, 2013）及法雷利和本尼特（Farrelly & Bennet, 2018）均从捐赠者角度出发，认为社交网络捐赠是人们根据互联网平台发布的公益众筹信息并向受赠者提供捐助的行为。而我国学者张莹等（2020）更是认为社交网络捐赠是不以实物、金钱等回报为目的，在社交平台上向众筹发起者提供捐赠的行为。社交网络捐赠目前已得到广大用户的关注，据 2022 年 5 月 20 日中国互联网公益峰会发布的年度数据显示：2021 年通过互联网募集善款近 100 亿元，比 2020 年增长了 18%。得益于互联网数字技术的发展，自 2017 年至今，我国通过互联网募集的善款在 5 年间从 25 亿元增长到近 100 亿元，增长了近 4 倍。尽管筹款数据逐年攀升，但筹款额已经不是互联网公益平台的唯一目标。腾讯基金会秘书长葛燄就表示，升级数字化公益服务能力，在全社会倡导公益文化，是腾讯公益平台的全新使命。

社交网络捐赠的流程分为四个阶段（图 8-1）。第一阶段描述了通过个人互动的传统捐赠流程；第二阶段描述了潜在的受赠者使用他们自己的网站来发布捐赠请求并接受捐赠的流程；第三阶段描述了众筹或专业捐赠平台作为代理人参与捐赠的流程；第四阶段描述了众筹或专业的捐赠平台及社交网站参与捐赠流程并在整个捐赠流程中扮演着不同的代理角色，这为研究社交网络捐赠流程提供了一个框架。

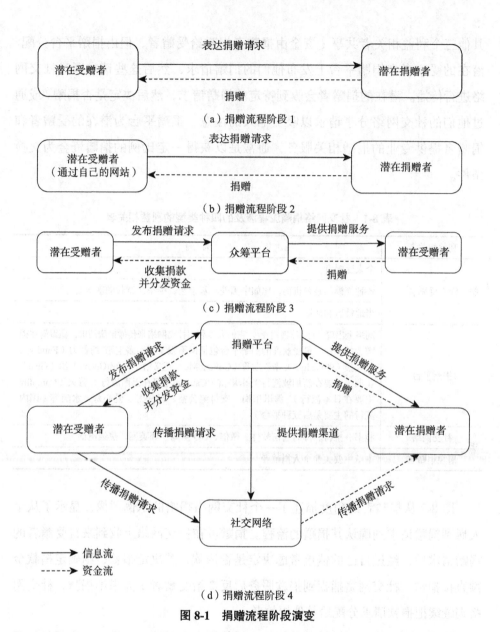

（a）捐赠流程阶段 1

（b）捐赠流程阶段 2

（c）捐赠流程阶段 3

（d）捐赠流程阶段 4

图 8-1　捐赠流程阶段演变

如图 8-1（d）所示，社交网络捐赠流程至少涉及四种类型的利益相关者：潜在受赠者（包括慈善机构和个人）、潜在捐赠者、社交网络和捐赠平台（详见表 8-1）。还存在两种流动：信息流和资金流。信息由潜在受赠者创造并由其他三个利益相关者共享；资金由捐赠者捐赠给受赠者，但由捐赠平台分配。潜在的受赠者在捐赠平台上发布他们的捐赠请求，然后这些请求通过社交网络进行传播。潜在的捐赠者会收到特定的捐赠请求，然后决定是否捐赠／或通过他们的社交网络分享请求以吸引他人的注意。捐赠平台为潜在的受赠者和捐赠者提供专业的捐赠相关服务，通常是以获得一定比例的捐赠资金为交换条件。

表 8-1　社交网络捐赠流程涉及的四种类型的利益相关者

利益相关者	例　子
潜在受赠者	个人受赠者
	各种规模的慈善机构，比如中国爱心基金会、中华儿童救助基金会等
	当地社区和活动
捐赠平台	网络上出现了许多捐赠平台，它们大多利用社交网络来传播捐赠请求，赢得潜在捐赠者的关注。最受欢迎的捐赠平台包括但不限于捐赠多宝箱，纷德力（Fundly），久久塑（99Pledges），来资助我（GoFundMe），正义给予（JustGiving），给（Give）。亚洲（主要在新加坡流行）、卡塔雷（Catarse 主要在巴西流行）、营火（Campfire 主要在日本流行）、腾讯乐捐、支付宝公益、轻松筹、爱心筹、水滴筹等（国内流行的主要是后五种平台）
社交网络	脸书、推特、即时通信软件、微信、QQ 空间、邻英网、热线电话
潜在捐赠者	本章主要关注个人捐献者

图 8-2 从捐赠者的角度描述了一个社交网络捐赠的示例图像，显示了从个人遇到捐赠请求到确认其捐赠的流程。捐赠者在社交网络上收到来自受赠者的捐赠请求后，经过自己的慎重考虑决定是否捐款，若决定捐款，则确定捐款金额直接捐赠，社交网络捕捉到捐款服务后反馈给受赠者；如果不捐款，社交网络则继续把捐款请求分配给其他捐款者。

尽管社交网络捐赠已被慈善机构广泛使用，但对这一主题的研究仍处于起步阶段。许多文献进行了案例研究，描述了在捐赠流程中使用社交网络带来效率的提升（Cameron et al.，2013）。社交网络捐赠的便捷、高效，打破传统募捐的地域局限性，支付方式的便捷让更多人愿意参与也更容易捐赠。社交网络可

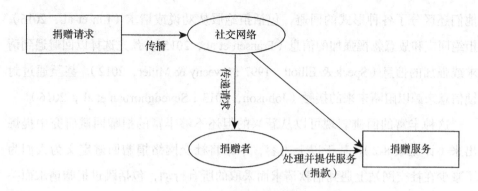

图 8-2　社交网络捐赠图

以让求助信息广泛传播，进而在更短时间内募集到更多善款，具有积极意义。一些学者认为，用于解释传统捐赠的理论和机制也可以解释社交网络捐赠（D'Alessandro et al.，2012）。然而，人们越来越认识到社交网络捐赠的一些特殊性，特别是社交网络捐赠的方式和流程（曹倩等，2020）。例如，在较大的灾难性事件发生时，有些网民用所谓的"捐款排行榜"给一些公众人物施压，他们不捐不行，捐太少也不行。从媒体报道看，已有多位知名演艺界人士因为没有在网络上披露自己的捐款数额，或是捐款额度与其知名度的实力不匹配，遭到众多网友的冷嘲热讽甚至攻击谩骂。萨克斯顿和王（Saxton & Wang，2014）指出，由同伴的社会影响等因素产生的社交网络效应优先于传统的对捐赠成本和收益的经济解释，这意味着社交网络捐赠不是由与传统捐赠完全相同的因素驱动的。据笔者所知，很少有研究直接关注社交网络捐赠的流程；因此有必要发掘那些可能会显著影响人们捐赠决策和行为的因素。

8.2.2　捐赠方式和捐赠回避

回避是对劝说或请求的一种常见反应（Kayser et al.，2016；Steindl et al.，2015）。然而，在不同的语境下，回避的定义是不同的。回避的一般概念似乎与"接近"的态度和行为意图相反（Carver，2006；Elliot & Covington，2001）。学者们研究了各种情境下的回避，比如对于说服、请求和特定媒体施加的信息的回避。

他们还区分了各种形式的回避，包括拒绝服从劝说或请求（Lin et al.，2016），拒绝回应和故意忽视强加的信息（Fransen et al.，2015），预先选择以回避遇到请求或强加的信息（Speck & Elliott，1997；Sweeny & Miller，2012），甚至通过封锁信息来源以阻断未来的接触（Johnson，2013；Seyedghorban et al.，2016）。

这种丰富的回避表现可以从新兴的但还不够丰富的捐赠回避研究中提炼出来（详见表 8-2）。基于以上内容，本章将社交网络捐赠回避定义为人们为了减少在社交网站上遇到捐款请求而采取的所有行动，包括跳过捐赠请求而关注其他类型的消息，故意忽略捐赠请求，选择不捐赠和甚至阻断捐赠请求的来源。

表 8-2　捐赠回避研究综述

来源	捐赠场所/平台			使用媒体		回避内容			影响因素		机制		
	传统捐赠	受赠者的网站	众筹平台	大众媒体	目标媒体	拒绝接触	不回应	阻断未来接触	请求策略	流程策略	情感调节	成本与收益	自我形象调节
Pancer et al.，1979	街头募捐					与募捐者保持距离			个人呼吁				
Hibbert et al.，2007				广告			不捐赠		有罪上诉	说服知识与代理知识	说服知识影响移情流程		
Van Diepen et al.，2009*		组织受赠者平台			邮件		不捐赠		信息频率		不适感		
Della Vigna et al.，2012	上门募捐					缺席筹款活动	不捐赠		社会压力			社会成本效益计算	

续表

来源	捐赠场所 / 平台			使用媒体		回避内容			影响因素		机制		
	传统捐赠	受赠者的网站	众筹平台	大众媒体	目标媒体	拒绝接触	不回应	阻断未来接触	请求策略	流程策略	情感调节	成本与收益	自我形象调节
Andreoni et al.，2017	街头募捐					选择其他不被要求捐款的出入口			言语请求诱发同情		对移情流程的复杂意识		
Liu et al.，2018			众筹平台				不捐赠		发起者声誉、项目知名度、项目内容质量	网站质量、交易便利度			
Damgaard & Gravert，2018		组织受赠者平台			提醒			从邮件列表中取消订阅	信息频率			烦恼成本	
Adena & Huck，2019			众筹平台	网站界面			不捐赠	不返回活动	捐赠界面设计：捐赠网格或默认值				调节自我形象

注：* 范迪彭等人（Van Diepen et al.，2009）发现信息频率的增加会增加人们的激愤感，但并不会导致捐赠回避。

　　有趣的是，某些形式的捐赠回避已发展成一种替代策略，其社会成本比直接对受赠者或募捐者说"不"要低，例如故意避开捐赠活动的地点（Andreoni et al.，2017；Pancer et al.，1979），或者当募捐者敲门时假装不在家（DellaVigna et al.，2012）。当募捐者开始依赖大众媒体［如慈善广告（Hibbert et al.，2007）］或目标媒体［如发邮件或网站提醒（Damgaard and Gravert，2018；Van Diepen et al.，2009）］以接触潜在的捐赠者时，人们可以简单地选择忽略这些捐赠请求，甚至屏蔽网站的信息推送服务，以回避未来可能遇到的捐赠请求。然而，关于社交媒体与捐赠回避之间的关系却鲜有研究涉及。本章将社交网络捐赠回避定义为：人们为减少他们在社交网络上接触到捐赠请求而采取的所有行为，此类行为可能包括跳过捐赠请求以专注于其他类型的消息、故意忽略捐赠请求、选择不捐赠资金甚至屏蔽捐赠请求。

8.2.3　捐赠回避的机制和影响因素

先前的对影响捐赠反应的机制和因素的研究（包括捐赠方式和回避）提供了一些矛盾的结果，原因可能是某些机制的二重性和某些因素的不对称性。

首先，需要丰富关于某些机制的双重影响的讨论。先前的研究发现，某些机制（如移情情绪调节和社会影响）有可能鼓励人们捐赠，但也可能导致人们回避捐赠。例如，引发适当程度的同理心将刺激人们进行捐赠，以减轻捐赠请求引起的内疚感（Mayo & Tinsley，2009；Small et al.，2007；Small & Verrochi，2009）；然而，如果移情刺激的水平使人们感到他们正在被受赠者的情感操纵，他们会选择回避这些移情刺激（Andreoni et al.，2017）。社会规范被认为是刺激人们捐赠的最突出因素之一（Harris & Meyer，1973），也是心理压力的重要来源；然而，当这种压力过大时，它会使人们在生理和心理上回避捐赠（DellaVigna et al.，2012；Gärtner & Sandberg，2017；Pancer et al.，1979；Van Diepen et al.，2009）。因此，这种捐赠反应机制的双重影响应该受到更多的学术关注。

同时，与对捐赠方法/回避结果产生对称影响的因素相比，对捐赠施加不对称影响的因素（即仅会导致回避捐赠的因素）的研究相对薄弱。先前的文献强调了对称的影响因素，即与捐赠请求的信息方面相关的因素，例如前文提到的情感或社会信息，或某些已有的框架信息（James & Routley，2016），或收益/损失（Jeong et al.，2011）。然而，仅对回避捐赠产生不对称影响的因素（即与捐赠流程相关的因素）是在最近才被学者提出，随着捐赠回避研究在传统捐赠情境下的发展，其与捐赠代理流程相关的因素也被凸显出来（Adena & Huck，2019；Damgaard & Gravert，2018；Liu et al.，2018；Van Diepen et al.，2009）。此外，尽管传统研究对捐赠考察的焦点是对不同信息传递策略的回应（Andreoni et al.，2017；Pancer et al.，1979），与代理程序相关的各种因素都被认为会对捐赠回避造成影响，例如信息推送的频率（Damgaard & Gravert，2018；Van Diepen et al.，2009）、网站质量和交易便利度（Liu et al.，2018）。但对于代理流程的研究只考虑了组织受赠者的网站（Damgaard & Gravert，2018；Van Diepen et al.，2009）和众筹平台（Adena & Huck，2019；Liu et al.，2018）。目前尚无研究从代理流程的角度对社交网络捐赠回避的影响因素进行综合分析，而且与流程相关的因素对捐赠回避的作用机制也没有明确。考虑到社交网络捐赠回避的研究还有很大的空间，本章考察了流程相关因素对社交网络回避捐赠的影响，并探讨了其作用机制。

8.2.4　社交网络捐赠流程中的相关因素

与捐赠流程中的其他发展阶段相比，社交网络捐赠的代理流程可能具有独特的影响因素。本章区分了四个流程相关的因素：捐赠请求过载、捐赠流程模糊、渠道安全担忧和感知分配不公。

第一，依靠社交网络传播捐赠请求时会出现信息困境。社交网络的广泛应用使得捐赠请求的产生和传播相对于传统媒体而言变得更加容易，从而大大增加了个人对捐赠请求的曝光率（罗俊等，2019）。但人类的信息处理能力却无法随着捐赠请求的增加而相应地大幅度增加，从而导致信息过载，即个体信息暴露程度超过其信息处理能力的一种状态（Bawden & Robinson，2009；Eppler & Mengis，2004）。社会信息一旦超过了个人或者系统所能接受、处理或有效利用的范围，就会导致故障。且如果不及时处理信息，信息就会呈指数增长，具有复利效应，而个体的信息处理能力则呈线性增长。随着时间的推移，信息量与处理能力之间的落差就会越来越大。信息一旦过载就会影响学习质量，比如我们每天刷抖音、微博这些碎片时间所获取的信息，一方面可以说我们获取了更多信息和知识，拓宽了我们的视野，从而为优质决策创造出更好的条件；另一方面，这种对信息的渴求，容易造成多而浅的学习，所以片面求多就会导致信息过载，超出自己的信息处理能力，就只能以牺牲阅读质量为代价。本研究将捐赠请求过载定义为潜在捐赠者对捐赠请求相关信息暴露的感知状态超过了其信息处理能力的程度。

第二，随着社交网络捐赠流程复杂性的增加，流程模糊成为一个被广泛关注的问题。网络是虚拟的世界，在各类社交平台，网友不知道彼此的真实身份，以匿名的形式发言和分享各类信息，个人不会对传播虚假信息有太多顾虑。流程透明度涉及捐赠者可以在多大程度上观察流程的有效性（Doherty & Hoye，2011；Xiao et al.，2019）。随着参与捐赠流程的利益相关者数量的增加，信息流和资金流都变得愈加复杂。由于社交网络捐赠中不同参与者之间的信息不对称及潜在受赠者和捐赠平台的信息披露不完全，使得潜在捐赠者在捐赠流程中往往会感知到模糊性。一旦潜在捐赠者感知到其捐赠流程的模糊性，就会考虑是否会在此平台进行捐赠或者是否会选择社交网络捐赠。如此动摇他们的捐赠信心，也会导致捐赠回避。在社交网络捐赠的背景下，用捐赠流程模糊来描述潜在捐赠者对于他们的捐赠资金 / 物资在捐赠流程中如何转移及在分发给受赠者后如何使用的一种不确定性。

第三，在人们的捐赠相关决策中，渠道安全问题变得突出。在采用互联网平台或新的人机交互技术时，这种担忧很常见（Udo，2001）。比如发生在 2018 年 4 月的一件真实案例，河南周口太康一对夫妻疑似利用 3 岁女儿诈捐的消息引发了社会各界的广泛关注。网络众筹或募捐由于更加便捷化、快速化，微博、微信等软件互动性比较强、参与度比较高的社交平台在推广网络慈善活动过程中起着越来越重要的作用，并且网络募捐成本低、传播快、效率高，会让一些无法支付医药费的困难家庭能够得到社会的帮助。但是，募捐平台的核查能力及约束机制的匮乏，导致"骗捐""诈捐"事件屡见不鲜。这不仅使得网络募捐陷入被质疑的境地，也会使整个社会的慈善信任度遭受严重影响。随着社交网络捐赠变得日益复杂和异质捐赠平台的出现，人们越来越重视渠道的安全问题。由于社交网络捐赠的流程主要涉及信息和资金流动，因此本研究将渠道安全担忧定义为潜在捐赠者对隐私和财务安全的担忧。

第四，分配不公成为潜在捐赠者的一个重大关切问题。在交换关系的参与者中，当每个参与者的产出与其投入不成比例时，就会出现分配不公（Adams，1965）。在捐赠情境下，捐赠价格是指捐赠者为使受赠者获得一块钱所需要付出的金额。捐赠价格通常被视为分配不公的指标，会对捐赠意愿产生不利影响（Gordon et al.，2009）。大多数捐赠平台收取包括平台费在内的捐赠金额的1.5%~5% 不等的多种费用和每月使用捐款工具的费用（通常是固定金额，与捐款金额无关）及约占捐款的 3% 的手续费。这些费用可能会使潜在的捐赠者对捐赠平台和潜在受赠者之间的资金分配感到不公。因此，本章使用感知分配不公来描述社交网络捐赠流程中潜在捐赠者对捐赠平台与潜在受赠者之间分配捐款时的感知不公平感。

8.3　研究模型与研究假设

8.3.1　研究模型

结合社会交换的影响理论和自我效能理论设计研究模型，如图 8-3 所示。根据社会交换的影响理论，情绪是社会交换结果的来源（Lawler，2001）。情绪作为一种内在的奖励或惩罚，激励人们寻求或回避交换行为（Lawler，2001；Nikitin & Freund，2010）。因此，在做出决定时，人们会评估相关的情绪，而回避行为通常是由负面情绪驱动的。考虑社交媒体捐赠涉及的一系列流程，这些与流程相关的因素会引起用户的情绪。因此，本研究认为，与流程相关的四个因素（捐赠请求过载、捐赠流程模糊、渠道安全担忧和感知分配不公正）通过负面情绪影响人们的社交网络捐赠回避行为。

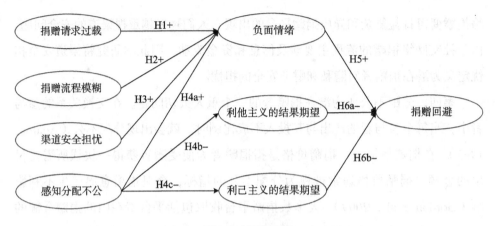

图 8-3　研究模型

除了社会交换结果（即情绪），结果期望对个人在做出决定和以某种方式行事之前也至关重要（Bandura，1982）。在慈善捐赠领域，已经确定了两种类型的期望：利他主义的结果期望和利己主义的结果期望（James，2017；Konrath & Handy，2018；Liu et al.，2018）。利他主义的结果期望是指期望自己的行为会帮助社会的其他成员，而利己主义的期望是指期望自己的行为会带来个人利益。在此背景下，个人希望他们的捐款不仅能改善那些寻求捐款的人的福祉，而且还能带来有形的回报（如减税）和无形的回报 [如提高声誉（Bekkers & Wiepking，2011；Elfenbein et al.，2012）、减轻负罪感、荣耀，甚至利他主义者的自我认可（Andreoni，1990；Konrath & Handy，2018；Sargeant，1999；Sargeant et al.，2006）]。根据自我效能理论，结果预期是个体在决定行为之前所考虑的主要认知因素（Bandura，1982）。理性个体在采取具体行动之前会认真评估预期的结果，这种评估会显著影响执行具体行为的意愿。那些预期结果为积极并强烈希望其发生的人更有可能采取具体行动，而那些预期结果为消极的人则不太可能尝试某些行为（Cenfetelli & Schwarz，2011）。自我效能理论在捐赠领域也具有解释力（Ferguson，1996；Giles et al.，2004），与回应商业诉求不同，捐赠涉及社会交换，即使得捐赠者个人受益，也使得受赠人受益。因此，当个人决定是否捐赠时，会同时考虑利己和利他的预期结果（Deb et al.，2014；Robert，2013）。

此外，结果预期是对捐赠结果的个人预先评估。与流程相关的因素是否与结果预期相关联，取决于捐赠者是否将预期结果归因于捐赠流程的相关方面。追溯捐赠者的利他主义结果（强调对受赠者的帮助），它将在捐赠的资金转移到捐赠平台，然后在捐赠平台和受赠者之间分配后完成。因此，对利他主义结果期望产生显著影响的因素应该与资金转移和分配有关。追溯捐赠的利己主义结果（强调荣耀、声誉、利他主义者的自我认可等），它将在资金得到确认（并通过社交媒体显示）后实现。因此，影响利己主义结果预期的因素应该与公开确认捐赠平台的资金分配有关。从捐赠的整个流程来看，感知分配不公与资金的转移和分配及对捐赠平台分配的确认直接相关。因此，本研究认为感知分配不公，而不是其他三个因素，将对结果预期产生显著影响。

8.3.2　研究假设

8.3.2.1　与流程相关的因素

早期的研究认为，除了广告内容引起的不快（Aaker & Bruzzone，1985），过度接触商业要求（如广告），可能会导致消费者不满和产生其他负面情绪（Klopfenstein，2011）。广告回避是过度接触广告的常见反应（Speck & Elliott，1997；Li et al.，2018），并将降低广告的效果（Stafford & Stafford，1996）。当面对太多的捐赠请求时，个人可能无法使用他们手头有限的资源来响应所有的请求。他们可能会有一种"捐赠疲劳"的感觉（Brown & Minty，2008），或者感到疲惫、沮丧甚至不满，然后降低他们捐赠的道德动机（Kajonius，2014）。人们已经表现出不喜欢收到高频率的直接邮寄捐赠呼吁的倾向（Diamond & Noble，2001；Van Diepen et al.，2009）。这种情况也并没有因为受赠者使用社交网站寻找潜在捐赠者而得到改善。一些研究表明，社交网络信息过载的外部刺激导致环境需求与个人应对能力之间的失衡，激发沮丧、烦躁、厌倦等负面情绪（Cao & Sun，2018；Misra & Stokols，2012；Zhang et al.，2016）。因此，本研究提出以下假设：

H1：捐赠请求过载对负面情绪具有正向影响。

透明和有形的信息被证明对人们的慈善行为有积极影响。正如克莱德等人（Cryder et al.，2013）的实验结果所示，提供捐赠流程的具体细节会让人们感觉到他们的捐赠具有影响力，从而提升捐赠意愿。相反的，捐赠流程中的模糊性会让人们感到威胁和不安（Lim et al.，2004），从而导致捐赠回避（Stojcic et al.，2016）。此外，模糊性可能导致低感知真实性，触发负面情绪，认为这个过程是不道德和不纯洁的（Gino et al.，2015）。基于这些考虑，本研究提出以下假设：

H2：捐赠流程模糊对负面情绪具有正向影响。

库尼亚迪等人（Kurniadi et al.，2014）指出，当一个潜在捐赠者面对一个高度不确定的捐赠请求时，他的不安全感可能会导致情感损失。同样，通过计算机媒介进行的交流研究通常会发现，无论是电子商务（Belanger et al.，2002；Kim & Lennon，2013）、货币交易（Casaló et al.，2007）或者社会交换（Luo，2002），个人对安全和隐私的感知越好，他对平台的情绪越积极。安全和隐私问题也成为影响人们在社交媒体上的行为的重要因素（Chakraborty et al.，2013；Tang & Liu，2015）。本研究假设相同的逻辑可能也适用于社交网络捐赠，则可以提出以下研究假设：

H3：渠道安全担忧对负面情绪具有正向影响。

社会交换理论很早就认识到正义和公平是社会互动的关键驱动因素（Oliver & Swan，1989）。行为经济学研究也揭示了公平关切在个体决策中起着重要的作用（Bolton & Ockenfels，2000）。消费者研究证实，感知分配的公平感显著影响消费者对最终结果的满意度（Bowman & Narayandas，2001）。不公平感会对人的情绪状态产生负面影响，使人感到愤怒、沮丧、内疚或焦虑（Mikula et al.，1998）。在捐赠情境下，徐等人（2007）指出，道德行为的公平感和分配的公平感植根于情绪加工，这表明分配不公可能会导致负面的情绪反应，对捐赠有潜在的负面影响。因此，本章提出以下假设：

H4a：感知分配不公对负面情绪具有正向影响。

马等人（Ma et al.，2014）指出，当人们缺乏关于他人意图的信息时，人们会使用关于公平和正义的基本规范信念来评价他人的行为。例如，如果人们期望他人免费提供帮助，而这种期望没有得到满足时，感知到的不公就会引发负面反应。这表明，相对较高的捐赠价格可能会被认为是捐赠平台不公正，平台不公平地拿走了那些应该给潜在的受赠者提供帮助的钱。因此，感知分配不公会损害捐赠的预期帮助性。一旦捐赠者意识到一个平台分配收到的资金的不公正，他们将失去对资金将得到公正分配和对受赠者有益的信心（Gordon et al.，2009；Ma et al.，2014）。因此，感知到的分配不公正可能会影响捐赠者对捐赠利他主义结果的期望。因此，本章提出了以下假设：

H4b：感知分配不公对利他主义的结果期望具有负向影响。

回到捐赠的利己主义结果（强调荣耀、声誉、利他主义者的自我认可等），这可能会受到捐赠者决定捐赠的过程的影响，该捐赠决定被捐赠平台接受并通过社交网络传达给他人。利己主义的结果通常与通过捐赠平台和社交网络进行的自我展示直接相关，而不是与资金转移和分配有关（Elfenbein et al.，2012）。研究结果表明，当人们遇到分配不公时，他们会从有利他的动机去补偿受赠者或惩罚冒犯者（Leliveld et al.，2012）。回避捐赠可能是损害捐赠结果的有益性的一种惩罚形式。相对应的是，参与不公正的行为通常被认为会损害个人名誉（Boxill，1980）。由于平台的分发规则通常是公开的，因此一旦收到并发布了捐赠确认，在线捐赠者将面临与该平台相关的任何不公正行为相关联的风险。考虑到其他人意识到自己参与了不公正的行为会被认为有损害声誉和个人荣耀的风险（Boxill，1980），可以预期感知分配不公正会降低捐赠的利己主义结果期望。在此基础上，本章提出如下假设：

H4c：感知分配不公对利己主义的结果期望具有负向影响。

8.3.2.2　负面情绪、结果预期与社交网络捐赠回避的关系

现在人们普遍认为，行为意向受情绪的显著影响（Ali et al.，2016；Hosany et al.，2017）。积极情绪是接近动机，而消极情绪是回避动机（Martin et al.，2008）。在商业请求领域，回避是对不恰当呈现的广告所产生的负面情绪的一种

常见反应（Speck & Elliott，1998；Li et al.，2018）。类似的，在社交网络捐赠流程中感受到负面情绪的潜在捐赠者可能会故意忽略或屏蔽一些信息，以逃避不舒服的情况并恢复情绪稳定。因此，本章提出以下假设：

H5：负面情绪对捐款回避具有正向影响。

当人们期望从他们的捐赠中获得一些利他或利己的结果时，他们就会进行捐赠（Deb et al.，2014；Robert，2013），而那些认为捐赠不会改变现状的人则不太愿意捐赠（Bekkers & Wiepking，2011）。因此可以合理地推测，利他主义和利己主义的结果预期都可以显著影响社交网络捐赠回避，潜在社交网络捐赠者预期到的利他主义及利己主义结果为负时，可能会回避捐赠请求。据此，本研究提出以下假设：

H6a：利他主义的结果期望对捐赠回避具有负向影响。

H6b：利己主义的结果期望对捐赠回避具有负向影响。

8.4 研究方法

8.4.1 样本收集过程

本章数据是通过在中国的一项调查收集的。由于人们对社交网络的效率抱有很高的期望，因此社交网络捐款得到了中国政府和公众的大力支持。2018年，腾讯乐捐、支付宝公益、轻松筹、水滴筹等 20 个经过授权的捐赠平台通过多种信息渠道，向全国 1400 多个慈善机构发布了 2.1 万多份捐赠请求（China's Ministry of Civil Affairs，2019）。他们主要使用的是微信朋友圈进行传播（China Internet Network Information Center，2019）。发布的信息获得了 84.6 亿次点击量，共筹集资金 31.7 亿元。然而，每个点击的平均贡献不到 0.4 元人民币（China's Ministry of Civil Affairs，2019）。2016 年《中国青年报》对网民进行的一项调查显示，73.7% 的受访者在微信朋友圈发布或转发了捐款请求，但只有 48.5% 的人进行了捐款，而 51.5% 的人选择回避捐赠（China Youth Daily，2016）。

基于以上考虑，本章选择通过微信朋友圈进行捐赠作为研究背景。利用问卷星平台，于 2018 年 4 月 1 日—30 日进行在线调查。潜在的受访者如果提交了有效的问卷，就会获得价值 5 元的优惠券。问卷调查共获得 429 份完整回应；删除没有认真作答的样本和在 40 秒内完成作答的样本后，剩下 398 份有效问卷。表 8-3 总结了受访者的描述性统计信息。女性占比 53.77%，受访者年龄在 21~35 岁的人数占比为 72.36%。在捐款频率方面，25.63% 的人没有进行过社交网络捐款，71.86% 的人每月进行 1~3 次社交网络捐款，只有 2.51% 的人每月超过三次的社交网络捐款。平均捐款金额在 10 元以下（含0）的占 34.67%，11~50 元的占 44.72%，51~100 元的占 16.08%，100 元以上的占 4.53%。人口统计数据与中国互联网络信息中心（2019 年）报告的中国社交媒体用户数据及《中国青年报》（2016 年）的调查结果较为一致。两者都表明中国的年轻人（20 世纪 80 年代和 20 世纪 90 年代出生的人）已成为社交网络捐赠的主要捐赠者，而那些出生在 21 世纪初的人则是新兴的社交网络捐赠者。

表 8-3　样本特征

特征（N = 398）		频　数	占　比
性　别	男	184	46.23%
	女	214	53.77%
年　龄	20 岁及以下	69	17.34%
	21~35 岁	288	72.36%
	35 岁以上	41	10.30%
学　历	大专及以下	109	27.38%
	大学本科	277	69.60%
	研究生及以上	12	3.02%
职　业	学生	244	61.31%
	工薪阶层	115	28.89%
	个体经营	39	9.80%

特征（$N=398$）		频　数	占　比
捐赠频率（每月）	0 次	102	25.63%
	1~3 次	286	71.86%
	3 次以上	10	2.51%
平均捐赠金额（人民币）	10 及以下（包括 0）	138	34.67%
	11~50	178	44.72%
	51~100	64	16.08%
	100 以上	18	4.53%

8.4.2　测　量

调查问卷由三部分组成：导语、八个潜变量的测量量表和人口统计信息。请求过载的测量改编自塞恩费泰利和施瓦茨（Cenfetelli & Schwar，2011）的信息过载量表，包含四个问项。捐赠流程模糊的测量改编自杜尔科奇娃和格雷（Durcikova & Gray，2009）的流程透明度量表，同样包含了四个问项。渠道安全担忧的测量通过将帕夫卢等人（Pavlou et al.，2007）的五个问项略去总结问项修改而来。感知分配不公的测量问项参考了鲍曼和纳拉扬达斯（Bowman & Narayandas，2001）的研究。负面情绪的测量改编自李等人（2018）使用的测量问项。从秦等人（2008）的帮助量表中改编了三个问项来测量利他主义结果预期，因为帮助性可以用来表示利他主义的内涵（Chen et al.，1998）。测量利己主义结果期望的两个问项改编自徐等人（2007）的测量问项。最后，捐赠回避的测量借鉴了赵和郑（2004）的广告回避量表。所有测量题项均采用李克特 5 分量表进行测量，从非常不同意（1）到非常同意（5），所有题项的详细情况见表 8-4。

表 8-4　测量问项与因子分析结果

变量	题项	均值	标准差	因子载荷	平均方差提取
捐赠请求过载（Cenfetelli & Schwarz, 2011）	微信朋友圈提供了太多关于捐赠请求的信息	2.580	1.117	0.764	0.595
	捐款请求如此广泛以至于很难找到想要的东西	2.432	0.960	0.781	
	微信朋友圈上关于捐款请求的信息多得让人无法承受	2.746	1.000	0.814	
	在微信朋友圈收到了太多的捐款请求	2.661	1.054	0.724	
捐赠流程模糊（Durcikova & Gray, 2009）	对捐赠情况一无所知	2.583	1.163	0.876	0.745
	可以随时查询受助人的资料（R）	2.513	1.204	0.888	
	所提供的受赠者的实际信息不够清楚	2.769	1.132	0.846	
	不容易看到捐款金额的变化情况	2.636	1.192	0.842	
渠道安全担忧（Pavlou et al., 2007）	对捐赠渠道感到不安	2.015	1.106	0.900	0.732
	只会选择捐赠渠道是完全安全的	1.915	1.123	0.917	
	认为所有的捐款渠道都是安全的（R）	2.101	1.050	0.763	
	安全问题是捐款的一个重大障碍	1.977	1.152	0.833	
感知分配不公（Bowman & Narayandas, 2001）	我对受助者直接获得捐赠的结果感到高兴（R）	2.935	1.044	0.826	0.707
	平台从捐赠中收取费用是不合理的	2.950	1.032	0.820	
	捐赠分配不公平	2.965	0.985	0.876	
负面情绪（Li et al., 2018）	对捐赠请求我感到沮丧	2.593	0.976	0.791	0.704
	对捐赠请求我感到恼火	2.487	0.933	0.909	
	对捐赠请求我感到厌烦	2.291	0.958	0.860	
	我不喜欢捐赠请求	2.384	0.937	0.790	
结果期望：帮助性（利他主义）（Chen et al., 1998；Chin et al., 2008）	捐赠是有效的	3.415	1.027	0.855	0.784
	捐赠是有帮助的	3.528	1.049	0.931	
	捐赠很有帮助	3.623	1.174	0.869	
结果期望：利己主义（Hsu et al., 2007）	捐赠会让别人觉得我值得信赖	3.276	0.993	0.925	0.866
	捐赠会得到更多的认可和尊重	3.279	1.055	0.936	

变量	题项	均值	标准差	因子载荷	平均方差提取
捐赠回避（Cho & Cheon，2004）	我通常会跳过微信朋友圈的捐赠请求	2.882	1.042	0.901	0.811
	我故意忽略微信朋友圈的捐赠请求	2.774	1.076	0.920	
	即使打开了捐赠链接我也不捐赠	2.754	1.043	0.891	
	如果可能，我想删除或阻止微信朋友圈的捐赠请求	2.688	1.097	0.890	

注：所有负荷均在 0.001 水平显著。

R：反向测量

由于大多数变量是在社交网络捐赠的背景下首次使用，因此采取了三个步骤来确保测量具有足够的信度和效度。第一，邀请三名硕士研究生、三名博士研究生和两位市场营销专业的教授对每个变量和题项的定义进行调整和修改，形成英文版的调查问卷。他们深入讨论了每一个题项，直到达成一致意见。第二，根据布里斯林（Brislin，1970）的指导方针，采用了两轮反向翻译来开发中文版问卷。在第一轮中，英文版被翻译为中文版。在第二轮中，根据 7 位社交网络捐赠者的意见和建议进行修改后，将中文版翻译为英文版后最终形成中文版。第三，对 30 名工商管理专业的学生进行初步测试。结果表明，所有测量量表均具有良好的信度和效度。

为了检验无应答偏差，在 SPSS18.0 软件中对每个项目的前 50 份样本和后 50 份样本进行独立样本 t 检验。结果显示两组样本之间无显著差异（$p > 0.050$），说明本调查不存在严重的无应答偏差问题。同时，在 SPSS18.0 中进行探索性因子分析，采用哈尔曼单因素方差分析（Podsakoff et al.，2003）进行共同方法偏差检验。结果显示，有 8 个因子类别的特征值大于 1.0，8 个因子类别中的第一个因子仅占方差的 11.94%（总方差解释率为 81.27%），说明共同方法偏差不是一个严重的问题。

8.5　测量模型与假设检验

8.5.1　测量模型

在 AMOS17 软件中建立了包含 8 个潜变量的测量模型，进行模型拟合度分析。结果显示模型拟合良好：卡方（663.920）/ 自由度（335）= 1.982，比较拟合指数 = 0.961，塔克 – 刘易斯指数 = 0.956，检验后续行动项目指数 = 0.961，拟合优度指数 = 0.921，近似误差均方根 = 0.050，均在可接受的范围内（Blunch，2012）。对量表的信度和效度在问项层面对量表的信度和效度进行评估，如表 8-4 所示，所有变量的测量题项的因子负荷值都高于建议的阈值 0.500，且在 0.001 水平上显著，说明测量的信度和收敛效度较好（Hair et al.，2010）。之后，在结构层面上检验测量的信度和效度，如表 8-5 所示，各构面的组合信度和克朗巴哈系数均大于 0.800，说明信度较好（Hair et al.，2010）。将潜变量之间的相关系数的绝对值与平均方差抽取量（AVE）的平方根进行比较，以检验区分效度（Li et al.，2020）。表 8-5 的结果显示，对于每个潜变量，前者都小于后者。综上所述，测量模型具有良好的收敛效度、区分效度和信度。

表 8-5　信度和区分效度

变量	组合信度	克朗巴哈	1	2	3	4	5	6	7	8
捐赠请求过载	0.854	0.851	**0.771**							
捐赠流程模糊	0.921	0.921	0.086	**0.863**						
渠道安全担忧	0.916	0.915	0.138	0.334	**0.855**					
感知分配不公	0.879	0.877	0.108	0.268	0.237	**0.841**				
负面情绪	0.905	0.902	0.429	0.150	0.212	0.206	**0.839**			
结果期望：利他主义	0.916	0.912	−0.17	−0.438	−0.326	−0.335	−0.391	**0.886**		
结果期望：利己主义	0.928	0.927	−0.174	−0.288	−0.293	−0.419	−0.256	0.426	**0.931**	
捐赠回避	0.945	0.945	0.294	0.450	0.298	0.352	0.488	−0.598	−0.556	**0.901**

注：①对角线左下方数字为相关系数，若相关系数在 0.05 水平上显著，那么就有上标 *；
②对角线上的粗体和黑体数字表示平均方差抽取量 (AVE) 的平方根。

8.5.2 假设检验

本研究采用 AMOS17.0 软件所构建的结构方程模型路径分析结果来检验本文所提出的假设。图 8-4 模型运行的适配度指标、标准化路径系数和相关的 t 值，它们都在布朗奇（Blunch，2012）推荐的可接受的临界范围内。正如前文预测的那样，请求过载显著正向影响负面情绪（$\beta = 0.356$，$p < 0.001$），支持 H1。流程模糊性对负面情绪的影响不显著（$\beta = 0.034$，$p > 0.050$），说明不支持 H2。渠道安全担忧对负面情绪有显著的负向影响（$\beta = 0.083$，$p < 0.050$），支持 H3。感知分配不公对负面情绪有显著的正向影响（$\beta = 0.129$，$p < 0.010$），支持 H4a。感知分配不公对利他的结果期望（$\beta = -0.388$，$p < 0.001$）和利己的结果期望（$\beta = -0.484$，$p < 0.001$）均有显著的负向影响，分别支持 H4b 和 H4c。同时，捐赠回避受负面情绪显著正向影响（$\beta = 0.342$，$p < 0.001$），而受利他性结果期望（$\beta = -0.379$，$p < 0.001$）和利己性结果期望（$\beta = -0.350$，$p < 0.001$）显著负向影响，分别支持 H5、H6a 和 H6b。假设检验的结果汇总如表 8-6 所示。

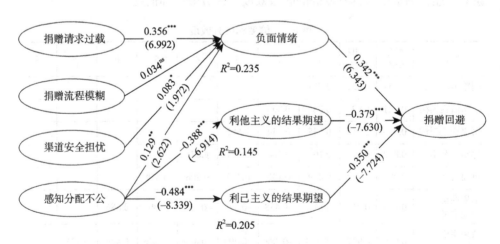

注：① Chi-Square (663.920)/df(335)=1.982，CFI=0.961，TLI=0.956，IFI=0.961，GFI=895 and RMSEA=0.050；
② *** $p<0.001$，** $p<0.010$，* $p<0.050$，ns 不显著。

图 8-4　检验假设结果

表 8-6　结构模型结果汇总表

假设	描述	结果
H1	捐赠请求过载对负面情绪具有正向影响	支持
H2	捐赠流程模糊对负面情绪具有正向影响	不支持
H3	渠道安全担忧对负面情绪具有正向影响	支持
H4a	感知分配不公对负面情绪具有正向影响	支持
H4b	感知分配不公对利他主义的结果期望具有负向影响	支持
H4c	感知分配不公对利己主义的结果期望具有负向影响	支持
H5	负面情绪对捐赠回避具有正向影响	支持
H6a	利他结果期望对捐赠回避具有负向影响	支持
H6b	利己结果期望对捐赠回避具有负向影响	支持

采用结构方程模型来评估负面情绪、利他结果期望和利己结果期望的中介作用。结果如表 8-7 所示。模型 1 的估计结果表明，请求过载（$\beta = 0.252$，$p < 0.001$）、流程模糊性（$\beta = 0.314$，$p < 0.001$）、渠道安全担忧（$\beta = 0.097$，$p < 0.050$）和感知分配不公（$\beta = 0.232$，$p < 0.001$）都显著正向影响因变量捐赠回避。模型 2 的估计结果显示，请求过载（$\beta = 0.356$，$p < 0.001$）、渠道安全担忧（$\beta = 0.083$，$p < 0.050$）和感知分配不公（$\beta = 0.129$，$p < 0.010$）还对负面情绪这一中介变量有显著的正向影响，支持 H1、H3 和 H4a 成立，但对捐赠流程模糊的影响不显著；此外，感知分配不公对利他结果期望和利己结果期望也都有显著的负向影响，支持 H4b 和 H4c 成立。同时，负面情绪（$\beta = 0.342$，$p < 0.001$）对捐赠回避有显著的正向影响，利他结果期望（$\beta = -0.379$，$p < 0.001$）和利己结果期望（$\beta = -0.350$，$p < 0.001$）也都对捐赠回避有显著的负向影响，分别支持 H5、H6a 和 H6b 成立。在模型 3 中，当自变量和中介变量均作为因变量捐赠回避的预测因子时，结果表明，除了与捐赠回避显著正相关的捐赠流程模糊（$\beta = 0.183$，$p < 0.001$）之外，请求过载、渠道安全担忧、感知分配不公对捐赠回避不再有显著影响；作为中介的负面情绪（$\beta = 0.302$，$p < 0.001$）、利他结果期望（$\beta = 0.293$，$p < 0.001$）和利己结果期望（$\beta = -0.308$，$p < 0.001$）

均对捐赠回避有显著影响。结果表明，负面情绪完全中介了请求过载、渠道安全担忧这两个自变量与捐赠回避之间的关系。同样，感知分配不公对捐赠回避的影响也被负面情绪、利他结果期望和利己结果期望这三个中介变量完全中介。

表 8-7 中介检验结果

变量 a		模型 1	模型 2		模型 3		中介效果
IV	MV	IV→DV	IV→MV	MV→DV	IV→DV	MV→DV	
请求过载	负面情绪	0.252***	0.356***	0.342***	0.088ns	0.302***	完全
流程模糊		0.314***	0.034ns		0.183***		—
渠道安全担忧		0.097*	0.083*		−0.012ns		完全
感知分配不公	利他主义	0.232***	0.129** / −0.388***	−0.379***	0.030ns	0.293***	完全
	利己主义		−0.484***	−0.350***		−0.308***	
χ^2/df	$1 < \chi^2/df < 2$	1.641	1.982		1.852		
CFI	> 0.90	0.983	0.961		0.967		
TLI	> 0.90	0.980	0.956		0.961		适配良好
IFI	> 0.90	0.983	0.961		0.967		
GFI	> 0.85	0.942	0.895		0.906		
RMSEA	< 0.55	0.040	0.050		0.046		

注：① IV= 自变量，MV= 中介变量，DV= 因变量（捐赠回避）；
② *** 表示 $p < 0.001$，** 表示 $p < 0.010$，* 表示 $p < 0.050$，ns 表示不显著。

考虑到捐赠的频率分布，包括避免捐赠和不捐赠的样本，认为比较有捐赠和没有捐赠的构造方法更有效。因此，我们将样本分为两组（一组捐赠次数为 0 次，另一组每月捐赠一次或多次）。两组间对每个构形进行 t 检验。如表 8-8 所示，除了通道安全问题外，两组之间所有构造的方法都有显著差异（p-values < 0.050）。在回避社交网络捐赠方面，捐赠次数为 0 次的组得分较高（3.186 vs. 2.633；$p < 0.001$），这在一定程度上支持了我们提出的模型的结果。

表 8-8　按捐赠频率分组的 *t* 检验结果

构　念	组　号	均　值	*t* 值	显著度
捐赠请求过载	组 1	2.811	2.835	0.005
	组 2	2.534		
捐赠流程模糊	组 1	2.892	2.995	0.003
	组 2	2.533		
渠道安全担忧	组 1	2.113	1.267	0.207
	组 2	1.964		
感知分配不公	组 1	3.183	3.058	0.003
	组 2	2.869		
负面情绪	组 1	2.610	2.338	0.021
	组 2	2.380		
利他结果期望	组 1	3.180	−3.704	0.000
	组 2	3.597		
利己结果期望	组 1	2.946	−4.095	0.000
	组 2	3.392		
捐赠回避	组 1	3.186	4.791	0.000
	组 2	2.633		

注：按每月捐赠次数将样本分为两组，即捐赠次数为 0 次的第 1 组和捐赠次数为 1 次或多次的第 2 组。

8.6　研究结果及展望

8.6.1　研究结果

本章研究了四个突出的流程相关因素与社交网络捐赠回避的关系，丰富了对社交网络捐赠回避机制的认识。第一，研究结果证实，社交网络捐赠代理流程的四个因素，即捐赠请求过载、捐赠流程模糊、渠道安全担忧和感知分配不公均对社交网络捐赠回避具有正向影响。其中，捐赠流程模糊与社交网络捐赠回避的相关性最高，其次是捐赠请求过载和感知分配不公，渠道安全担忧与社交网络捐赠回避的关联最弱，但仍然是显著的。

第二，研究结果证实，负面情绪、利他结果期望和利己结果期望这三个中介因子解释了社交网络捐赠回避的潜在机制。具体而言，捐赠请求过载、渠道安全担忧、感知分配不公与负面情绪均呈正相关关系，而感知分配不公与利他结果期望和利己结果期望均呈负相关关系。反过来，负面情绪对社交网络捐赠回避具有正向影响，而利他结果期望和利己结果期望均对社交网络捐赠回避具有负向影响。值得注意的是，捐赠流程模糊对社交网络捐赠回避的正向影响不受负面情绪的中介。

8.6.2　理论启示

本章通过考虑流程相关因素的不对称性和这些因素对捐赠回避影响的内在机制，扩大了捐赠与慈善活动的研究范围。先前的研究（即旨在解释捐赠请求机制的大量研究）已经从人们"与捐赠请求的互动"的感觉上解释了人们的捐赠反应。传统上，学术研究的兴趣集中在信息的传递策略上，其中包括捐赠方式（Mayo & Tinsley，2009；Small & Verrochi，2009）和捐赠回避（例如 Andreoni et al.，2017；Hibbert et al.，2007；Pancer et al.，1979 年）；然而，捐赠的信息流和资金流中所存在的挑战值得更多关注。本章证明了"与捐赠流程的交互"和"与捐赠请求的交互"的相互作用，从而导致捐赠反应。正如少数强调这两个范围之间差异的研究表明的那样，"与捐赠请求交互"可能会鼓励个人捐赠，而精心设计和执行的"与捐赠过程的交互"消除了可能导致捐赠回避的障碍（Knowles et al.，2012）。因此，接近捐赠与回避捐赠的机制之间的差异应受到进一步的学术研究，以及对捐赠方法 / 回避捐赠所涉及的对称和不对称影响因素应进行进一步比较。

基于上述考虑，本章通过阐明社交网络捐赠的代理流程，丰富了捐赠和慈善活动的文献。本研究区分出四个显著的代理流程相关因素，这些因素都对社交网络回避捐赠行为有较强的影响，并提出了一个包含这些流程相关因素的综合模型。本研究还通过综合四个因素并确认它们也是潜在慈善捐赠者的主要关注点，增强了对社交网络捐赠回避原因的理解。人们不仅仅是为了保住他们的钱财而回避社交网络捐赠，更多的是他们在回避这种捐赠方式所带来的一些副产品，包括捐赠请求过载、捐赠流程模糊、渠道安全担忧和感知分配不公平感。在其他情境下（比如工作场所、商业广告和财务决策中）的研究也表明，人们有动机回避捐赠请求过载、捐赠流程模糊、渠道不安全和分配不公正（Allen & Wilson，2003；Curley et al.，1986；Debus et al.，2012；Einhorn & Hogarth，1986；Tripp et al.，2007）。本章综合性地证实了这四个因素也是潜在捐赠者关注的主要因素。

此外，本研究将负面情绪纳入研究模型中，整合了以往关于情绪调节（Andreoni et al.，2017；Hibbert et al.，2007）及合理计算收益和成本的研究（Damgaard & Gravert，2018；DellaVigna et al.，2012；Van Diepen et al.，2009），以解释社交网络的捐赠回避机制。这为进一步讨论捐款方式/回避的机制指明了若干途径，具体如下：

（1）本研究补充了先前强调利己主义的研究（Andreoni，1990；Anik et al.，2009），证明了人们在决定是否回避捐赠时还会考虑利他主义的结果（Leliveld et al.，2012）。利他结果期望在感知分配不公对回避捐赠影响中起中介作用，表明回避捐赠的决定并非完全基于自私的考虑，回避行为可能是捐赠流程中对感知到的不公做出反应的选择手段，因为捐赠者认为通过不公正的流程捐赠会伤害到自己和潜在的受赠者。这一发现可能有助于从利他主义的角度进一步了解网民的社交网络捐赠回避行为。

（2）涉及负面情绪的路径也需要关注。先前关于慈善推广和说服的研究已经确定了一些负面情绪的积极作用，如适当程度的内疚和羞耻（Basil et al.，2008；Kandaurova & Lee，2019；Mayo and Tinsley，2009；Small et al.，2007）、悲伤（Small & Verrochi，2009）和愤怒（Van Doorn et al.，2015）可以触发人们的调节行为（如捐赠），以消除这些负面情绪的影响。然而，并不是每一种负面情绪都能起到说服人们捐款的积极作用。本研究表明，捐赠过程中产生的某些负面情绪，如沮丧和恼怒，可以触发捐赠回避，这与范迪彭等人（Van Diepen et al., 2009）和达姆加德和格雷夫特（Damgaard & graavert, 2018）的研究一致。与捐赠信息所引发的负面情绪不同，对捐赠过程的认知所引发的负面情绪最终会导致捐赠回避。这表明，有可能对不同类型的情绪及其来源的机制进行进一步的研究。

（3）值得注意的是，捐赠流程模糊与社交网络捐赠回避呈正相关关系，而与负面情绪无显著相关关系。这一结果表明捐赠流程模糊的影响还有另一种机制。一个可能的解释是存在"不信任"的中介作用。捐赠流程模糊的感觉会分散人们的注意力，使人们无法完全投入到后果主义思维中（Kugler et al., 2009）或努力处理信息（Gigerenzer & Todd, 1999）。因此，一些学者指出，信息模糊会导致个体形成主观的不信任，从而导致行为回避（Evans & Krueger, 2017）。因此，捐赠流程模糊可能只会引起潜在捐赠者的"模糊性—不信任"影响机制，从而在没有参与信息加工和情感生成的情况下导致捐赠回避。注意到可能存在"模糊性—不信任"影响机制将有助于确定有关网民社交网络捐赠回避的其他一些解释。

本章扩展了回避文献。以往文献中主要关注广告回避和信息过载（Elliott & Speck, 1998；Li et al., 2018），本研究通过对社交网络捐赠回避机制的探究，证实了信息过载导致人们回避接触自己不需要或不喜欢的内容（Aaker & Bruzzone, 1985；Klopfenstein, 2011），捐赠请求过载通过负面情绪的中介会对捐赠回避产生负面影响。然而，研究结果还表明，人们会回避他们认为不"正确"的信息，例如缺乏透明度、不安全、使人感觉不公平。本章提出的理论模型可以用来解释社交网络上人们对于各种对象或活动的回避行为，因为当人们在社交网站上进行大多数活动时，情绪、利他主义和利己主义的结果期望是人们普遍考虑的因素（Błachnio et al., 2013）。

8.6.3　实践启示

与传统捐赠情境相比，由于代理流程的存在，回避行为在社交网络捐赠情境中变得更加突出和关键，更糟糕的是，流程相关因素的特征不像捐赠请求消

息的内容可以经常改变。基于这些考虑，慈善机构需要了解社交网络捐赠代理
流程中导致社交网络捐赠回避的可能原因。本章确定的四个流程相关因素可以
帮助指导流程管理干预措施，减少社交网络捐赠回避。相关结果可以作为减少
捐赠平台上回避捐赠的指导，捐赠平台可以通过收集有关注意力和行动的数据，
然后使用内部专家或网民调查来评估四个与流程相关的因素，从而设置严重回
避的检查点。本文还提供了一些关于策略选择和优先排序的见解，结果表明，
最突出的因素是捐赠流程模糊和捐赠请求过载，这意味着捐赠平台可能不得不
分配额外的资源来改善这两个方面。本文还进一步提供了如下的具体策略：

　　第一，控制人们接触的捐赠请求的数量非常重要，减少人们回避社交网络
捐赠。捐赠平台可以与社交媒体合作，利用大数据分析计算出潜在捐赠者应接
触的捐赠相关信息的最佳数量。如果存在捐赠相关信息过载的风险，捐赠平台
或社交网络可以随机过滤或使用过滤系统来减少人们接触到的捐赠请求数量。
对于每个捐赠请求，都可以编辑成更简单、更精炼的内容，以减少整体信息量。
为此，捐赠平台可以提供几个模版和教程以帮助潜在的受赠者组织发布他们的
信息。在信息过于同质化的时代，潜在的受赠者可以与捐赠平台合作，共同创
建优秀的捐赠请求内容，这可能是一个很好的策略。

　　第二，提供有关捐赠流程的清晰细节可以减少人们对社交网络捐赠的回避。
这些细节包括筹款项目的进展情况、已经筹集了多少资金、人们的捐款如何使
用以及受助者情况的不断改善。在实践中，捐赠平台已经开始使用某些媒体，
比如推送信息，让捐赠者了解整个捐赠项目的进展情况。更丰富和生动的媒介，
例如短视频、直播或者微信公众号等，详细介绍捐赠平台、捐赠过程需要哪些
手续、捐赠流程，以及用户体验感等，可以在这方面发挥积极作用。

　　第三，在整个捐赠流程中，捐赠平台应该详细说明捐赠的资金如何分配。
比如在显眼的位置披露将分配给受赠者的百分比，以消除潜在捐赠者对募集资
金公平分配的疑虑。一些捐赠平台（如"久久塑"和"水滴筹"）近日宣布将
不再收取任何费用，并将所有筹集到的捐赠者的资金全部交付给受赠者。然而，
这并不意味着所有的捐赠平台都应该免费提供服务，因为最重要的是消除潜在

捐赠者的不公正感知。除了免收费用外，平台还可以披露它们如何满足提供专业捐赠服务的成本，以及如何赚取生存所需的利润。比如，捐赠平台"爱心筹"就透露，它们对捐赠的款项不收取任何费用："费用主要是第三方支付平台的渠道使用费，其他运营成本主要由企业补贴。"此外，捐赠平台还应披露他们采取了哪些措施来保护人们的隐私和财务安全。捐赠平台必须对募捐信息的完整性和真实性承担监管及保证责任，并审核善款使用情况，这样才能减少社交网络捐赠的欺骗性。对于欺骗性募捐，不但应追究募捐者返还善款的民事责任乃至诈骗行为的刑事责任，募捐平台也要承担连带赔偿责任。

8.6.4　研究的局限性

本章探讨了影响社交网络捐赠回避的流程相关因素。本章没有把重点放在如何鼓励人们捐赠上，而是确定了可能导致人们回避捐赠的因素。捐赠请求信息过载、捐赠流程模糊、渠道安全担忧及感知分配不公都会增加社交网络捐赠回避的可能性。这些因素通过负面情绪、利他结果期望和利己结果期望的中介作用来影响捐赠回避。

本研究仅限于中国微信捐赠的背景。尽管本调查中使用的样本代表了中国大多数社交网络捐赠者，但在覆盖更大人群的更异质性样本中，社交网络捐赠回避的问题仍然值得研究。性别、年龄等人口因素对社交网络回避捐赠的影响需要进一步的探讨，以丰富捐赠回避文献。未来研究可以比较不同社交网络、捐赠平台甚至不同国家和文化的社交网络捐赠回避，以进一步提供对社交网络捐赠回避的见解。同时，对其他类型的捐赠请求回避也是值得研究的方向（如时间、商品和血液，Lee et al.，1999）。

此外，本章还关注流程相关因素与消极情绪、利他结果期望、利己结果期望的直接关系。未来的研究可以探索这些和流程相关的因素与上述中介变量之间更广泛的关联。此外，本章内容将社交媒体视为社交网络捐赠代理流程的一部分，因此没有直接考虑强加于个体之间及产生的社会影响。由于社会影响是社交网络捐赠方法文献中强调的突出因素之一，未来的研究可以在社交网络捐赠回避文献领域（如社会传染效应和社会闲逛效应）进行更深入的讨论（Kashif et al.，2015；Knowles et al.，2012）。

最后，本章主要关注"与捐赠流程交互"范围内流程相关因素对社交网络捐赠回避的影响。流程相关因素可能与信息相关因素有交互作用（Hibbert et al.，2007；Liu et al.，2018），因此，将"与捐赠流程交互"的范围与"与捐赠请求交互"的范围相结合，将有广阔的研究空间来对人们与捐赠相关的行为提供更深入的解释。

8.7　结　论

本章首先对实证研究所得出的结果进行了讨论和分析，旨在探讨影响社交网络回避捐赠行为的流程的相关因素。研究并未关注如何鼓励人们捐赠，而是找出了可能导致人们回避捐赠的流程因素。捐赠请求信息过载、捐赠流程模糊、对渠道安全的担忧以及感知到的分配不公都增加了回避捐赠的可能性。这些因素的作用机制包括负面情绪和对利他、利己结果的期望。

本章也对研究结果的理论启示和实践启示进行了探讨。在理论上，丰富了捐赠与慈善活动的相关文献，并将负面情绪纳入其中，整合了以往关于情绪调节和合理计算收益和成本的研究，并为回避行为研究提供了一些启示。在实践上，慈善管理者们可以了解潜在捐赠者对于社交网络捐赠回避的因素，从而制订并采取相应的措施减弱这些影响，对于慈善管理者们制订传播策略、提升传播效果具有参考作用。

最后，本章还对研究的局限性进行了探讨，在其他捐赠类型和社会化媒体传播的社会影响方面，未来可以继续完善。

参考文献

AAKER D A, BRUZZONE D E, 1985. Causes of irritation in advertising [J]. Journal of Marketing, 49 (2): 47-57.

ADAMS J S, 1965. Inequity in social exchange [J]. Advances in Experimental Social Psychology, 2: 267-299.

ADENA M, HUCK S, 2019. Online fundraising, self-image, and the long-term impact of ask avoidance [J]. Management Science, 172: 127-134.

AHN J, SURA S, KARLS E, 2019. Intention to donate via social network sites (SNSs): a comparison study between Malaysian and South Korean users [J]. Telematics and Informatics, 34 (1): 164-176.

ALI F, AMIN M, COBANOGLU C, 2016. An integrated model of service experience, emotions, satisfaction, and price acceptance: an empirical analysis in the Chinese hospitality industry [J]. Journal of Hospitality Marketing and Management, 25 (4): 449-475.

ALLEN D, WILSON T D, 2003. Information overload: context and causes [J]. The New Review of Information Behaviour Research, 4 (1): 31-44.

ANDREONI J, RAO J M, TRACHTMAN H, 2017. Avoiding the ask: a field experiment on altruism, empathy, and charitable giving [J]. Journal of Political Economy, 125 (3): 625-653.

ANDREONI J, 1990. Impure altruism and donations to public-goods-a theory of warm-glow giving [J]. Economic Journal, 100 (401): 464-477.

BANDURA A, 1982. Self-efficacy mechanism in human agency [J]. American Psychologist, 37: 122-147.

BASIL D Z, RIDGWAY N M, BASIL M D, 2008. Guilt and giving: a process model of empathy and efficacy [J]. Psychology and Marketing, 25 (1): 1-23.

BAWDEN D, ROBINSON L, 2009. The dark side of information: overload, anxiety and other paradoxes and pathologies [J]. Journal of Information Science, 35 (2): 180-191.

BEKKERS R, WIEPKING P, 2011. A literature review of empirical studies of philanthropy: eight mechanisms that drive charitable giving [J]. Nonprofit and Voluntary Sector Quarterly, 40 (5): 924-973.

BELANGER F, HILLER J S, SMITH W J, 2002. Trustworthiness in electronic commerce: the role of privacy, security, and site attributes [J]. Journal of Strategic Information Systems, 11 (3-4): 245-270.

BŁACHNIO A, PRZEPIORKA A, RUDNICKA P, 2013. Psychological determinants of using Facebook: A research review [J]. International Journal of Human-Computer Interaction, 29 (11): 775-787.

BOLTON G E, OCKENFELS A, 2000. ERC: a theory of equity, reciprocity, and competition [J]. American Economic Review, 90 (1): 166-193.

BOWMAN D, NARAYANDAS D, 2001. Managing customer-initiated contacts with manufacturers: the impact on share of category requirements and word-of-mouth behavior [J]. Journal of Marketing Research, 38 (3): 281-297.

BOXILL B R, 1980. How injustice pays [J]. Philosophy and Public Affairs, 9 (4): 359-371.

BRISLIN R W, 1970. Back-translation for cross-cultural research [J]. Journal of Cross-Cultural Psychology, 1 (3): 185-216.

BROWN P H, MINTY J H, 2008. Media coverage and charitable giving after the 2004 Tsunami [J]. Southern Economic Journal, 75 (1): 9-25.

CAMERON A M, MASSIE A B, ALEXANDER C E, et al., 2013. Social media and organ donor registration: the Facebook effect [J]. American Journal of Transplantation: Official Journal of the American Society of Transplantation and the American Society of Transplant Surgeons, 13 (8): 2059-2065.

CAO X, SUN J, 2018. Exploring the effect of overload on the discontinuous intention of social media users: a S-O-R perspective [J]. Computers in Human Behavior, 81: 10-18.

CARVER C S, 2006. Approach, avoidance, and the self-regulation of affect and action [J]. Motivation and Emotion, 30 (2): 105-110.

CASALÓ L V, FLAVIÁN C, GUINALÍU M, 2007. The role of security, privacy, usability and reputation in the development of online banking [J]. Online Information Review, 31 (5): 583-603.

CENFETELLI R T, SCHWARZ A, 2011. Identifying and testing the inhibitors of technology usage intentions [J]. Information Systems Research, 22 (4): 808-823.

CHAKRABORTY R, VISHIK C, RAO H R, 2013. Privacy preserving actions of older adults on social media: exploring the behavior of opting out of information sharing [J]. Decision Support Systems, 55 (4): 948-956.

CHEN X P, HUI C, SEGO D J, 1998. The role of organizational citizenship behavior in turnover: conceptualization and preliminary tests of key hypotheses [J]. Journal of Applied Psychology, 83 (6): 922-931.

CHIN W W, JOHNSON N, SCHWARZ A, 2008. A fast form approach to measure technology acceptance and other constructs [J]. MIS Quarterly, 32 (4): 687-703.

CHINA INTERNET NETWORK INFORMATION CENTER, 2019. The 43rd China statistical report on the Internet development [EB/OL]. [2019-09-28]. http: //www.199it.com/archives/839412. html/.

CHINA YOUTH DAILY, 2016. 73.7% respondents have acclaimed an encounter of a posted or forwarded request for help in WeChat moment [EB/OL]. [2019-09-28]. http: //zqb.cyol.com/ html/2016-07/12/nw.D110000zgqnb_20160712_4-07.htm/.

CHINA'S MINISTRY OF CIVIL AFFAIRS, 2019. A 'Chinese sample' of Internet philanthropy is emerging [EB/OL]. [2019-06-05]. http: //www.gov.cn/xinwen/2019-04/05/content_5379888.htm/.

CHO C H, CHEON H J, 2004. Why do people avoid advertising on the Internet? [J]. Journal of Advertising, 33 (4): 89-97.

CRYDER C E, LOEWENSTEIN G, SELTMAN H, 2013. Goal gradient in helping behavior [J]. Journal of Experimental Social Psychology, 49 (6): 1078-1083.

CURLEY S P, YATES J F, ABRAMS R A, 1986. Psychological sources of ambiguity avoidance [J]. Organizational Behavior and Human Decision Processes, 38 (2): 230-256.

D'ALESSANDRO A M, PELTIER J W, DAHL A J, 2012. The impact of social, cognitive and attitudinal dimensions on college students' support for organ donation [J]. American Journal of Transplantation, 12 (1): 152-161.

DAMGAARD M T, GRAVERT C, 2018. The hidden costs of nudging: experimental evidence from reminders in fundraising [J]. Journal of Public Economics, 157: 15-26.

DEB R, GAZZALE R S, KOTCHEN M J, 2014. Testing motives for charitable giving: a revealed-preference methodology with experimental evidence [J]. Journal of Public Economics, 120: 181-192.

DEBUS M E, PROBST T M, KEONIG C J, et al., 2012. Catch me if I fall! Enacted uncertainty avoidance and the social safety net as country-level moderators in the job insecurity-job attitudes link [J]. Journal of Applied Psychology, 97 (3): 690-698.

DELLAVIGNA S, LIST J A, MALMENDIER U, 2012. Testing for altruism and social pressure in charitable giving [J]. Quarterly Journal of Economics, 127 (1): 1-56.

DIAMOND W D, NOBLE S M, 2001. Defensive responses to charitable direct mail solicitations [J]. Journal of Interactive Marketing, 15 (3): 2-12.

DOHERTY A, HOYE R, 2011. Role ambiguity and volunteer board member performance in non-profit sport organizations [J]. Nonprofit Management and Leadership, 22 (1): 107-128.

DURCIKOVA A, GRAY P, 2009. How knowledge validation processes affect knowledge contribution [J]. Journal of Management Information Systems, 25 (4): 81-107.

EINHORN H J, HOGARTH R M, 1986. Decision making under ambiguity [J]. Journal of Business, 59 (4): S225-S250.

ELFENBEIN D W, FISMAN R, MCMANUS B, 2012. Charity as a substitute for reputation: evidence from an online marketplace [J]. Review of Economic Studies, 79 (4): 1441-1468.

ELLIOT A J, COVINGTON M V, 2001. Approach and avoidance motivation [J]. Educational Psychology Review, 13 (2): 73-92.

ELLIOTT M T, SPECK P S, 1998. Consumer perceptions of advertising clutter and its impact across various media [J]. Journal of Advertising Research, 38 (1): 29-41.

EPPLER M, MENGIS J, 2004. The concept of information overload: a review of literature from organization science, accounting, marketing, MIS, and related disciplines [J]. Information Society, 20 (5): 325-344.

EVANS A M, KRUEGER J I, 2017. Ambiguity and expectation-neglect in dilemmas of interpersonal trust [J]. Judgment and Decision Making, 12 (9): 584-595.

FARRELLY D, BENNETT M, 2018. Empathy leads to increased online charitable behaviour when time is the currency [J]. Journal of Community & Applied Social Psychology, 28 (1): 42-46.

FERGUSON E, 1996. Predictors of future behavior a review of the psychological literature on blood donation [J]. British Journal of Health Psychology, 1: 287-308.

FRANSEN M L, VERLEGH P W J, KIRMANI A, et al., 2015. A typology of consumer strategies for resisting advertising, and a review of mechanisms for countering them [J]. International Journal of Advertising, 34 (1): 6-16.

GÄRTNER M, SANDBERG A, 2017. Is there an omission effect in prosocial behavior? A laboratory experiment on passive vs. Active generosity [J]. Plos One, 12 (3): 0172496.

GIGERENZER G, TODD P M, 1999. Simple Heuristics that Make US Smart [M]. Oxford University Press, New York.

GILES M, MCCLENAHAN C, CAIRNS E, et al., 2004. An application of the theory of planned behaviour to blood donation: the importance of self-efficacy [J]. Health Education Research, 19 (4): 380-391.

GINO F, KOUCHAKI M, GALINSKY A D, 2015. The moral virtue of authenticity: how inauthenticity produces feelings of immorality and impurity [J]. Psychological Science, 26 (7): 983-996.

GORDON T P, KNOCK C L, NEELY D G, 2009. The role of rating agencies in the market for charitable contributions: an empirical test [J]. Journal of Accounting and Public Policy, 28 (6): 469-484.

HAIR J F, ANDERSON R E, TATHAM R L, et al., 2010 , Multivariate Data Analysis with Readings [M]. Pearson Education, Upper Saddle River, NJ.

HARRIS M B, MEYER F W, 1973. Dependency, threat, and helping [J]. Journal of Social Psychology, 90 (2): 239-242.

HIBBERT S, SMITH A, DAVIES A, et al., 2007. Guilt appeals: persuasion knowledge and charitable giving [J]. Psychology and Marketing, 24 (8): 723-742.

HOSANY S, PRAYAG G, VAN DER VEEN R, et al., 2017. Mediating effects of place attachment and satisfaction on the relationship between tourists' emotions and intention to recommend [J]. Journal of Travel Research, 56 (9): 1079-1093.

HSU M H, JU T L, YEN C H, et al., 2007. Knowledge sharing behavior in virtual communities: the relationship between trust, self-efficacy, and outcome expectations [J]. International Journal of Human-Computer Studies, 65 (2): 153-169.

JAMES R N, ROUTLEY C, 2016. We the living: the effects of living and deceased donor stories on charitable bequest giving intentions [J]. International Journal of Nonprofit and Voluntary Sector Marketing, 21 (2): 109-117.

JAMES R, 2017. Natural philanthropy: a new evolutionary framework explaining diverse experimental results and informing fundraising practice [J]. Palgrave Communications, 3: 17050.

JEONG E S, SHI Y, BAAZOVA A, et al., 2011. The relation of approach/avoidance motivation and message framing to the effectiveness of charitable appeals [J]. Social Influence, 6 (1): 15-21.

JOHNSON J P, 2013. Targeted advertising and advertising avoidance [J]. The RAND Journal of Economics, 44 (1): 128-144.

KAJONIUS P, 2014. The effect of information overload on charity donations [J]. International Journal of Psychology and Behavioral Sciences, 4 (1): 41-50.

KANDAUROVA M, LEE S H, 2019. The effects of virtual reality (VR) on charitable giving: the role of empathy, guilt, responsibility, and social exclusion [J]. Journal of Business Research, 100: 571-580.

KASHIF M, SARIFUDDIN S, HASSAN A, 2015. Charity donation: intentions and behavior [J]. Marketing Intelligence and Planning, 33 (1): 90-102.

KAYSER N D, GRAUPMANN V, FRYER J W, et al., 2016. Threat to freedom and the detrimental effect of avoidance goal frames: reactance as a mediating variable [J]. Frontiers in Psychology, 7: 632.

KIM J, LENNON S, 2013. Effects of reputation and website quality on online consumers' emotion, perceived risk and purchase intention: based on the stimulus-organism-response model [J]. Journal of Research in Interactive Marketing, 7 (1): 33-56.

KLOPFENSTEIN B C, 2011. The conundrum of emerging media and television advertising clutter [J]. Journal of Media Business Studies, 8 (1): 1-22.

KNOWLES S R, HYDE M K, WHITE K M, 2012. Predictors of young people's charitable intentions to donate money: an extended theory of planned behavior perspective [J]. Journal of Applied Social Psychology, 42 (9): 2096-2110.

KONRATH S, HANDY F, 2018. The development and validation of the motives to donate scale [J]. Nonprofit and Voluntary Sector Quarterly, 47 (2): 347-375.

KUGLER T, CONNOLLY T, KAUSEL E E, 2009. The effect of consequential thinking on trust game behavior [J]. Journal of Behavioral Decision Making, 22 (2): 101-119.

KURNIADI M, FRESTY F, KWAN K, et al., 2014. Are we still giving our money to beggars? Prosocial intention in between of religion, emotion, corruption, and government policy advocacy [J]. Mediterranean Journal of Social Sciences, 5 (23): 1817-1826.

LAWLER E J, 2001. An affect theory of social exchange [J]. American Journal of Sociology, 107 (2): 321-352.

LEE L, PILIAVIN J A, CALL V R A, 1999. Giving time, money, and blood: similarities and differences [J]. Social Psychology Quarterly, 62 (3): 276-290.

LELIVELD M C, DIJK E, BEEST I, 2012. Punishing and compensating others at your own expense: the role of empathic concern on reactions to distributive injustice [J]. European Journal of Social Psychology, 42 (2): 135-140.

LI X, ZHANG S, WANG C, et al., 2018. Understanding customers' compliance behaviour to frontline employees' fuzzy requests [J]. Journal of Services Marketing, 32 (2): 235-246.

LI X, WANG C, ZHANG Y, 2020. The dilemma of social commerce: why customers avoid peergenerated advertisements in mobile social networks [J]. Internet Research, 30 (3): 1059-1080.

LIM K H, LEUNG K, SIA C L, et al., 2004. Is ecommerce boundary-less? Effects of individualism-collectivism and uncertainty avoidance on internet shopping [J]. Journal of International Business Studies, 35 (6): 545-559.

LIN S C, SCHAUMBERG R L, REICH T, 2016. Sidestepping the rock and the hard place: the private avoidance of prosocial requests [J]. Journal of Experimental Social Psychology, 64: 35-40.

LIU L, SUH A, WAGNER C, 2018. Empathy or perceived credibility? An empirical study on individual donation behavior in charitable crowdfunding [J]. Internet Research, 28 (3): 623-651.

LUO X, 2002. Trust production and privacy concerns on the internet a framework based on relationship marketing and social exchange theory [J]. Industrial Marketing Management, 31 (2): 111.

MA L K, TUNNEY R J, FERGUSON E, 2014. Gratefully received, gratefully repaid: the role of perceived fairness in cooperative interactions [J]. Plos One, 9 (12): 1-15.

MARTIN D, O'NEILL M, HUBBARD S, et al., 2008. The role of emotion in explaining consumer satisfaction and future behavioural intention [J]. Journal of Services Marketing, 22 (3): 224-236.

MAYO J W, TINSLEY C H, 2009. Warm glow and charitable giving: why the wealthy do not give more to charity? [J]. Journal of Economic Psychology, 30 (3): 490-499.

MIKULA G, SCHERER K R, ATHENSTAEDT U, 1998. The role of injustice in the elicitation of differential emotional reactions [J]. Personality and Social Psychology Bulletin, 24 (7): 769-783.

MISRA S, STOKOLS D, 2012. Psychological and health outcomes of perceived information overload [J]. Environment and Behavior, 44 (6): 737-759.

NIKITIN J, FREUND A M, 2010. When wanting and fearing go together: the effect of co-occurring social approach and avoidance motivation on behavior, affect, and cognition [J]. European Journal of Social Psychology, 40 (5): 783-804.

OLIVER R L, SWAN J E, 1989. Equity and disconfirmation perceptions as influences on merchant and product satisfaction [J]. Journal of Consumer Research, 16 (3): 372-383.

PANCER S M, MCMULLEN L M, KABATOFF R A, et al., 1979. Conflict and avoidance in the helping situation [J]. Journal of Personality and Social Psychology, 37 (8): 1406-1411.

PAVLOU P A, HUIGANG L, YAJIONG X, 2007. Understanding and mitigating uncertainty in online exchange relationships: a principal-agent perspective [J]. MIS Quarterly, 31 (1): 105-136.

PENTECOST R, ARLI D, THIELE S, 2017. It's my choice! Investigating barriers to pro-social blood donating behaviour [J]. Marketing Intelligence and Planning, 35 (2): 243-258.

PODSAKOFF P M, MACKENZIE S B, LEE J Y, et al., 2003. Common method biases in behavioral research: a critical review of the literature and recommended remedies [J]. Journal of Applied Psychology, 88 (5): 879.

REDDICK C G, PONOMARIOV B, 2013. The effect of individuals' organization affiliation on their internet donations [J]. Nonprofit & Voluntary Sector Quarterly, 42 (6):1197-1223.

ROBERT J, 2013. Individualistic philanthropy: the paradox of embodied participation for healthrelated fundraising campaigns [J]. International Journal of Nonprofit and Voluntary Sector Marketing, 18 (4): 261-274.

SARGEANT A, FORD J B, WEST D C, 2006. Perceptual determinants of nonprofit giving behavior [J]. Journal of Business Research, 59 (2): 155-165.

SARGEANT A, 1999. Charitable giving: towards a model of donor behaviour [J]. Journal of Marketing Management, 15 (4): 215-238.

SAXTON G D, WANG L, 2014. The social network effect: the determinants of giving through social media [J]. Nonprofit and Voluntary Sector Quarterly, 43 (5): 850-868.

SEYEDGHORBAN Z, TAHERNEJAD H, MATANDA M J, 2016. Reinquiry into advertising avoidance on the Internet: a conceptual replication and extension [J]. Journal of Advertising, 45 (1): 120-129.

SMALL D A, VERROCHI N M, 2009. The face of need: facial emotion expression on charity advertisements [J]. Journal of Marketing Research, 46 (6): 777-787.

SMALL D A, LOEWENSTEIN G, SLOVIC P, 2007. Sympathy and callousness: the impact of deliberative thought on donations to identifiable and statistical victims [J]. Organizational Behavior and Human Decision Processes, 102 (2): 143-153.

SPECK P S, ELLIOTT M T, 1997. Predictors of advertising avoidance in print and broadcast media [J]. Journal of Advertising, 26 (3): 61-76.

STAFFORD M R, STAFFORD T F, 1996. Mechanical commercial avoidance: A uses and gratifications perspective [J]. Journal of Current Issues & Research in Advertising, 18 (2): 27-38.

STEINDL C, JONAS E, SITTENTHALER S, et al., 2015. Understanding psychological reactance: new developments and findings [J]. Zeitschrift fur Psychologie, 223 (4): 205-214.

STOJCIC I, KEWEN L, XIAOPENG R, 2016. Does uncertainty avoidance keep charity away? Comparative research between charitable behavior and 79 national cultures [J]. Culture and Brain, 4 (1): 1-20.

SWEENY K, MILLER W, 2012. Predictors of information avoidance: when does ignorance seem most blissful? [J]. Self and Identity, 11 (2): 185-201.

TANG J, LIU H, 2015. Trust in social media [J]. Synthesis Lectures on Information Security, Privacy, and Trust, 10 (1): 1-129.

TRIPP T, BIES R, AQUINO K, 2007. A vigilante model of justice: revenge, reconciliation, forgiveness, and avoidance [J]. Social Justice Research, 20 (1): 10-34.

UDO G J, 2001. Privacy and security concerns as major barriers for e-commerce: a survey study [J]. Information Management and Computer Security, 9 (4): 165-174.

VAN DIEPEN M, DONKERS B, FRANS P H, 2009. Does irritation induced by charitable direct mailings reduce donations? [J]. International Journal of Research in Marketing, 26 (3): 180-188.

VAN DOORN E, KLEEF G, PLIGT J, 2015. How emotional expressions shape prosocial behavior: interpersonal effects of anger and disappointment on compliance with requests [J]. Motivation and Emotion, 39 (1): 128-141.

WARREN A M, SULAIMAN A, JAAFAR N I, 2014. Facebook: the enabler of online civic engagement for activists [J]. Computers in Human Behavior, 32: 284-289.

XIAO Z, HO P S, WANG X, et al., 2019. Should we use an abstract comic form to persuade? Experiments with online charitable donation [J]. Proceedings of the ACM on Human-Computer Interaction, 3: 75.

ZHANG S, ZHAO L, LU Y, et al., 2016. Do you get tired of socializing? An empirical explanation of discontinuous usage behaviour in social network services [J]. Information and Management, 53 (7): 904-914.

ZHANG S, CHEN Y, LI X, et al., 2020. Determinants of voting avoidance on mobile social media: evidence from WeChat in China [J]. Kybernetes, 49 (5): 1445-1464.

曹倩, 王熹, 于斌, 2020. 权力距离感对捐赠和志愿服务的影响机制研究 [J]. 管理评论, 32（10）: 245-258.

樊亚风, 蒋晶, 崔稳权, 2019. 网络公益平台默认选项设置对个人捐赠意愿的影响及作用机制 [J]. 心理学报, 51（4）: 415-427.

罗俊, 陈叶烽, 何浩然, 2019. 捐赠信息公开对捐赠行为的"筛选"与"提拔"效应——来自慈善捐赠田野实验的证据 [J]. 经济学（季刊）, 18（4）: 1209-1238.

徐晓新, 冯海洋, 2021. 交易捐：平台时代的公益捐赠新模式——以公益宝贝为例 [J]. 经济社会体制比较（1）. 106-116.

朱灏, 尹可丽, 杨李慧子, 2020. 面部表情与捐赠者——受益者关系对网络慈善众筹捐赠行为的影响 [J]. 心理与行为研究, 18（4）: 570-576.

张莹, 周延风, 高银彬, 2020. 捐赠型网络众筹中关系亲疏对捐赠金额的影响研究 [J]. 东北大学学报（社会科学版）, 22（1）: 49-57.

第 9 章
消费者回避行为应对策略探索

9.1 背 景

移动社交媒体环境下，营销商和平台有更多样化的方式将营销推送至大众视野，但是相较于传统媒体，移动社交媒体营销受众的主动权越来越大，他们的回避手段和回避方式也越来越多。尽管移动社交媒体中关于营销活动回避的研究很多，但如何应对消费者的回避行为仍然是当前企业提升移动社交媒体营销效果所面临的亟待解决的问题。

为解决上述问题，本章在已有消费者回避行为应对研究的基础上，从消费者需求出发，以提升企业营销效果为切入点，深入分析了应对移动社交媒体营销活动回避行为的解决方案，结合案例提出应对回避行为的有效策略方案，提高营销活动的受众接受度。同时，从移动社交媒体平台的视角提出营造良好移动社交媒体营销环境的保障措施。

本章共三部分。第一部分为基于消费者需求的应对回避行为策略。基于消费者的需求，从内容形式、媒介平台、投放场景、受众个体和社会因素五个方面梳理了应对消费者回避行为的对策；第二部分为企业应对回避行为的实施策略方案。基于企业（营销商）可行性视角，从创意营销、巧用事件营销、塑造人性化品牌、发挥意见领袖效应和提高消费者参与度五个方面提，出了应对回避行为的有效方案，并结合案例具体分析应用的效果；第三部分为优化移动社交媒体平台营销环境的对策。基于移动社交媒体平台视角，从优化推荐算法、强化平台审核和监管力度、注重用户隐私保护三个方面剖析了营造良好移动社交媒体营销环境的具体措施。

消费者回避行为应对策略之间的关系图 9-1 所示：

图 9-1　消费者回避行为应对策略

9.2　基于消费者需求的应对回避行为策略

我们无法杜绝消费者对营销活动的回避行为，但可以通过采取一系列有效的措施减少消费者对移动社交媒体营销活动的疲劳感，吸引消费者的注意力，激发其参与的兴趣，从而减少消费者的回避行为，提高营销活动的传播效果，改善移动社交媒体的营销水平。

从根本上讲，企业营销活动应该针对目标受众进行设计，如营销信息对消费者有用或者有价值、营销的概念和观点支持了他的看法、营销的设计和内容对他具有刺激性，从而引起他们的兴趣，减少消费者的回避行为。而目前，广告混乱、感知目标障碍、隐私担忧和负面经验等仍然是影响移动社交媒体营销活动回避行为的重要因素。因此，本节基于社交媒体营销活动目标受众的需求，考虑以上主要影响因素，从以下几个方面提出应对回避行为的策略。

9.2.1　基于内容形式的举措

9.2.1.1　多样的营销形式

1. 增加展现形式的多样性

基于移动社交媒体的营销商可以根据用户不同环节的任务需求投放不同类型的营销活动。如在进入移动社交媒体内容前增加开屏广告，开屏广告用户开机必看，能够更加有效地增加企业产品品牌的曝光效果，还能减少广告对用户执行任务中的干扰性；在查阅移动社交媒体用户状态和资讯信息时可以增加信息流广告，基于数据和推荐技术将营销活动精准地推送给目标用户群体、内容与形式的原生性广告保证了它对用户的干扰较小，这增加了用户的体验度，减少了用户的反感情绪。还可以通过新技术的应用增加营销活动的展现形式。目前移动社交媒体营销内容多以图文、短视频形式展现，随着 5G 技术的不断发展，沉浸式虚拟现实、增强现实等智能媒体为社交媒体营销带来更多可能性。基于新一代信息技术将身体感官、具体情境与交互体验放进媒介化传播之中，这种新颖的营销形式，可以提升社交媒体的正向用户体验，降低营销回避形成的可能性。

2. 增加消费者回避营销的选择机会

不同于传统的媒介和网络媒介，在移动社交媒体情境中，用户可以随时终止、切换不同应用程序，也可以一边做其他事情一边使用设备。移动社交媒体这一特点使用户在使用社交媒体时拥有时间和空间的自主性，这使他们对移动社交媒体上出现的营销信息也不会那么反感，态度也会更加积极。

同时，借鉴阻抗理论的解释，如果用户有机会选择避免营销活动，他们在面对营销时会有更大的自主性或自由感（如选择跳过按钮），这种自主性有助于用户自由使用媒介，而不会因被迫接触营销活动而中断，从而降低用户对营销活动侵扰性的感知，进而减少营销活动规避。移动社交媒体需要提供更有效的选择来控制用户对营销活动的接触，减少营销活动干扰，进而削弱对移动社交媒体自由使用的威胁。例如，可以在广告页面设置显而易见的直接关闭按钮。考虑植入营销活动是移动社交媒体运营的商业模式，也可以通过倒计时的方式弹出关闭按钮，但是时间尽量控制在 5 秒之内，用户既可以看到营销活动推广，又不会引起用户的反感。

3. 减少营销活动信息布局的混乱感

任何削弱消费者和营销商之间有效互动的东西，如广告的位置、时间和大小，都会影响感知，并被视为混乱。因此，移动社交媒体营销商和平台商应该明白，过多杂乱的营销会降低互联网营销的集体有效性。因此适当降低营销活动出现的频率及媒体使用界面的广告数量，对于营销活动进行合理布局，这些措施都会有利于降低用户感知营销活动混乱，进而较少用户的营销抵触心理。另外，使用相对整洁的品牌信息来减少用户在移动社交媒体上活动的干扰，也是至关重要的（Louisa 和 Kim，2008）。移动社交媒体应该尊重用户的个人空间，承诺用户有权自行决定使用移动社交媒体。当用户与移动社交媒体之间的隐性社交契约（用户可以通过免费账户获得广告）因过多接触不必要的广告而被打破时，用户将会产生反作用。

9.2.1.2　有价值的营销内容

当营销活动以信息或娱乐的形式被展现或提供有价值信息时，它们被认为不那么具有干扰性，不那么令人恼火，也不太可能被视为令人讨厌的东西而不予理会。减少干扰的最终策略是增加消费者从营销活动中获得的价值。因为重要或有趣的信息或正在播放的广告会给消费者带来价值感，所以消费者不太可能因被打断而感到恼火。通过策略性的使用和放置商业信息，可以减少消费者的抵制，这可能会减少愤怒和提高信息的有效性。如，消费者希望保留他们在社交网络中导航的体验，但如果这些信息能给他们的客户体验带来价值（例如个性化推荐、有用和有价值的促销），他们可能会接受这些网络中的广告信息。

为了增加消费者对移动社交媒体营销活动的价值，还可以通过提高营销活动内容相关性来实现。已有研究指出，广告与用户的相关性是减少回避行为的主要驱动因素。当移动社交媒体广告与用户关联度较高时，能够给用户带来视觉或心理上的享受，替代性地满足了用户的需求，这种广告信息的刺激就偏向于积极的，用户对广告的态度就会更加积极；反之，若广告与用户当前的需求关联度不高时，广告就会是一种噪声干扰，妨碍了用户的需求满足，就会使用户厌烦广告，对广告的态度更加消极。个性化推荐为增加营销活动内容的相关性提供了最佳实现的途径，个性化推荐基于大数据分析和人工智能算法，不仅能根据用户性别、年龄等人口统计学信息进行推荐，还可以通过分析消费者浏览移动社交媒体的时间偏好、运用社交媒体做了什么（如浏览历史）、地理位置、行为习惯等信息构建完整的用户画像信息，基于用户画像能够预测用户的偏好，从而在合适的时间、场景推荐更适合用户需求的产品。

9.2.2 基于平台媒介的举措

9.2.2.1 增加消费者在平台上的互动

移动社交媒体相较于其他媒介具有社交性和互动性的特点，不仅能够给媒介平台带来更有黏性的目标用户，而且降低了营销传播的噪声。其中的营销活动形式和内容（如植入广告、视频广告等）更加丰富，往往更容易吸引用户的注意，调动他们的积极性并使其参与其中。根据信息论，随着互动的增加，营销信息在传播中的"噪声"会降低，信息接收者（用户）会对营销信息的了解更加全面。互动内容的增加有助于用户从多方面了解营销活动中商品或服务的信息，减少信息传播的误差，进而对营销活动可能产生更为积极的反馈。

在移动社交媒体中，营销商可以通过制造互动性强、相关性高的营销活动加强企业与用户的互动，也可以增加与其他用户之间的互动，通过信息的联系相互影响。移动社交媒体中用户与营销商的互动为用户提供了一个良好的了解产品信息的渠道，用户可以随时随地使用移动社交媒体与营销商互动，询问自己需要的产品或服务信息，全方位获得更多有效的信息。

在移动社交媒体中，借助用户之间的社交，能间接地促进用户与品牌之间的互动。当用户看见同伴在移动社交媒体上发表评论或转发广告时，他们会更愿意去沟通交流信息。这些沟通的结果将使他们更加紧密地联系在一起，在这个过程中，可能会产生满足感，提高用户对移动社交媒体的使用频率；用户对于广告的态度相较于初始态度可能会发生变化，他们变得不那么挑剔广告（不那么抗拒广告），对待广告的态度也更加积极，也更愿意去点击广告。根据信息论，同伴间频繁的沟通会增大用户对信息的了解程度，有助于营销信息的传播。根据心理抗拒理论，同伴间的交流会使用户觉得营销信息也可以成为一种社交信息，感觉自由侵犯的程度也会降低。在同伴的影响下，移动社交媒体中的营销信息就不仅仅代表产品宣传的意义，更多的是满足了用户与同伴交流沟通的社交和归属需求。多项研究表明，获得社交互动支持的营销活动（如朋友的"赞"、正面评论等）能有效地提高用户的注意力、点击率和对产品或品牌的印象及信任。

9.2.2.2　提高平台的信任度

移动社交媒体平台在连接消费者和营销商方面扮演着不可或缺的角色，但是营销活动的入侵和隐私入侵会引发用户的回避行为，特别是在推荐类营销活动中，用户存在对移动社交媒体营销活动作用机制中个体信息失控的担忧。在以用户生产内容为特点的社交网络时代，自主生成内容进行传播与大数据强大的记录与分析功能可能会引发用户对隐私安全的考虑（Yongick & Erin，2014），进而降低用户参与社交媒体营销的意愿，引发营销回避的消极反应（付东普和贺安华，2013）。贝克和森本（Baek & Morimoto，2012）从情感、认知和行为三个层面，提出隐私担忧会影响个性化广告回避并探索了其对广告回避的内在作用机制（Baek & Morimoto，2012）。社交媒体平台对用户行为数据的使用始终徘徊于私人与公共之间模糊的中间地带，这本质上是数据资源的商业化应用与个体隐私保护的冲突问题。因此，移动社交媒体平台应该从技术、制度、运营模式等方面保障用户隐私安全，努力建立和维持用户对网络的信任。

9.2.3　基于投放场景的举措

9.2.3.1　营销活动与任务场景的一致性

与传统营销活动相比，移动社交媒体营销活动的侵入性更强。当营销活动成为噪声和不便的来源时，就会妨碍消费者目标的达成，即用户感知营销活动对在线搜索信息产生障碍或者中断了任务进程就容易引起回避行为。已有研究表明，广告与任务的相关性可以显著减少广告回避的行为，且在信息搜寻下，广告任务关联性对减少广告回避行为的影响更大（Bang et al., 2018）。基于大数据的蓬勃发展和机器学习的逐步推进，为实现营销活动内容与用户任务的一致性提供了技术支持，在掌握海量用户数据的基础上，营销商和平台商可以为用户提供任务关联度高、低干扰性的营销活动内容。

通过消费者特征分析和系统的行为跟踪来传递高度针对性、定制化和与环境相符的营销信息，可以减少感知目标障碍，从而减少消费者对营销信息的回避。当用户收到营销信息时，处理动机和处理机会可以决定回避行为的显著水平。营销信息关联性可以积极影响加工动机，从而减少营销回避行为。通过对消费者的描述和系统的行为跟踪，传递高度有针对性的、定制和上下文一致的营销信息，可以减少感知的目标障碍，从而减少消费者对营销信息的回避。换句话说，在正确的时间向正确的人传递正确的信息可能会让消费者感觉到更少的干扰，因为营销信息与他们的目标或任务高度一致，可能不会造成预期的目标障碍，甚至可能有助于他们的互联网目标。

另一种限制对侵入的认知的方法是通过使用内容放置策略增加弹出式营销的相关性。虽然有研究发现这种营销方式的相关性增加了回避行为，但是参与者却感到了较少的侵扰。对这一发现的一种可能的解释是，相关营销信息不能像没有意义的营销信息那样轻易被打折。因此，尽管它们比无关营销信息明显地增加了更大的抵触情绪，但有意义的信息缓和了干扰和愤怒的感觉。

9.2.3.2　基于用户地理位置场景的举措

移动设备具有随时随地接收信息的特点，用户使用社交媒体不受空间的限制，这一属性使移动社交媒体营销面临着多种使用情景。在社交媒体营销中使用地理定位已不仅是短暂的热潮，越来越多的公司正在使用基于位置的营销来提高营销的效果。一项研究显示，80% 的营销人员发现，基于位置的广告和营销可以更好地促进其客户群的增长。并且还可以看到其他指标的显著改进，例如响应率、客户参与度和投资回报率。

在移动社交媒体设备上投放营销活动时，营销商可以利用聚类算法和地理信息技术（GIS）等技术收集地理位置数据，结合营销商自身的业务属性特征，将有效特征赋能至每一个地理网格中，再结合网点缓冲区与可达域画像，使拓展潜在客户群的智能化营销投放成为可能，从而来增强其社交媒体营销策略。此外，使用基于地理位置的数据还使这些公司能够更多地了解客户，使它们可以更好地适应客户的需求和兴趣。

同时，营销商和品牌经理都必须确保他们的信息具有内在价值，特别是考虑移动设备上的营销活动有更多的负面看法。为了充分利用移动性因素，营销活动必须在最合适的时间和地点投放给最相关的受众，以优化其价值，增强移动性。

9.2.4　基于受众个体的举措

随着基于定位技术精准投放的营销理念的提出，茜恩和林（2016）提出营销回避研究应考虑用户个人特性，并且用户特性在社交媒体营销的研究中越来越重要（Shin & Lin，2016）。营销商应充分考虑到用户的特点，进行差异化投放，以降低用户营销活动回避现象的发生。

9.2.4.1　基于受众特质的个性化营销

随着大数据和云计算技术的应用，企业能为用户提供有差异的、个性化的服务。国外社交媒体的营销研究以脸书、推特为主，贝克和森本（2013）研究了感知个性化负向影响营销活动的回避行为。当针对特定客户进行个性化营销时，对营销的怀疑程度往往会降低。这与以前的发现一致，即有针对性的营销会对营销活动产生更有利的态度（Aaker et al., 2000）。一种可能的解释是，个性化可能会在消费者的脑海中产生一种与营销商有过接触的感觉，从而缓解对营销的负面看法。正如森本和昌（Morimoto & Chang, 2006）所指出的，如果消费者以前曾与营销人员进行过商业互动（如购买和通信），他们倾向于对来自营销人员的信息有较少的负面感觉。具体来说，通过在营销中提及消费者的名字，这种负面的营销反应可能会在一定程度上得到缓解。此外，通过为消费者提供个性化营销，营销商能够提高他们的可信度，因为消费者可能会看到他们已经做出了额外的努力来更精确地定位他们。因此，与非个性化和大众化的营销相比，个性化营销可以减少对营销的负面看法。

9.2.4.2　基于受众认知负荷的营销

劳伊等人（2014）在研究移动手机营销回避时，发现高认知负荷的接收上下文情境显著缩短营销信息的阅读时间和回忆，提高感知的侵入性，以及行为的回避和抗拒。营销信息接收情境的工作量不仅对加工动机产生负面影响，也对加工机会产生负面影响，即减少了处理和理解营销信息的时间和注意力，进而增加了回避营销的倾向。因此，由于加工动机和加工机会之间的相互作用，增加的工作量导致更多的营销回避行为和感知的侵入性。

贝拉查等人（Belanche et al., 2017）研究发现，时间紧迫感高的用户跳过广告的程度高于时间紧迫感低的用户。这一发现与对新型广告的研究一致，即时间压力降低了移动广告信息的有效性（Rau et al., 2014）。有趣的是，时间紧迫感的差异只出现在广告显示时间的最后 1/4。我们的研究结果再次表明，时间紧迫感较高的用户不仅在第一时间跳过广告，而且他们愿意在做出决定前处理一些信息。相反，他们会在最后 1/4 时间段跳过广告，这可能被理解为一种策略，即不放弃观看广告的主要内容，而是通过缩短广告的长度来减少时间浪费。这一发现与最近的研究一致，即时间有限的用户不会对广告产生负面评价（Rau et al.，2014），但他们喜欢更快的格式和更短的广告。因此，在投放移动社交媒体营销广告时，不仅要考虑投放的时间点以迎合消费者的需求，还要考虑不同时段投放的营销信息以在时间上有所区别，以减少用户观看广告时的紧迫感，增加营销信息的曝光率和曝光时间。

9.2.4.3　基于受众人口统计信息的举措

已有研究表明，不同用户群体（如男性群体与女性群体、年轻群体与年长群体、南方人与北方人等）对营销信息的态度千差万别，这主要是因为不同群体往往处于社会结构中的不同位置，价值观和生活消费方式有着明显的差异。而这种差异首先会影响到不同群体对一般意义的营销态度上，进而会折射到具体的营销态度上，如对社交媒体营销的态度等。例如，现如今的女性需要更快捷、方便、迅速的生活消费方式，参加团购、微博互动等广告营销方式也是女性消费者所喜欢的，这些广告信息能够吸引女性用户参与到活动中，更容易激发女性的购买欲望。

代际差异也一直是各个学科关注的重要结构性变量，传播学研究也一直有代际差异的视角，特别是媒介使用研究领域。有关媒介类型的选择，如老年人更偏好传统媒体，如电视和报纸等（Lauf，2001）。而年轻人则是更愿意使用互联网等电子媒介（Pierce，1990）。即便现在老年人也开始进入电子媒介之中，但是他们和年轻人的使用方式也截然不同。如有研究表明，老年人只愿意通过网络维持亲密的社会关系，而非无限扩大社交网络。相比于相对推崇陌生文化的微博，老年人更倾向于选择具有强社交关系的微信。因此，在选择投放广告时可以依据不同群体的偏好选择相应的移动社交媒体平台。

9.2.4.4　基于受众先前经历的举措

先前的负面经验是移动社交媒体上营销回避的另一个决定因素。研究结果表明，过去的负面体验，表现为整体的不满意和感知到的效用和激励的缺乏，导致人们回避负面体验的来源。

为了培养消费者持续点击移动社交媒体营销的意向，必须创造消费者对营销服务的满意度，并提高对参与营销信息的感知激励和效用。而移动社交媒体业务中各种参与者共同努力解决回避触发因素，如监管欺骗性广告拷贝、垃圾营销推广、恼人的强制曝光等，可能有助于实现这一目标。更具体地说，移动社交媒体营销者可能试图通过会见消费者来建立消费者对在线营销商的忠诚度期望和信任；建立和维护这种信任的另一种方法是在在线和离线之间建立一些有意义的联系——例如，通过展示离线 / 实体商店的图像，提供客户服务电话号码，展示其他消费者对产品 / 公司的评估等。同时，在线营销商应该避免使用欺骗手段，努力建立消费者对在线品牌的信任。

9.2.5　基于社会因素的举措

密立根等人（Fidan et al.，2019）研究发现，脸书广告被认为提供社会价值的程度应该与消费者对脸书广告的总体接受度呈正相关。由于用户将广告传递给其他人，以此来披露自己的信息，使得这些信息在脸书中广为流传。在社交平台分享营销信息有助于提升个人在社区中的社会形象，进而产生接受营销信息的驱动力及社会价值。

钦查纳乔克柴和德·格雷戈里奥（2020）采用消费者社会化框架进行研究，通过对 693 名美国成年人的在线调查，研究社交媒体平台（脸书、推特和照片墙）避免营销信息的预测因素。结果表明，消费行为受社交媒体影响的敏感度和消费行为受同伴影响的敏感度对社交媒体营销信息回避的影响都是由对社交媒体营销的态度所调节的；而消费行为受同伴影响的敏感度与社交媒体营销态度负相关，即一个人在与消费相关的行为方面更容易受到同伴群体的影响，实际上会更消极地对待社交媒体营销信息，从而更有可能避免这种信息。

移动社交媒体平台允许营销人员通过更多 / 不同的选择（如移动社交媒体平台上受同伴影响的敏感性）来定位消费者，这可能导致更准确的定向营销。反过来，这应该会增加此类营销的有效性。随着移动社交媒体平台营销有效性的提高，那些对社交媒体同伴影响有较高敏感性的人（即他们开放并使用移动社交媒体平台来帮助消费选择）会变得更容易受到影响，因此现在的营销更能准确地满足他们的需求，他们对移动社交媒体平台作为消费者决策辅助工具的感知也会增加。

9.3　企业应对回避行为的实施策略方案

在上一节从消费者视角分析如何应对回避行为的基础上，本节从营销企业视角出发提出应对多种回避行为的策略方案，具体可以从以下几个方面着手。

9.3.1　制作有创意的营销内容

尽管移动社交媒体平台能够在掌握海量用户数据的基础上，借助大数据和人工智能等技术实现营销的精准化传播，为消费者提供高个性化、低干扰性的营销内容，但是移动社交媒体营销的实际效果与预期效果并非一致。在信息爆发的时代，受众的注意力越来越分散，能够处理的实际信息量很小，营销信息会在社交媒体内容的信息洪流中丢失，且用户在使用社交媒体时拥有更大控制权，用户有权选择主动回避营销信息，从而导致营销无效。

想要达到更有效的营销效果，就需要企业在制作营销内容上下功夫，通过创意吸引消费者注意力成为减少移动社交媒体营销回避现象的有效途径（张皓等，2023）。通过创意营销内容，首先吸引消费者的注意力，使其愿意在营销内容上停留驻足；其次激发用户的兴趣，使其愿意参与到营销的互动中，如进入链接、点赞、转发、评论等，加深消费者对营销的印象及推广效果。

在形式上，目前国内的营销主要以图文、短视频形式展现，随着 5G 技术的不断发展，沉浸式虚拟现实、增强现实等智能媒体为社交媒体营销带来更多可能性。不同于早期互联网偏重于传递符号化的内容和信息，智能媒体正在将身体感官、具体情境与交互体验放进媒介化传播之中。这种新颖的营销形式，可以提升社交媒体的正向消费者体验，降低营销回避形成的可能性。例如，微信和林肯中国合作的"全景广告"就令人眼前一亮：借助智能手机的重力感应技术，广告画面跟随用户手机的旋转而发生变化。用户可以通过第一视角细致观察林肯车内的豪华装饰，还能放眼观赏车窗外的广阔视野，其为用户呈现的VR 体验和全景视效更具有临场感。这种多样化的营销形式有利于满足不同类型的商家需求。

在内容上，以场景为语境，增强营销内容的渗透力。要基于产品或活动的潜在受众的需求制作新颖的文案，可以是"共鸣感的""亲民化的""提供解决方案的"等，要更容易帮助个体创造出一种专属的社会身份，制造一种场景的代入感，以便激起受众的兴趣和情感共鸣，并刺激转发、分享。如腾讯开发的QQ 空间和蛋糕品牌 21 蛋糕（21Cake）合作，在用户生日到来的前几天，QQ 空间向用户推送来自 21 蛋糕的"生日贺卡"，文案以"亲爱的 xx，你还有 x 天就过生日了"开头。这款广告嵌入用户的使用场景——广告出现于好友的空间动态之中，减少了弹窗的突兀感，避免激起用户的反感心理；融入用户的生活场景——根据用户的昵称和生日信息，进行个性化文案定制，吸引用户的注意力；结合现实的时间语境——广告选取生日前一两天的时间节点进行推送，把握住了用户的消费诉求，可以极大地提高用户的转化率。正是营销内容和不同场景的巧妙融合，有效缓解了用户对营销信息的抵触心理。

另外，2016 年宝马在微信朋友圈投放的"猜猜超模吉吉·哈迪德（Gigi Hadid）到底上了谁的车"的营销，同时体现了内容和形式上的创新。这次营销采用了文案＋灵活的视频模式在微信朋友圈投放，使用外层文案和视频抛出互动问题"猜猜超模吉吉·哈迪德到底上了谁的车"，用短暂的视频吸引用户的注意力之后，并吸引用户进入 H5 中进行竞猜互动。通过营销推广，用户不仅能参与竞猜，还可以通过视频了解宝马 M2 优越的操控性能，进而申请试驾。营销活动获得了大量用户的好评和超出预期的销售线索，让 M2 这款个性运动车型迅速在人群中打响。这次营销活动结束后，其效果统计如下：竞猜活动参与人数 87 万，总社交互动次数 233 万，互动率较行业水平提升 100%。

9.3.2　巧用事件营销

事件营销是企业通过策划、组织和利用具有新闻价值、社会影响及名人效应的人物或事件，吸引媒体、社会团体和消费者的兴趣与关注，以求提高企业或产品的知名度、美誉度，树立良好的品牌形象，并最终促成产品或服务销售目的的手段和方式。通过把握新闻的规律，制造具有新闻价值的事件，并通过具体的操作，让这一新闻事件得以传播，从而达到营销的效果。相比于微信朋友圈的强社交关系，微信公众号、微博、抖音、哔哩哔哩等平台具有更广的互动性，因为它们具有用户群基数大、覆盖面广、互动性强、信息传播速度快等特点。比如，你有 200 万关注者（粉丝），你发布的信息会在瞬间传播给 200 万人。尤其是微博，能让一个人、一个新闻、一个事件在短短几十分钟内传遍互联网。因此，通过事件的影响力并结合移动社交媒体的互动性、传播性等特点的事件营销，能够吸引消费者的广泛关注与参与，也成为企业进行市场推广的有效手段。

51 信用卡微博营销很好的验证了事件营销的效果。51 信用卡管家最开始名字叫 51 账单。这个应用在短短 50 小时之内，只花了 150 元，便获得了 500 万次曝光，应用排名 TOP40。这是如何做到的？"看了闺蜜的手机，瞬间想嫁人了"的活动出自 51 账单一名爱妻达人谭理想之手。最开始测试，51 信用卡找了一个小号转发看看效果，预想如果有 60 多次转发就不错。结果发布出去几分钟后，就有 200 次转发了。于是公司总裁立刻开始造势投入，召集全公司同事来转发。一直到草根大号 @冷笑话精选转发后，瞬间就有 2000 多转发，引爆点终于来了。很快他们又策划了一个活动，就是按照桌面图标的各类应用虚构了一个貌似他们自己的转发内容："有我＋鼓掌"。其实只是一个小技巧，没想到很多人误以为真，大家都在转发。这个帖转发 @51 账单就有 3 万次，后来淘宝也转了，支付宝也转了，金山电池也转了，京东商城也转了，它成了互联网上知名官方微博参与度最高最默契的案例。整个活动，所有转发的大号粉丝加起来肯定过两亿次。一共有 30 万次左右的转发水平，估算至少有 500 万次的曝光率。从这个案例我们可以看出，不仅要能制造出直指人心的优秀创意，还要在发现可以引爆流行的机会时，立刻乘胜追击，将一场战斗的胜利转换成整个战役的胜利。

9.3.3　塑造人性化品牌

在移动社交的数字海洋里，有太多的品牌和个人不断地让社交媒体的内容超载。移动社交媒体上一个帖子的平均生命周期只有几秒或几分钟，如果帖子没有得到及时的回应，帖子就只是成为网络的噪声。因而广告商需要找到一个突出自己品牌特色的方式，传递给消费者有温度的营销信息而非像没有感情的机器传递冷冰冰的信息，要与顾客建立起良好的关系，引发顾客情感的共鸣，激发消费者主动了解产品的欲望。

一方面，人性化品牌的关键在于要以人为本，基于受众不同场景下的个性需求，提供精准服务，满足用户的期待。营销商在制作品牌营销内容时，需要树立以用户为中心的服务理念，将品牌营销内容"以产品为中心"转变为"以消费者为中心"，从目标消费者需求角度寻找或拓展新颖的营销内容，提升营销的创意度，强化目标消费者的代入感、体验感。例如，小米科技作为社交媒体营销先行者，也围绕着以用户为中心的理念构建小米社区。小米社区作为其社交媒体营销的一部分，用户可以在社区内跟开发者直接沟通，开发者能够直接获取用户的需求和反馈，提高了用户的参与感，使用户主动对产品付诸热情和期望，以此带动小米手机的社区销量。这个过程无形中推动了小米品牌的推广和宣传，达到了良好的市场营销效果，为小米积累了大量的粉丝客户群。另外，以用户为中心进行营销服务，前提是需要企业能够精准定位目标消费者，挖掘用户的需求。可以利用大数据分析技术对用户行为、用户日志及其他平台数据等进行采集和分析，描绘出精准的用户画像，基于消费者偏好设计品牌营销思路。

另一方面，品牌商可以以拟人的形式出现而不是以品牌方的口吻来发帖和发起活动，与用户进行准社交互动。从客户的角度思考，提高用户的互动和体验感，与客户建立情感关系，而不只是推销。如在发布帖子时以开放式问题的形式提出，让消费者觉得是在与有感情、有温度的人在对话，引起用户的注意和参与。又比如，将企业员工活动、工作环境等信息展示出来，让消费者知道企业是由充满了有趣的、关心他人的、聪明的个体组成的，他们是来帮助顾客解决问题的，让消费者感受到团队的欢乐和友爱。

此外，加强产品、服务和营销的场景感设计，给用户带来超强体验感和代入感。通过综合利用各种交互元素创造动态场景，进而达到吸引受众注意力，满足用户行为需求的效果。例如，网易所推出的全景式微信 H5 界面，受众通过移动旋转操纵，就可以看到网易杭州公司的全貌。此外，在交互技术的支持下，受众可点击进入餐厅、水果铺、健身房、办公室等场景体验。相比于以往的静态场景，网易所创造的交互式、动态化场景，无疑具有更强的代入感，可以让受众全身心投入到场景享受和体验中。随着受众的物理空间转移，网易的场景融入社交媒体中，尽管身处异地，但依然能够身临其境般地进入网易办公园区，而这种场景转移所带来的超强虚拟体验感，是当前社交媒体体验式场景营销成功的关键。

9.3.4　发挥意见领袖的效应

意见领袖是在团队中构成信息和影响的重要来源，指在人际传播网络中经常为他人提供信息，同时能够对他人施加影响的"活跃分子"。他们在大众传播效果形成的过程中起着重要的中介或者过滤作用，并由他们将信息扩散给受众，形成信息传递的两级甚至多级传播。在移动社交媒体中，一些明星、网红、知名度高或者粉丝多的博主、公众号等往往能发挥意见领袖的作用。企业可以借助明星、网红等的影响力在移动社交平台上推广企业品牌、产品相关的营销活动及产品或服务的良好体验，促使他们的跟随者（粉丝）逐渐对企业营销内容产生较为积极的看法，潜移默化中减少用户的营销回避行为。

相较于通过大数据的精准定位技术推送营销信息容易引起消费者对个人隐私的顾虑，与粉丝之间具有较强连接性（互动性）的意见领袖则避免了消费者对隐私的担忧，并成为精准推送营销信息的又一有效途径。粉丝对意见领袖具有更高的信任度，意见领袖能够获得更多的关注和传播，对推广和宣传起到很大的作用。但是在推广的过程中，想要营销达到更好的效果，需要做到以下两点。第一，要选择匹配度高的意见领袖。意见领袖与粉丝及品牌定位的协同性至关重要，如果意见领袖与品牌定位不一致，即使其拥有庞大的粉丝群，对品牌的宣传效果也不会有太大的促进作用。开始投放之前的调研工作一定要做到位，了解清楚意见领袖的各方面资料，如其具有怎样的标签、活跃度怎么样、粉丝的互动程度、影响力如何等这些指标，判定选择匹配度高的意见领袖。第二，增加意见领袖与粉丝的互动。意见领袖投放的关键点在于利用他们的号召力，加强用户和用户间的营销互动。意见领袖们跟粉丝直播互动、留言问答、为粉丝订制参与活动，这样粉丝的黏合度跟信任度都会提升，最终为品牌带来大量销售和复购，收获一批忠实的消费者。

例如，伊利为推广品牌的影响力，利用意见领袖的优势，同时在多个移动社交媒体上进行多方位营销。伊利品牌在 2021 年初携手李现及苏炳添录制短视频，提出"朝气向前"的品牌主张。同时，在抖音上，伊利联动不同类型的优质意见领袖发布内容，引发大众自发展现自己的跨年态度；在微信公众号上，伊利与真实故事计划、局部气候调查组等对标年轻人群的头部自媒体进行内容共创；在微博上，话题"2021 朝气向前"获得了 3.3 亿人次阅读，讨论 107.2 万人次。作为北京 2022 年冬奥会和冬残奥会官方唯一乳制品合作伙伴，伊利录制了短视频，深挖奥运精神与后疫情时代国民心智的相通点，在社交媒体上也获得了明星和大 V 的转发。可见，利用好意见领袖的影响力，可以达到事半功倍的效果。

9.3.5　提高消费者参与度

移动社交媒体营销相对于其他媒体最大的优势在于，其具有较强的交互性。移动社交媒体平台的平等性和社交网络的沟通便利性使企业和消费者能更好地参与到互动中，形成良好的企业品牌形象和产品知名度，有助于口碑传播。也有调查显示，当一个人对一个活动的参与度越高时，其对活动的记忆越是深刻。企业通过多种方式吸引消费者的参与，鼓励他们以创造性的方式贡献和分享内容，形成"自下而上"的推广模式。在这个过程中增加消费者的信任感，与消费者建立情感联系，赢得消费者的情感认同，从而减少用户回避营销的风险（李东进等，2022）。

为提高消费者的参与度，企业可以利用移动社交媒体建立品牌和客户之间的沟通渠道，增加消费者的黏性。移动社交媒体是一个天然的客户关系管理系统，通过寻找用户对企业品牌或产品的讨论，可以迅速地做出反馈，积极解决用户的问题，让每一个消费者都感受到真诚与周到的关怀，把用户真的当作朋友，并获得每位消费者的信任和支持。为了形成良好的互动交流，企业在营销过程中要充分利用消费者的意见和建议，要及时且耐心回复，增加关注热度，提高用户对企业的忠诚度。如果企业官方账号能与顾客或者潜在消费者形成良好的关系，让消费者把企业账号作为一个朋友的账号来对待，那企业获得的价值是难以估量的。

此外，可以创造机会让消费者参与到产品的价值创造中。消费者早已不满足购买完商品就结束，他们更愿意通过社交媒体与商家、其他消费者共同完善所购商品，所以网上经常会看到很多产品的测评报告，商家也欢迎消费者在购买后对商品进行评估和分享，将优秀的测评报告放到首页或给予返现之类的奖励。这类简单的经济激励同样可以提高用户的广告参与度，比如抽奖或者直接金钱奖励，或者免费的优惠券，直接向用户提供经济优势。抽奖游戏在本质上就是一种能够增加用户与广告商之间互动性的活动，用户通过分享特色营销广告或者浏览一定时长的广告获得抽奖机会，而广告商则拥有自我展示的机会，向消费者展示自己的特色并提供有用的价值，树立该品牌在消费者心中的形象。再比如，一些微信小游戏（如腾讯欢乐麻将等）中用户为了获取更多的金币或者游戏生命值，通常可以通过浏览 30 秒或者 15 秒的广告获取。这样，既满足了消费者分享的目的，又提升了商品的品牌形象和认可度。同时，还可以创造机会让消费者参与到产品的创造中，如传统的供应链形式是设计产品—生产产品—销售产品—市场反馈，如果将市场反馈放在最前端，能够极大提高消费者对产品的关注度，还能提高产品的内在价值。

9.4　优化移动社交媒体平台营销环境的对策

由于移动社交媒体平台是近些年新兴的媒介，且社交媒体广告跟不上社交媒体平台的快速发展，很多广告策略没有得到运用，用户容易出现广告回避行为。基于社交媒体平台的营销推广存在很多不规范之处以及回避行为频发，需要平台从多方面进行改进，营造一个良好健康的营销环境，减少用户营销回避的行为，促进移动社交媒体营销长期健康快速的发展。本节从移动社交媒体平台的角度出发，提出以下几点对策。

9.4.1　优化推荐算法

数字媒体环境下，大数据技术给营销的精准投放带来可能（杨扬等，2020）。移动社交媒体依靠强大的算法功能，根据用户的个人基本信息、兴趣、社交关系，甚至其他关联购物或浏览器平台等历史记录，预测用户的需求和偏好，向用户推送看起来符合用户需要的产品或服务。但用户是个复杂的个体，其需求受多种因素的影响。目前移动社交媒体平台主要注重的是用户的兴趣以及个人相关性，这些内容均是用户过往的行为记录，无法准确预测用户的真实需求。例如，在京东、淘宝等网站上浏览并购买了某种商品，之后打开移动社交媒体平台时发现被推送了相同或相似产品的广告，但用户已经完成了购买，此时不需要这种产品，这个广告推送就是无效的。所以，移动社交媒体平台还需要不断精进技术，将情境等影响因素纳入算法当中，更清晰地构建用户画像，更及时地追踪用户的行为动向。此外，平台还需要结合品牌方的营销目的、消费者定位、产品策略，将技术用到点子上，实现产品定位、影响内容制作、营销投放这一流程的完美配合。

9.4.2　强化平台审核和监督力度

随着网络广告技术的深入发展，移动社交媒体广告中的技术造假与管理失控等问题层出不穷。由于社交媒体平台信息传播具有速度快、范围广、精确度高等特点，运营平台对营销内容的把关存在一定难度。为了确保移动社交媒体营销内容的健康化和合法化，平台应切实履行好审核和监管的职责，建立投放前、投放中和投放后完善的管理、预警和干预制度，形成良性的营销推广秩序。具体可以通过以下措施实施。

首先，严格筛选平台入驻企业。在发布营销活动前对注册商进行严格的资格审查与实名登记，防止信用度差的营销商在移动社交媒体平台上发布营销信息，以免造成消费者投诉，从而减少消费者信息传播度和增加社交媒体广告回避行为。其次，重视营销内容的审核。移动社交媒体平台需要提高发布营销内容的门槛，对投放的内容从主题、关键词、评论等方面多次多类分项审核，构建虚假宣传黑名单机制，从严管控营销投放，提高用户的信任。再次，对推广的产品进行审核，不仅要确保宣传的产品不是假冒伪劣商品，同时还要确保产品的质量、效果是否过关，减少对消费者产生的负面影响。此外，在营销信息发布之后，平台依然要对营销的内容进行实时监控，一旦发现不合规内容，就要进行处罚，严格处理，提高企业的违规成本。比如，一些化妆品广告会夸大宣传使用效果，当消费者因为该类型广告发生意外，导致过敏等，不仅会使广告商赔偿，还会削减消费者的浏览情况，减少信息的传播，导致回避行为的发生。最后，形成多方的监管模式，减少和避免营销数据造假，增加用户对营销信息的信任，如强化第三方监测、建立统一的监测标准和可见性标准等。打造健康移动社交媒体广告环境，增加社交媒介平台本身的用户信任，也能降低用户的营销回避行为。

9.4.3　注重用户隐私保护

近年来大数据技术的不断进步在为移动社交媒体用户提供便利服务的同时，也在用户不知情（或者系统默认）的情况下记录了用户的使用习惯（历史数据），过度收集个人信息，使人们的个人隐私受到侵犯。所以用户也越来越有意识地保护自身隐私，选择值得信赖的社交平台。基于大数据技术的个性化营销虽然能够吸引消费者观看，但消费者对感知隐私泄露风险的担忧会让他们感到社交信息、社交自由受到威胁，这会增强他们的心理抗拒从而使其产生拒绝营销信息的行为。所以，移动社交媒体平台在利用获取的大数据为用户提供精准营销活动的同时，也必须重视消费者隐私保护问题。对于隐私保护问题，可以从三个方面形成隐私数据保护机制：数据生成、存储和处理（Jain et al.，2016）。在数据生成阶段，可以采取开发商和管理者分离的方式，设置访问限制，使用伪装数据技术，实行对社交媒体信息的分类分级管理数据。在数据存储阶段，对于隐私信息的保护主要是通过加密的方式进行。基于一些高级的加密技术，可以实现分离数据的所有权和使用权以及加密社交媒体用户的身份、存储路径、信息属性等。比如为了保护用户的敏感信息，平台可以利用私人云储存（private cloud），将敏感社交媒体数据储存在云空间中。在数据处理阶段，主要注意隐私信息的公布和信息的提取。对于隐私信息的公布，可采用保护性公布的手法，比如匿名化、模糊化，用字符来代替某些关键字、敏感词，隐去关键地标、建筑，混淆和隐藏大量数据，保护用户的隐私。在提取信息时，可以使用差分隐私策略（Differential privacy），即获得消费者的认可，采用远程控制和操作等方式运行，在数据库和分析人员之间插入一个中间软件，尽可能地避免分析人员直接接触到数据本身，减少分析人员对于消费者数据的直接使用，保护消费者数据，从而减少社交媒体广告回避。移动社交媒体平台只有同时兼顾用户的利益，才能获得用户的信赖和平台长久的发展。

　　除了从数据方面进行保护外，还可以从政策入手。虽然当前移动社交媒体平台有自己的隐私政策，但各个平台之间的隐私条款内容各异，缺乏行业统一的隐私保护标准。所以，移动社交媒体行业可以联合营销企业，制定安全透明、合理有效的隐私保护政策。政策要以用户信息安全为原则，且平台要遵守隐私政策，定时披露平台使用的隐私信息，确保用户隐私信息不会被以牟利为目的转卖泄露。此外，还要尽量让数据的使用透明化。特别是对个性化营销相关的隐私内容，平台应给予充分的明示，确保用户拥有知情权和选择权，即保证用户可以知晓自己的哪些信息将会被收集、存储和使用，信息将被用于何种商业用途。同时要让用户拥有更多的选择权，让不想接受个性化推荐的用户能够方便的取消此类服务，使用户从"不可选择"向"自主选择"转化。

参考文献

AAKER D A, JOACHIMSTHALER, E, 2000. Brand Leadership: The Next Level of the Brand Revolution [M]. USA: Free press.

BAEK T H, MORIMOTO M, 2012. Stay Away From Me: Examining the Determinants of Consumer Avoidance of Personalized Advertising [J]. Journal of Advertising, 41 (1): 59-76.

BANG H, KIM J, CHOI D, 2018. Exploring the effects of ad-task relevance and ad salience on ad avoidance: The moderating role of internet use motivation [J]. Computers in Human Behavior, 89: 70-78.

BELANCHE D, FLAVIÁN C, PÉREZRUEDA A, 2017. User adaptation to interactive -advertising formats: The effect of previous exposure, habit and time urgency on ad skipping behaviors [J].

Telematics & Informatics, 34 (7): 961-972.

CHINCHANACHOKCHAI S, DE GREGORIO F, 2020. A consumer socialization approach to understanding advertising avoidance on social media [J]. Journal of Business Research, 110: 474-483.

FIDAN K, MILTGEN C L, PANTIN-SOHIER G, 2019. Valeur perçue des applications mobiles d'aide à l'achat en magasin: une approche hybride par les coûts et les bénéfices [J]. Management & Avenir, 111 (5): 123-144.

JAIN P, GYANCHANDANI M, KHARE N, 2016. Big data privacy: a technological perspective and review [J]. Journal of Big Data, 3 (1): 25.

LAUF E, 2001. 96 nach Holsti': Zur Reliabilitaet von Inhaltsanalysen und deren Darstellung in kommunikationswissenschaftlichen Fachzeitschriften [J]. Publizistik, 46 (1): 57-68.

LOUISA H, KIM M, 2008. An integrated model of advertising clutter in offline and online media [J]. International Journal of Advertising, 27 (4): 569-592.

MORIMOTO M, CHANG S, 2006. Consumer Attitudes toward Unsolicited Commercial E-Mail and Postal Direct Mail Marketing Methods: Intrusiveness, Perceived Loss of Control, and Irritation. Journal of Interactive Advertising, 7: 8-20.

RAU J Y, JHAN J P, RAU R J, 2014. Semiautomatic object-oriented landslide recognition scheme from multisensor optical imagery and DEM [J]. IEEE Transactions on Geoscience and Remote Sensing, 52 (2): 1336-1349.

SHIN W, LIN T C, 2016. Who avoids location-based advertising and why?Investigating the relationship between user perceptions and advertising avoidance [J]. Computers in Human Behavior, 63: 444-452.

YONGICK J, ERIN, C, 2014. What Are You Worrying About on Facebook and Twitter?An Empirical Investigation of Young Social Network Site Users'Privacy Perceptions and Behaviors [J]. Journal of Interactive Advertising, 14 (2): 51-59.

付东普，贺安华，2013. 隐私关注与中国 B2C 电子商务客户忠诚度实证研究 [J]. 经济与管理，27（4）：53-57.

李东进，唐丽莎，张宇东，2022. 回避诱惑后更自律？先前不同的自控行为对消费者目标追求动机的影响研究 [J]. 财经论丛（3）：79-89.

杨扬，刘圣，李宜威，贾建民，2020. 大数据营销：综述与展望 [J]. 系统工程理论与实践，40（8）：2150-2158.

张皓，肖邦明，黄敏学，2023. 基于用户动态信息加工的信息流广告回避机制与重定向策略 [J/OL]. 心理科学进展：1-17.